U0509478

上海助力打赢脱贫攻坚战口述系列丛书

杨浦的责任

中共上海市杨浦区委党史研究室 编

上海人民出版社 学林出版社

编委会

主　任　谢坚钢

副主任　程绣明　刘东昌

委　员　李　铭　李正明　周　伟　黄伟一

主　编　黄伟一

副主编　侯桂芳　叶　军

编　辑　龚　莉　夏　飞　汪宇婧　张文江
陈华莉　齐　磊　刘菲菲

前 言

1979年党中央提出并实施对口支援工作，40余个春秋弹指而逝。在上海市委、市政府的领导下，杨浦区勇担历史责任，积极组织援建干部前往边疆贫困地区，克服各种难以想象的困难，践行初心使命，发挥才干，踏实完成援边扶贫固疆的工作任务，用实际行动诠释出“家国情怀”的意义，谱写了一个个生动的感人故事。值此全面建成小康社会之年到来之际，为全方位地向读者展示杨浦区援建干部的精神风貌，记录杨浦区援建的宝贵历史成就，在上海市委党史研究室的统一部署下，杨浦区委党史研究室组织编撰了《杨浦的责任》一书。

对口帮扶工作，是党中央、国务院赋予上海的光荣使命，是社会主义建设时期党中央交给上海的一项重大战略任务，也是上海服务全国、支援西部大开发的重要责任担当。自1995年以来，杨浦区先后与6个省市自治区17个县开展对口帮扶，选派援藏干部9批22人、援滇干部11批17人、援疆干部5批10人、援黔干部3批14人，积极开展对西藏、云南、新疆、贵州等地的支援工作。杨浦区援建干部们以“头枕边关明月，身披雪雨风霜”的胸怀，以“情系浦江，功建边疆”的初心使命，把对口支援之地作为“第二故乡”，与当地干部群众手拉手、肩并肩，为促进受援地区经济发展、保持边疆团结稳定，建功立业、历练人生，展现出一幅幅杨浦和对口支援之地同助共建的生动画卷。

本书以亲历者口述的形式，收录文章33篇，口述对象包括援藏、援滇、援疆、援黔干部，以及杨浦区对口支援工作组织者、受援地工作组织者、受援项目负责人等，用第一手的珍贵资料、丰富的亲历细节，用生动的叙述、真挚的情感，让一个个人物形象饱满，让一件件工作事例鲜活，为读者再现援建干部风雨兼程、攻坚克难的场景，感受杨浦区对口支援工作成就背后的坚忍和奉献的力量。通过援建那些事儿，从多维度全面立体地展现杨浦区干部不忘初心、牢记使命的责任和担当，高度还原杨浦区助力对口帮扶地区脱“能力”之贫、脱“思想”之贫的光辉历程。

光阴易逝，号角再起，打好精准脱贫攻坚战，是党的十九大提出的三大攻坚战之一。而有过艰辛付出又收获满满援建硕果的杨浦，在危机中抢抓新机遇，在变局中开创新局面，在考程中再启新征程，努力把“人民城市人民建，人民城市为人民”的理念根植血脉，把全面建成小康社会的大旗扛在肩上。我们编辑出版此书，正是要让亲历者追忆往事，不忘援建的艰辛，让新一代铭记历史，再续共同发展的新篇章。适逢党史、新中国史、改革开放史、社会主义发展史的“四史”学习教育正如火如荼开展，也希望以此为契机，力出精品之作，献礼小康社会的全面建成！

鉴往知来，伟大的中华民族在习近平新时代中国特色社会主义思想指引下，必将经受新考验、接受新任务、做出新成绩，凝聚起“全国一盘棋”的强大力量，向着共同的中国梦前进。

编者

2020 年 7 月

CONTENTS

目录

回望高原　青春无价　援藏不悔

钟杰，1965 年 12 月生，现任上海市民防办公室党组书记、主任。1995 年 5 月至 1998 年 6 月，为上海市首批援藏干部，先后任中共西藏自治区日喀则地区亚东县县委副书记、常务副书记。

口述：钟　杰
采访：秦　恒　夏贞莉　陈彦辰
整理：陈彦辰
时间：2020 年 2 月 21 日

“我们美丽的家乡，就在日喀则呀……”援藏回来已二十二载，这首我最先学会的藏歌却一直萦绕耳旁。西藏，已融入血脉，成为我魂牵梦萦的第二故乡。

在雪域高原援藏工作三年，我遇到了许许多多在上海也许一辈子既无从经历也无法想象的事情。

临危受命，遇上了百年未遇的特大暴风雪，和县里同志一起徒步跋涉数十公里开展抗雪救灾；致力民生，提升当地医疗卫生水平，推动广播电视进入千家万户；风云际会，在特殊的民族环境、神秘的宗教环境中维护祖国统一稳定……

超常的环境总有特别的故事，特殊的经历必有永恒的记忆。如今忆起，那悠扬高亢的藏歌，似雄鹰盘旋，声声在耳。

主动请缨，立志建功高原

1995 年 3 月，在中央第三次西藏工作座谈会后，上海市市委开始在“分片负责、对口支援、定期轮换”援藏新机制下选拔首批援藏干部，杨浦区委号召干部报名。我当年29岁，任杨浦团区委副书记，当时第一反应是：这是重大的政治任务，团区委干部必须经受考验，关键时刻不能掉链子，必须为团的荣誉争光、为杨浦添彩。

巧的是，我的孩子在1995年2月出生，当时才刚满月。而援藏工作，因为是新形势下的第一批，各项政策机制不像现在这样明朗，所以有些忧虑。

我想，每个干部都有自己的难处，但是总要有人站出来。怀着朴素的想法，我主动报了名。时任杨浦区委副书记到我家慰问时，看到尚在襁褓中的孩子，非常感慨。我当时也百感交集，忍不住落泪了。

那时介绍西藏的资料很少，我为了了解当地气候和经济发展等情况，查遍杨浦图书馆也只查到一份中国科学院20世纪70年代组织第一次青藏高原科学考察的图册。我当时牙齿不好，因为援藏的准备时间比较紧促，也不了解西藏的医疗水平情况，就在三周内急匆匆地拔了4颗牙，来不及做完整的治疗修复，因此也留下了一些后遗症。

1995年5月，我作为杨浦区选派的两名援藏干部之一，与其他48名援藏干部一起出发了。出发那天是5月17日，我们戏称为“我要去”。客机平稳地航行在万米高空云海之上，向下俯瞰，空气清晰的程度令人咋舌。绵延不尽的山川高耸入云，气势磅礴。

飞机降落在了海拔3600米的拉萨贡嘎机场。停机坪上，欢迎我们的藏族同胞载歌载舞。西藏自治区、日喀则地委、行署领导给我们献哈达，藏族女歌手给我们敬“切玛”（一种象征吉祥的藏族礼节）和青稞酒。我们按照藏族礼仪敬天地神，然后抿一口酒以示谢意。热烈而简朴的欢迎仪式后，我们乘车驶往日喀则。

就这样，肩负组织的期望和人民的重托，怀揣一颗“情系浦江，做上海人民优秀儿子；功建高原，当西藏人民忠实公仆”的赤子之心，我开启了援藏的三载征途。

初探雪域高原文化密码

初到西藏，我的感受是：西藏的自然是神奇的，西藏的人文是神秘的，西藏的地位是神圣的；而赴藏工作，我们面临的环境是特殊而又艰苦的。

首先是恶劣的自然环境。西藏平均海拔4000多米。那里有三个最重要的海拔概念：其一是海拔3000米，被称为“生理变化线”，空气的含氧量比平原地区约少四分之一。人体代偿功能发生作用时，心脏、血压、嗅觉、味觉以至大脑的工作能力、记忆力等生理状况会发生一系列变化，对体力的影响格外显著。经科学测定，站在雅鲁藏布江曲水大桥上不动，相当于平原地区负重30公斤。有专家断定，在高原静坐8小时，等于平原码头工人干活8小时。其二是海拔4000米，被称为“生命禁区线”，空气中的含氧量比平原地区约少三分之一。这是一个“天上无飞鸟，地上不长草，氧气吸不饱，四季雪戴帽”的不毛之地。其三是海拔5000米，被称为“永久性雪线”，空气中的含氧量比平原地区约少二分之一。山头四季积雪，终年不化，是亘古不变的荒蛮之地。我们49名援藏干部中的20人分在日喀则地区直属机关，29人分在江孜、亚东、拉孜、定日四个县。日喀则市海拔3850米，江孜县和拉孜县城海拔4050米，定日县城海拔4325米。我所在的亚东县虽然县城只有2890米，但大部分乡镇在4000米以上，其中最高的乡政府所在地海拔4600米，每每开会、出差、下乡，总不免尝尽“上下”之苦。在西藏工作，首先要过的就是高原反应关。此外，西藏自然环境之恶劣还表现在时常突发雪灾、地震、洪涝、泥石流等自然灾害，严重威胁着人民的生命财产安全。

其次是复杂的政治环境。1959年，西藏上层反动集团策动的武装叛乱失败以后，达赖叛逃出国，大搞分裂祖国的颠覆活动。在西方敌对势力对我国实行西化、分化的战略中，西藏是他们的重要目标之一，政治问题、民族问题和宗教问题纠葛在一起，构成了西藏复杂的政治环境。

第三是独特的民族环境。在宗教方面，藏传佛教在藏民族中有广泛而深刻的影响。在西藏浓厚的宗教氛围中工作，要执行宗教信仰自由的政策；不能伤害老百姓的宗教感情和干预正当的佛事活动；要打击少数披着宗教外衣进行民族分裂、危害祖国活动的反动喇嘛，要保护广大爱国爱教的僧尼教众。

第四是艰难的工作环境。由于文化和观念的差异，两地干部形成了不同的工作方法、工作作风、工作制度和办事习惯。援藏干部既要办事有主见，更要

钟杰与藏族少先队儿童合影

尊重当地领导；既要有发展思路，又要被当地干部所接受；既要讲工作效率，更要防止急于求成。因此，要办一件事情往往需要经历一个较长的思想统一过程。当时在工作中最大的困难其实是如何在维护团结的基础上，处理好观念之差、理念之争，把好的建议、想法凝聚成班子的共同意志。而且存在人才难寻觅、局面难开拓的情况。办一件事情，上一个项目，往往是援藏干部既当建议者和参与决策者，又当指挥者和带头操作者。实际上，受各方面条件的约束，要想在短期内彻底改变西藏面貌是不切实际的，这里有需要和可能、眼前和长远、外援与内功等诸多关系问题，援藏工作不可能在短期内一蹴而就。

第五是艰苦的生活环境。举个例子，我们饮水是“自来水”，在山水流过的地方做一个水泥坝，下面接一根管子，让山水自然沉淀，这就是无任何处理的“自来水”。遇到雨雪天就很糟糕：下雨则泥沙混杂，一壶水里有半壶泥沙；如果下雪结了冰，就无水可用。不过，生活虽艰苦，大家都很乐观，在雪域高原战天斗地也别有一番豪情。

发展社会事业、维护祖国统一

亚东县地处偏远，地广人稀，对外通道43条，为西藏自治区边境县，战略地位重要。面对西藏艰苦、复杂、特殊的环境，我牢记家乡领导和组织的教诲，把深入调查研究、理清思路作为首要工作，在三个月时间内，累计行程3000多公里，走遍了全县各乡镇、县直机关各单位和绝大部分村庄，调查了经济与社会发展的方方面面，7位援藏干部共撰写了14篇专题调查报告和项目建议书，形成了援藏的基本思路。由于历史与自然的原因，亚东县经济发展相对缓慢，贫困人口多，生活水平低。我在工作中努力倾听群众呼声，关心群众疾苦，帮助群众尽快脱贫致富，努力践行党的全心全意为人民服务的宗旨。同时，通过访贫问苦、慰问灾区、捐资助学等活动，自愿捐款5200余元，为藏族同胞献上一份爱心。

我在日喀则市亚东县分管文化、宣传和卫生工作。亚东当地基础设施落后，没有电视，为数不多的收音机是广大农牧区老百姓日常的信息来源。广播在西藏，不只是获取文化资讯的工具，更是意识形态领域分裂与反分裂、控制与反控制、渗透与反渗透展开激烈斗争的前沿阵地。因此，毫不夸张地说，“一个广播发射塔就是一个阵地”，推动广播电视事业发展，是维护祖国统一稳定的有力推手。

在宣传文化工作方面，我们加大精神文明建设力度，繁荣社会文化市场，提高广播电视覆盖率。通过三年来坚持不懈地推动，亚东县的广播电视事业取得了较大发展，广播电视普及率大为提高，更多弘扬爱国主义、积极向上的广播电视节目进入了广大藏族同胞的视野。亚东县的精神文明建设得到西藏自治区党委宣传部的高度评价，在1997年西藏自治区宣传思想工作会议上，我做了大会发言，交流经验和做法。1996年我们被评为西藏自治区对外宣传工作先进单位。1997年10月，康布乡被列为全自治区精神文明建设示范点。下司马镇被中宣部和总政治部命名为全国军民共建先进单位。1997年3月亚东县被推荐上报为全自治区农牧区文化先进县。亚东县的广电工作得到时任国家广电部何栋材副部长的高度评价，并成为西藏自治区广电系统的一个窗口。1998年1月，亚东县被命名为全国广电工作先进县，成为西藏自治区仅有的两个先进县之一。同时，在文化工作中，我们加强新建文化馆与新华书店的管理，取得了良好的社会效益和经济效益；我们改变以往政府办文化投入少、渠道单一的状况，走出了一条企业与文化联姻、依靠市场繁荣文化的新路子。

此外，我们在医疗卫生方面也做了一些工作。西藏当地医疗条件较为艰苦，医疗水平比较落后。当时，因为没有无影灯，也没有麻醉医生，亚东县里医疗水平最高的县人民医院都做不了下腹部手术。如果需要开刀，只能行驶307公里沙石路，花上六七个小时到日喀则地区去。遇到大雪封山和泥石流堵路，就没办法了。

亚东县亟须培养外科医生和麻醉师，改进医疗技术水平。在家乡杨浦区的支持帮助下，我把亚东县的医务人员分批派到杨浦区中心医院进行培训学习，主要学习两方面技术：一是硬膜外麻醉，二是防感染、消毒等急诊外科相关技术。同时，加强医院内部管理，理顺机制，调动广大医护人员积极性，积极进行卫生所硬件改建，派医疗队深入广大农牧区走访巡诊。

经过不懈努力，依靠上海医疗队传授经验，有效提高了亚东县的医疗业务水平，改善了医院的设备条件，亚东县医院终于可以做下腹部手术了。完成了这件实事，当地群众非常高兴。1996年底，亚东县人民医院率先被西藏自治区卫生厅按部颁标准评为一级甲等医院。此外，计划免疫和妇婴保健工作也都得到上级的充分肯定。

特大雪灾，徒步夜闯“生命禁区”

我进藏的第一个冬天，就遭遇了能力与意志的大考。1995年11月，亚东县遭受了一场突如其来的百年未遇特大雪灾。我记得，晚上开始下雪的时候，我们都还挺高兴，觉得“瑞雪兆丰年”，可是雪越下越大，到第二天早上，积雪厚得推不开门，平均积雪1米多，有些乡镇达1.5米。全县发生雪崩数百处，雪崩区域的公路积雪最厚处达7米。亚东全县交通断绝，通讯瘫痪，供电中断。大家心急如焚。面对这一严峻的考验，在道路不通的情况下，我与县长张兆田（宝山区援藏干部）带领一支工作队，到受灾最严重的康布乡了解灾情、慰问灾民、指挥抗灾。亚东县城与康布乡最远的村相距60公里，大部分路段已被大雪封堵，车不能行，只能徒步前往。康布乡海拔4000多米，山高谷深，是历年雪崩多发区域。从亚东县城到康布乡要穿越数十处雪崩地带，徒步去那里，近乎是一次“死亡行军”。

下午3点，我们身负几十斤重的干粮、药品和防身武器，从县城出发了。风雪弥漫，路途遥远，积雪渐行渐厚。我们用长刀砍下灌木枝条做拐杖，排成一行，保持等距，沿山路外侧，冒着被不时滚落的石块砸伤的危险在雪地上行进。说实在的，此时我们没有任何畏惧，反倒有一种向生命挑战的豪情，精神格外亢奋。我们边走边幽默地互相问候。同行的同志大声问我：“钟书记，你感觉怎么样？”我也大声地笑着用藏语回答：“南大名都（没关系）！”

天渐渐黑了，气温越来越低，空气越来越稀薄，行装越背越沉，人也觉得越走越累。在雪地里穿高帮皮靴不适用，我们都穿雨靴。那薄薄的一层橡胶难御冰雪奇寒，一股股冷气从脚底直往上蹿，冻得我们直打哆嗦。行进越来越艰难了，双腿陷在雪中，只有半个身子露在上面，厚重的羊皮军大衣也难耐极寒，刺骨的寒气像锥子一样扎在腿上，膝盖阵阵发痛，人似乎掉在冰窖里。大伙儿掏出酒瓶子“咕咚、咕咚”往嘴里灌。酒促进了血液循环，使人感到有股暖意，但也加快了身体热量的散发和流失。我们再往前走时感觉更冷，走到后来，脑子木木的，如同这冰雪大地，一片茫然，只有双腿的机械动作，从雪坑里拔出来迈出去，陷进去又拔出来，循环往复。潜意识里只有一个念头：不能停！不能停！一定要尽快到达康布乡！

快到康布乡时，路面的积雪已超过两米，人无法通行。我们只好弃路往高处走，然后顺着山势慢慢往下挪。大家手拉手，不知仰面摔了多少跤。

再多的语言也难以描述当时的狼狈。在极地雪野里徒步行走的滋味，完全没有雪的诗意和美感，只有雪崩的危险、生理极限和意志力的挑战……

当我们终于迈进康布乡的土屋时，一股夹杂草香的焦糊味扑鼻而来，牛粪在铁炉里滋滋地冒着白烟，炉火把小屋烤得暖暖的。我的双腿失去知觉，膝盖红肿，脚背青紫。裤子冻得硬邦邦贴在腿上，费了不少工夫，才脱了下来。脱下的裤子由于冰冻，靠在墙边竟倒不下来……

四天时间里，我们在茫茫雪海徒步往返，为沿途农牧民送医送药，组织群众调剂粮草饲料，开展互助自救，安顿了重灾户和特困户的生活，看望了死难者和失踪者的家属，把党和政府的温暖及时送达灾区群众，鼓励老百姓战胜自

1995年底，清除积雪，打通道路，抗击百年未遇的雪灾

然灾害。当地干部群众激动地说："你们是康布乡历史上第一个用双腿从雪地里走过来的县长、书记，上海干部'亚古都'！"

雪域雄鹰 追忆扎西书记

"太阳和月亮是一个妈妈的女儿，她们的妈妈叫光明；藏族和汉族是一个妈妈的女儿，她们的妈妈叫中国，叫中国……"每当我唱起这首脍炙人口的藏族歌曲时，扎西书记（时任亚东县委副书记）的形象就会浮现在我的眼前。他是我最早认识的藏族同胞，是他教我学会了这首歌。

扎西书记20世纪60年代毕业于北京中央政法干校，一米八的高个子，体重足有二百来斤，笔直的腰杆，宽厚的肩膀，黑红的脸膛。浓密的双眉下，一双大眼炯炯有神。记得1995年5月25日我刚到亚东的那天，在盛大的欢迎会上，他用标准的普通话致辞，热情洋溢，还向我们解释了他的名字——"扎西德勒"的"扎西"是"吉祥"的意思，给我们7位上海援藏干部留下了深刻的第一印象。以后，随着工作的深入，在与当地干部、群众的交往中，我又听说了许多有关扎西书记的传奇故事。有一年大雪，他的车子被堵在野外，进退不得，为了赶回县里指挥抗灾，他带着驾驶员在齐腰深的大雪中连滚带爬40余公里，安全返回县城。1995 年 3 月，他带领公安、民兵紧急出动，一举擒获了八名非法入境的武装分子。在关键时刻，他总是冲在最前面……一位藏族阿妈对我说："扎西啦（'啦'是藏语中的敬称）比蓝天中的雄鹰还要勇猛，似冰山上的雪莲一样纯洁。"

我俩的办公室门挨门，住的地方相隔也不远。工作之余，他常来我的宿舍坐坐，嘘寒问暖。每隔一段时间，他就会提来一兜自家鸡下的新鲜鸡蛋给我们；每年，他家的黄李子挂满枝头时，他总是亲手摘下几篮给我们尝鲜；每次我去他家串门，他总是为我端上又香又浓的甜茶，捧上新鲜的奶渣。那年他 53 岁，比我大整整 24 岁，工作中我们是好同事，生活中是忘年交。在与扎西书记的交谈中，我了解了许多藏民族的历史、文化和风俗习惯，发现他对亚东的山山水水了如指掌，对党和人民有着深厚的感情。在他的言谈中，我还了解到许多不同时期在亚东工作的"老西藏"形象。每当谈到他们时，扎西书记就显得特别激动："他们为亚东人民奉献了青春和爱心，我们这批干部全是靠他们手把手带出来的，真想再见见他们。"谈到高兴时，他便用汉藏两种语言轻轻地唱起他最喜欢的歌："藏族和汉族是一个妈妈的女儿，她们的妈妈叫中国……"

1995 年 11 月，那场突如其来的大雪覆盖了整个亚东县城，如何打通全县对外的唯一通道——日亚公路，确保这条"生命线"的畅通成了当务之急。扎西书记自告奋勇，担起指挥"铲雪通路"的重任。经过几天奋战，养护段的推土机推进到了距县城 25 公里开外的"篝"道班，由于前方坡陡崖深，5 公里左右的路段被大小十多处雪崩堵得严严的，最高处达 5 米多。面对这高高的雪墙，推土机手一筹莫展。县里紧急动员，机关干部、沿途乡镇群众一齐出动，要用人力在雪墙里挖开一条通道。当我从康布乡返回，加入铲雪队伍时，人工铲雪已进入第 5 天。在一处大雪崩前，我见到了扎西书记，他刚从前方探路回来，由于一直在雪地里奔波，脸上晒褪了一层皮；虽然气温已降到了零下三十多摄氏度，额头上还是渗出颗颗汗水。"康布的情况怎样？"他紧紧握住了我的手，声音有些嘶哑。"死难者的尸体已找到，各项救灾措施已得到落实。"我答道。"好！你们援藏干部情况不熟，一定要注意安全，别把身体搞垮了。"他用力拍了拍我的肩膀，又忙着指挥队伍去了。听同志们说他这几天经常腰痛，有时腰都直不起，然而谁要是劝他下去休息，他就会跟谁发脾气。

经过整整 16 天的奋战，路终于修通，各种物资源源不断地进了亚东，但扎西书记的身体却明显地垮了下来，他脸色发黄，体重急剧下降。限于县里的医疗条件，一时难以确诊。我们劝他去拉萨治疗，他总是说灾情尚未解除，县里工作忙，仍坚持在抗灾第一线。不久，他终于倒了下来。经西藏自治区人民医院诊断，他患的是胰腺癌，已无法手术，医生说扎西书记的生命最多只可延续三个月。

我们再次见面时，简直认不出他了：皮肤蜡黄，肌肉萎缩，体重降到了 90 多斤，只有那双大眼睛依然刚毅有神。每当我去探望他时，他总是关心地问起县里的工作。当听说全县生产和人民生活恢复得很快，抗雪救灾工作得到地委、行署充分肯定时，他的脸上浮现出笑容。他的床头堆满了各类报纸和书籍，笔记本上密密麻麻地写满了学习心得体会。有时，他会从报上的一篇文章出发，谈出许多自己对亚东县进一步稳定发展的设想。他太爱养育自己的土地和人民了，把事业看得比自己的生命还重，全然不顾死神正在敲门。

转眼三个月过去了，他的健康日益恶化，但病魔并不能在精神上将这条刚强汉子摧垮。记得有一次他躺在床上对我说："你们来了以后，亚东县的变化很大。等你们援藏结束，我要好好送送你们。"我强忍泪水，用力握了握他的手。是啊，我多么希望我们能那样分别……

1997 年 5 月 28 日，在我援藏刚满两年之际，不幸的消息终于传来。当我赶到时，扎西书记已进入了弥留状态。"钟书记来了。"有人贴着他耳边告诉说。他微微睁开了眼，抽动着嘴角想说什么，可声音已经发不出了。我握着他那枯瘦的大手，十个多月来强忍的泪水不禁夺眶而出。他的妻子次仁曲珍流着泪告诉我，刚才扎西书记说了三句话，一是感谢共产党的多年培养；二是要妻子为党和人民好好工作；三是要把两个儿子教育好。这就是一位党培养的藏族干部的临终遗言。我再次俯下身子，按藏族习惯将自己的额头与扎西书记的额头紧贴在一起……

深入藏区牧民同胞了解社情民意

扎西书记的形象一直铭刻在我的心中，有时我会感到，他化作了雪莲，在雪山冰川上含笑怒放；他变成了雄鹰，在雪域高原振翅飞翔……

结语

青春无价，援藏不悔。青年干部到改革和建设第一线，到艰苦和困难多的地方去，到党和群众最需要的地方去，既是建设高素质干部队伍的需要，也是青年干部成长的重要途径，它对青年干部丰富经历、锤炼意志、培养才干、锻炼成长大有裨益。

三年的时间是短暂的，三年的收获是丰富的，艰苦的环境锻炼人，神圣的使命感振奋人……我感恩这片神奇的土地和英雄的人民。三年的援藏经历，是意志的磨炼、情感的升华和精神的震撼——这，就是援藏工作给我的宝贵财富和启迪。

雪域高原一千天

陆振海，1960 年 8 月生。现任杨浦区委巡察组组长，一级调研员。1995 年 5 月至 1998 年 5 月，为上海市首批援藏干部，任中共西藏自治区日喀则地区拉孜县县委副书记。

口述：陆振海
采访：包静砚　孙爱云　甘礼诚
整理：包静砚　孙爱云
时间：2020 年 1 月 17 日　2020 年 3 月 13 日

2020 年春节前夕，杨浦区第八批援藏干部、曾任拉孜县委常务副书记的施忠民兴奋地告诉我：“去年 12 月，拉孜县实现脱贫摘帽，提前完成了中央、西藏自治区和上海市委赋予的扶贫任务……”闻此喜讯，我感慨万端，在那雪域高原学习、工作、生活一千天的峥嵘岁月，顷刻浮现眼前，恍如昨日……

向往神鹰，情系高原

我与西藏的结缘，既是祖国的召唤，也有年少时的萌动。就像一首歌《向往神鹰》唱的那样，徐徐抵达心中的梦想，至今回忆起来，仍然怦然心动……

1995 年 2 月，我在《解放日报》看到一则消息：“上海市委贯彻中央第三次西藏工作座谈会精神，将要选派一批优秀干部赴西藏日喀则地区担负对口支援任务……”当时，我担任杨浦区公安分局开鲁新村派出所教导员，作为青年干部培养，正在杨浦区“体改办”挂职锻炼。这一则消息，让我心情莫名地激动，内心泛起阵阵涟漪……

勾起两段“深刻记忆”

一段是小时候看的一部电影《农奴》。讲述了藏族农奴小强巴的血泪史。

父母被农奴主折磨致死后，强巴受尽屈辱，被解放军所救，最终获得解放的故事。小强巴这个人物当时对我震动很大。父亲告诉我："故事发生在西藏，那是中国大陆最后解放的区域，是一个古老而神圣的地方。"当时，我就萌生了长大要去看一看的愿望。

另一段是 1975 年 5 月，中国登山队从北坡登顶，向世界公布了珠穆朗玛峰 8848.13 米的标准"身高"。中国登山运动员的壮举，极大地激发了全国人民自力更生、奋发图强、勇攀高峰、加快建设社会主义现代化强国的热情。巍峨神奇的珠穆朗玛峰更加令我心驰神往。

1995 年 3 月上旬，杨浦区公安分局召开对口支援动员大会，40 岁以下正科级干部全体参加。会上传达了中央"分片负责、对口支援、定期轮换"的选派方针和"好中选优、选优挑强"的干部选派要求。援藏动员就像一颗火种，一下把我的激情点燃了。支援西藏，建设边疆，责任重大，使命光荣。我是公安干警，又在部队锻炼过，认为自己"根正苗红、身强体壮，党有号召、我必响应"！充满了舍我其谁的担当和非我莫属的自信。

当时，家人还是有所顾虑的。毕竟我从东北部队刚转业回到地方不久，儿子还小；这次是首批援藏，可参考的信息很少。说是三年援藏，会不会延长？高原艰苦的环境，能不能受得了？一切都是未知数，但这些都没能阻挡住我的热情。

经历一次"体检风波"

当时，还有一个"体检风波"。体检前晚恰巧我当班，我舍不得朝夕相处的公安战友，主动要求站"最后一班岗"。晚上与治安组同志一起办案，忙到次日凌晨两点多才休息。没想到体检结论"窦性心律不齐"，没有通过，把我懵住了。我哪里甘心，赶忙到杨浦区委组织部找领导，说明原因，表达信心，争取"复检"机会，才有了后面的故事。这个"小插曲"，更加深了我与西藏的缘分。

1995 年 4 月 7 日清晨，中央人民广播电台报道长篇通讯——《领导干部的楷模孔繁森》，我们全家都认真聆听了广播。有着 40 多年党龄的老父亲动情地嘱咐我："孔书记好人啊！两次进藏了不起……振海，你去西藏工作，家里的困难我们会克服，你要向在西藏工作的老前辈学习，好好干呀！”

5 月 17 日（谐音“我要去”。选择这个日子出发，以示援藏的决心），上海 49 名援藏干部，怀揣着上海市委、市政府的嘱托和家乡人民的祝福，告别亲人，踏上征程，义无反顾奔赴西藏雪域高原……

定格三组“难忘镜头”

一组壮行出征。镜头聚焦：热烈且凝重。热烈是上海市委、市政府在上海展览中心礼堂为我们举行隆重的欢送仪式，援藏总领队徐麟同志慷慨激昂的出征誓言，将气氛推向高潮，场面令人动容；凝重是面对亲人的送别，感受到了沉甸甸的责任，升腾起一种壮士出征的豪迈。“今朝我欲乘风去，大展雄才高万仞”，是我当时心情的真实写照。

一组中转转进。镜头聚焦：乍暖又还寒。乍暖是西藏人民的热情。5 月 20 日，我们抵达拉萨贡嘎机场，西藏自治区党委和政府组织了热烈而简短的欢迎仪式，隆重的藏族礼仪，让初次进藏的我们，有了他乡遇亲人般的温暖。还寒是高原气候的无情。车队向日喀则转进途中，车外满目荒凉，车内心潮澎湃。高原反应让大家动都不想动，中途休息连取物的力气都没有了；有一位同志，还突然晕厥倒地……

一组抵达休整。镜头聚焦：平静与波澜。平静是好不容易到达日喀则地区招待所，大家都有一种到家的感觉。向家人报平安，都讲“没事，放心！”，其实到电话亭 500 米的路，我们走过去，都要歇好几下。波澜是当地干部特别提醒：日喀则现在昼夜武警巡逻，斗争形势严峻，我们进入西藏，实际上就已经进入了与达赖集团斗争的第一线，注意安全，尽量不要外出。

这些只是小小的“见面礼”。在日喀则地区招待所简短休整 5 天后，援藏干部即将履新，大家互道珍重，拥抱告别。杨浦团区委副书记钟杰赴亚东县担任县委副书记，我去拉孜，杨浦兄弟，各自奔赴“战场”，去迎接更大的挑战……

藏汉一家，血浓于水

“拉孜”在藏语中是“风口”的意思，它位于世界屋脊山口，总面积 4505

平方公里，平均海拔 4010 米。含氧量比平原地区少三分之一，气候恶劣，生态脆弱，人口稀少，素有“天上无飞鸟，地上不长草，氧气吸不饱，四季戴雪帽”之称，被视为“生命禁区”。

在艰苦中感知

直接感知是环境的艰苦。虽然我们都做足了思想准备，但置身现实环境，真正体验并战胜困难，需要坚定的信念和顽强的意志。一是高原气候。拉孜山口气象万千，时而天寒地冻，滴水成冰；时而狂风大作，风沙蔽日。高原缺氧、空气干燥导致进藏干部一个个视力下降、嘴唇皲裂、鼻腔渗血。二是缺电少水。拉孜县城只有一座小型水电站，气候一冷，水就结冰，无法发电。因此，拉孜县一年之中有 5 个月是靠蜡烛照明的。停电造成缺水，每人每天限用一桶干净的水，喝、洗、用，变着法子重复利用。三是营养不良。我们吃的是陈年籼米，蔬菜要靠从日喀则定期运来，有一顿没一顿，“三天不见青，肚里冒火星”。进藏一个月，拉孜的 7 名进藏干部，平均体重都掉了 10 多斤。

震撼感知是地区的贫困。我上任后不久，在当地干部陪同下，我们到乡村实地调研走访。一个多月的时间，逐个乡跑，逐个点看，进村入户，了解情况。每到一处，敦厚的藏族同胞热情地献哈达、敬酥油茶，但在恶劣的自然环境面前，农牧民的生活太贫困了，家里一贫如洗，学校破败不堪，看病翻山越岭……我们一路走，一路感慨……

有一次，我借宿的牧民家，有 7 个孩子，大的衣不蔽体，小的光着屁股。一到晚上，全家蜷缩在青稞草铺上睡觉，因为没有电，也点不起蜡烛，每次睡觉前，父母都“点名”，以确认孩子是否全部回家。那一晚我久久难以入眠……

这场景没有亲身经历，是无法想象的。对艰苦环境的感知，来自身体，咬咬牙顶得过去；对地区贫困的感知，直击心灵，精神上的拷问更为持久……

在危难中感动

在西藏，各种自然灾害多，很多乡镇只有土路，有的甚至连土路都没有，到了雨雪季，雪灾、滑坡、泥石流等无法预料的地质灾害常有发生。

1995 年 7 月，拉孜县曲玛乡山洪暴发，达布村 20 多户民房受洪灾被困，

夏日正午山雪融化，抢抓时机洗衣洗被

泥石流冲毁了318国道……我们连夜集结队伍，县领导亲自挂帅，天蒙蒙亮就直奔灾区。

曲玛乡位于拉孜北线，地势险恶。车子行进在崎岖的山路，颠簸非常厉害，我们都屏住呼吸，生怕稍有动作导致车辆失去平衡，坠入万丈悬崖。但是，全车人员脸上没有一个害怕的，这令我非常钦佩和感动。

我们赶到达布村，简单了解情况后迅速投入战斗。所有抢险同志顶着如注大雨，跳进没膝、刺骨的泥水中与大家一起解救群众，疏通河道。在危险的地段，藏族同胞拽着牦牛的尾巴，深一脚、浅一脚地探路，想尽一切办法，把受灾的群众和物资全部转移了出来。

还有一次，是日喀则西南地区遭遇特大雪灾，灾区的藏族同胞被困，急需救援物资。当时大雪封山，道路行进艰险，情况危急。所有援藏干部和县领导一起，经过四天四夜艰难跋涉，翻越5200米的珠峰大本营，才到达事发地展开救援。当时，有的地段积雪1米多深，许多同志都是背着救援物资，爬着进去的……

危难见真情。在抗击灾害的日子里，有许许多多让人感动的故事。藏族同胞视我们为亲人，我们视藏族同胞为兄弟，结下了血浓于水的情谊。灾情过后，我们又带头捐款捐物，帮助灾民灾后重建、渡过难关。

在交融中感恩

我们与西藏同胞缔结的深情，就像高原之巅的皑皑白雪，接受阳光照射，慢慢融化，滋润大地。援藏干部一头连着拉孜藏胞，一头连着上海人民，时刻怀有感恩之心。

感恩大后方的鼎力支持。杨浦区委、区政府，杨浦区公安分局、相关街道和委办局经常发电报嘘寒问暖、雪中送炭，不仅在物质上、精神上，还体现在发展理念和技能培训上。三年来，在多方协调帮助下，我先后组织多批拉孜县党政干部、技术能手到上海参加无偿培训，深受赞誉。在民间层面，我们同样也收到了无数的爱心："南京路上好八连"指战员资助了大量学习书籍和音响设备；沪上知名书法家王宽鹏专门组织了"助学拉孜儿童"个人义卖活动，将义卖获得的4000元全部捐助贫困儿童……这些都给了我巨大的动力。

感恩拉孜人民的真挚回馈。援藏干部生病了，拉孜县领导会亲自驱车100多公里找医生看病；见我们吃不惯糌粑，藏族同胞会专程送来最新鲜的羊肉，让我们改善伙食；当地气候干燥，当地干部家属和藏族小姑娘每天都会给我们送热乎乎的酥油茶；每到节日，藏族同胞会邀请我们一起欢庆，献上洁白的哈达，亲切地称赞我们是"上海飞来的吉祥鸟""共产党派来的奔布拉呀歌嘟（共产党派来的援藏干部好得很）"！我们一起放声歌唱，一起种下友谊之树，缔结藏汉儿女的深厚情谊。

岁月留痕，青春无悔

有人问我：在西藏三年，远离家乡和亲人，面对各种困难和考验，是靠什么坚持下来的？我说：是信念。这种信念是把青春刻进岁月，一点一点打磨出来的。

孔繁森有两句话令我印象深刻："说一万句空话，不如做一件实事""我要用实际行动证明党的干部是真正为人民服务的，我要给西藏人民留下一个深深的脚印"。这两句话就像黑夜案头伴读的马灯，给了我无穷的力量。我对拉孜事业的坚守，主要源于三个方面的深刻体会。

反分裂是最大的政治

1995 年 5 月 14 日，就在我们进藏前 3 天，达赖就在境外大搞分裂祖国的活动。这预示我们一踏上西藏圣地，就面临复杂的政治斗争和生命风险的考验。

为粉碎达赖集团险恶用心，1996 年 6 月，西藏自治区党委和人民政府做出了“爱国主义教育进寺庙”的重大决策。这一决策在日喀则地区得到迅速响应。

拉孜县成立专门工作组，由我具体负责。我们当时面临的困难很多：一是政治环境复杂。达赖利用宗教身份掩护，把政治问题、宗教问题和民族问题纠葛在一起，具有极大的欺骗性和煽动性。二是斗争环境恶劣。我们的目的就是要把寺庙领导权牢牢掌握在爱国爱教的僧尼手中，但面对很多阻力。三是工作环境艰苦。拉孜县共有大小寺庙 34 座，按照要求都要蹲点开展教育，时间紧，任务重，距离远，我们每到一个寺庙，都是野外扎营，餐风饮露。

为确保爱国主义教育效果，我们制定详细的工作方案，广泛依靠当地干部和群众，一家一家上门，不怕冷脸，不怕拒绝，始终坚持“两手抓”：一手与当地公安和部队配合，依托寺庙管委会进行清理整顿，一手与乡镇干部和群众

寺庙整顿效果显著，撤点之际合影留念

密切配合，尊重宗教信仰，注重真情感化，深入开展爱国主义教育，旗帜鲜明地宣传党的政策，不厌其烦地做工作，教育整顿不达目的，不罢休、不撤点、不换防，最终圆满完成了的任务。

抓教育是最大的民心

1986 年，国家颁布《义务教育法》，规定："凡年满 6 周岁的儿童，不分性别、民族、种族，应当入学接受规定的义务教育。"九年制义务教育政策实施了十年，但在拉孜县人民心中，这还是一个遥远的梦。

当时西藏提出的教育目标是：到 20 世纪末，实现"二有、八零、三六九"。即：县有中学，乡有小学；适龄儿童入学率达到 80%；基本普及牧区三年、农区六年、主要城镇九年的差别义务制教育。

拉孜县的情况是适龄儿童入学率仅为 60%，农牧区文盲、半文盲率占 80% 以上。全县 97 所民办小学，94 所没有课桌椅。有的学生在濒临倒塌的教室里，盘腿坐在冰冷的泥巴地上听课，膝盖上放一块木板，用木炭在上面做功课。即便是这样，学生一般也只能读到三年级，上不了中学。

教育在西藏是牵动神经的民生大计。我们拉孜县援藏干部通过一个多月实地调研，确定了"以兴办社会公益事业为先导"的工作思路。优先集中财力，兴办一批"希望学校"，尽快形成规模，让拉孜同胞感受上海人民的深情厚谊。

这项希望工程具有教育与政治的双重意义，一经提出，就得到了杨浦、闸北、嘉定、奉贤等区县领导的大力支持。三区一县及社会各界人士都热情地伸出援助之手，共筹集希望工程款 237 万元。为拉孜新建 7 所希望小学，新增学生 1600 人，解决了所有学生"屁股离地"的问题；并建造了西藏第一个县级教师培训中心，解决了民办教师队伍培训的难题。1997 年，拉孜县被西藏自治区评为基础教育先进县。

促发展是最大的使命

对口支援不同于以往援藏，主要是起点高了。过去是人才派遣，人派过去就算完成任务；而对口支援不仅要派干部，更要有资金、项目的配套。同时期望高了，当地干部群众过去对内地干部主要看个人表现，现在不仅要看表现，更看重你做出了多少实实在在的政绩和成果。

在这样的背景下，上海 49 名援藏干部自进藏之日起，就以整体的形象站在了西藏建设的舞台上。作为上海的使者，我们的使命是：担当沪藏两地沟通的桥梁和纽带，把沿海发达地区的先进文化导入西部不发达地区，把上海的技术、资金、项目，把上海人的观念、经验、效率输入西藏，增强西藏与内地的联系，帮助西藏逐步建立自我发展的功能机制，促进西藏的稳定与发展。

神圣的使命催生信念。拉孜县有 7 名援藏干部，4 名在县委、县政府担任领导职务。我在县委分管办公室、宣传部、政法委和统战部，主要参与了三个方面的工作：

一是制定中远期发展规划。提出了“把拉孜建设成日喀则西部重镇”的口号，制定国民经济与社会发展总体规划，配套制订了城镇形态规划，制作了精致模型。这些规划模型使当地干部群众直观地看到了拉孜的发展前景，极大地鼓舞了拉孜人民建设美好家园的决心和信心。

二是大力发展地方经济。集中主要精力和财力，启动了 36 个经济与社会发展项目。在各对口城区的援助下，修建了拉孜县城水电站，建设了宽 10 米、长 3 公里的县城大道，完成了拉孜县人民医院医疗设备改造等大项工程。

三是竭诚做好民心工程。在我的建议下，县委县政府开展社会治安大整治，严打刑事犯罪。1996 年全县刑事案件发案率比 1995 年下降 33%；1997 年再接再厉，继续实现“稳中有降”，连续三年被日喀则地区评为综合治理先进单位。在藏期间，我还牵头组织了以“庆祝香港回归大游行”为主题的系列爱国主义教育，开展了藏汉文艺、歌舞、书法等文化大交流，促进了藏汉民族文化的大团结。

治安和投资环境的好转，对拉孜县发展各项社会事业起到了积极的推动作用。三年来，拉孜县面貌有了很大变化：建起了当年西藏唯一的洗衣粉厂，筹建了建筑装潢总部——西藏富丽建筑有限公司；1997 年财政收入比 1994 年翻一番；城镇住房、道路、通讯、医疗等基础设施明显改善，人民群众的安全感、满意度也有了明显提升。

追远思今，颇多感慨。当年我们血气方刚，徐麟才 32 岁，钟杰不到 30 岁，我 35 岁。动力来自哪里？我认为：在比拼。中央指定沿海经济发达的 14

个省（直辖市）对口支援西藏7个地市，上海与领导干部的楷模孔繁森的家乡山东共同援助日喀则地区，同一舞台、人数相当、时间同步，比的就是克服艰险、战胜困难的意志，比的就是情系高原、建功立业的斗志，比的就是藏汉一家、情融同胞的心志，这种“比拼”催生的精神力量，让我们排除万难、一往无前……

远离家乡，我们最牵肠挂肚的是亲情，对父母的牵挂之情，对妻子的相思之情，对儿女的舐犊之情。1995年8月底，进藏不到100天，我的父亲因突发脑溢血，溘然长逝。处理善后之后回到岗位，每当夜深人静，我总会遥看东方、仰望星空，苦苦寻找属于父亲的星光，无尽思念，汹涌袭来，久久激荡，难以平复……那一刻，我才真正体会到“化悲痛为力量”是一种非常艰难的意志考验。“一寸丹心图报国，两行清泪为思亲”，我从来不后悔自己的选择，更是把难以割舍的亲情，转化为对西藏的民族情、同胞情，竭尽所能资助困难群众，全力以赴投身援藏事业，以不辜负父亲送行时对我的殷殷嘱咐，践行“情系浦江，做上海人民的优秀儿子，建功高原，当藏族同胞的忠实公仆”的初心和使命。

2017年8月，受杨浦区委组织部委派，我率杨浦区“基层党建宣讲团”到日喀则作巡回宣讲、学习交流，再次回到魂牵梦萦、终生难忘的拉孜。阔别近二十年，蓝天白云，山河依旧；人间城郭，天翻地覆。拉孜就像一颗雪域的明珠，静静地镶嵌在高原之巅，更加美丽动人、光彩夺目……

施忠民书记一路陪着我，重寻当年的足迹。拉孜变化太大了，很多地方我都认不出来了。但是，每到一处，总有村民过来跟我握手，亲切地称我“陆书记”，笑谈当年的往事，令我十分感慨。忠民书记说：“振海，拉孜人民没有忘记你，没有忘记每一位情系高原的上海援藏干部，更没有忘记国家的扶贫政策和上海人民对西藏的支持……”

忠民书记还带我看了一个新建小区，说：“这里规划的是扶贫拆迁安置小区，现在是空的，下一步准备把偏远山沟的农牧民都搬迁过来。拉孜县委、县政府已经立下了‘军令状’，必须确保2019年底前实现脱贫目标……”

听到这些，我油然生出一种自豪感。对口支援是国家的一项多么了不起的

◀ 衷心祝愿远方同胞吉祥如意、幸福安康

接续工程啊！我相信：有了党的英明领导，拉孜的明天一定会更加美好。恋恋拉孜情，又到分别时，我和前来送行的干部群众，再一次唱起了《闪亮的酒杯》：

闪亮的酒杯高举起哟
这酒杯斟满了情和意
祝愿朋友吉祥如意
祝愿朋友一帆风顺
欢聚的时刻虽然是这样的短暂哟
友谊的花朵却开在我们的心里
美好的回忆却留在我们的心里
留在心里……

扎西德勒，亚东！

任大连，1961 年 6 月生。现任上海市杨浦区城市建设投资（集团）有限公司党委书记、董事长。1998 年至 2001 年，为上海市第二批援藏干部，任中共西藏自治区日喀则地区亚东县县委副书记、常务副书记。

口述：任大连
采访：孙爱云　甘礼诚
整理：孙爱云　甘礼诚
时间：2020 年 3 月 17 日

我作为上海市第二批援藏干部到西藏亚东县工作了三年。三年的时间虽不算太长，但在那个非常遥远、非常陌生的地方，要克服自然环境对身体产生的高原反应、在开展对口支援工作中面临的困难、在万里之外对家人的思念寂寞孤独，还是非常不容易的。

千山之巅，万水之源，有着深厚传统和文化信仰的西藏，孕育了世世代代的藏族牧民，造就了中国独特的异地风情。这个充满神秘、充满诱惑的地方，让人没有理由去拒绝她，而想去靠近她，探索她，感受她。

我在三年援藏工作中经受了思想和生活的考验，努力完成了援藏工作任务，锻炼了自己的坚强意志和克服困难的勇气。我写下了近千篇日记，拍摄了一百多卷胶卷，记录下了在我心里最美的亚东。在西藏的日日夜夜，成为我心中刻骨铭心的记忆。

初到亚东人孤独

回想起当年我报名去西藏工作的理由，就是想去中国最神秘的西南边陲，丰富自己的人生阅历，在困难和挑战中考验自己的意志品行。

到达日喀则机场，迎接我们的藏族同胞载歌载舞，热情地向我们献上哈达和青稞酒，我的心情非常激动，一时“忘了”高原反应。但到达日喀则第四天，高原反应越来越大，头疼、心慌、心跳加快、气喘乏力。为了不使自己体内过分缺氧，我们除了吃饭要走到餐厅，其他时间都躺在床上不敢多动。

我们对口支援日喀则地区的亚东县，平均海拔 3400 米，不算太高，但是高原反应还是让人够呛。高原条件下的天气太干燥，鼻黏膜萎缩难受，鼻腔血管一碰就会出血。到西藏刚刚开始时的热情，慢慢被一种烦躁代替。特别是最难受的时候，由于缺氧，睡觉也成了大问题，几乎每天晚上都要失眠，靠吃安眠药才能入睡。有一次我翻来覆去睡不着，吃了 2 粒速效安神药，还是睡不着，再吃 3 粒，越折腾越睡不着。到了凌晨两点，一瓶 12 粒安神药全被我吃光了，胃里开始翻江倒海起来。想倒点水喝，水瓶和水龙头里都没有一滴水。完了，没法睡了，干脆在房间里走来走去，一直走到天亮。后来医生说我是药物中毒，没有吃出大事来已经是万幸了，我平生第一次尝到了吃错药是什么滋味。

进藏一个多月，令人窒息的是孤独。越是夜深人静，越是孤独寂寞袭来。一个人只要在家里，就要打开电视机，不管播放的内容有没有自己要看的，一直就这么开着，只要有声音就行；否则，空空荡荡的屋子里没有一点儿声响，孤寂得没有人气。

尽管初到亚东人孤独，也尽管遇到这样那样的困难，但是，我始终没有忘记报名援藏的初心。我们的援藏事业是为了不让西藏永远落后下去。克服孤独和困难，与当地藏民交流感情，是首当其冲要做的事情。

我们 7 名援藏干部跋山涉水到上亚东乡、下亚东乡、下司马镇、帕里镇，带着酥油、白糖、奶粉等礼物去看望当地的藏族老人，老人们见到我们非常高兴，拉着我们的手，嘴里讲着藏语念念有词。虽然我听不懂他们说些什么，但知道他们一定是在为我们祈祷和祝福。遵杰巴拉老人不是共产党员，但他是我们共产党的好朋友，解放军当年进驻亚东的指挥部就设在他家，他曾经是日喀则地区政协副主席。如今，他虽然已经 80 多岁了，但仍然关心着亚东县的经济和社会发展。

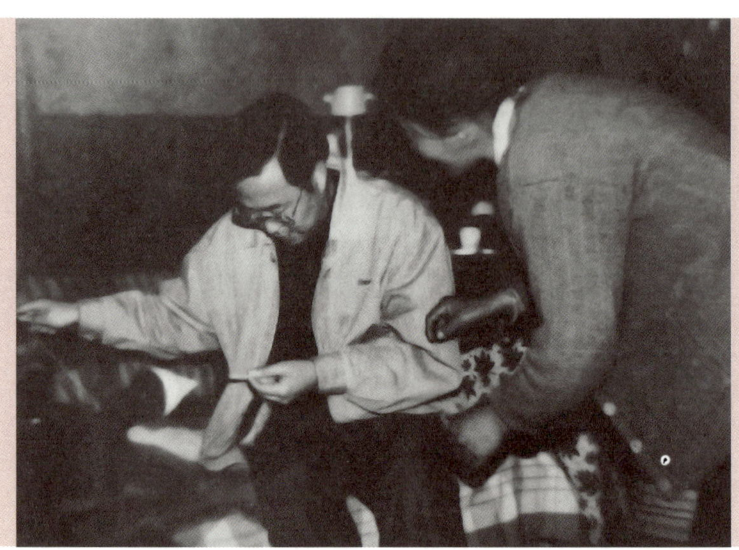

在藏族同胞家中做客

老人和我聊了一个多小时，思路清晰、侃侃而谈亚东县的学校教育和生态保护问题，令我很敬佩。而让我心酸的是，这里老人的养老环境和条件太简陋了。告别之前，我留给遵杰巴拉老人 200 元钱，心里思忖着如何提高这里老人的晚年生活水平。

我常常被藏族同胞朴实的真情厚意所打动，你做了一件很平常的小事情，藏族同胞会发自内心地感谢你。

我们了解到亚东帕里镇老百姓吃用的水，要从很远的地方背回来。到实地调研勘察后，经过亚东县政府同意和统一行动，开始铺设管道进行引水工程，将山上的水引到镇子里来，建造自来水设备，终于解决了当地“吃水难”问题，当地老百姓像过藏历新年一样，自发地载歌载舞，向我们献哈达、敬酥油茶、送青稞酒，请我们到家里去坐坐。

亚东藏族同胞特别好客，藏族同事几乎家家都备有酥油茶、奶茶、青稞酒，请你到家里去做客，热情接待远方来的援藏干部，主人会不断地给你续茶、添酒。

当地藏民同胞许多家庭已经盖起了新房，都是用山上打的石头砌成的二层楼房，上上下下有十个房间，还有几十个平方米的大院子。木质的窗户和阳台用彩色油漆描上富有藏族特色的各种图案，有的家庭还用上了铝合金门窗，屋里采光充足，富有现代感。由于亚东的雨水多，家家户户都盖上了防雨的铁皮屋顶。他们在小院和阳台上都种上了各种各样的花卉，花盆虽然简陋，花却开得鲜艳好看。

在藏族同事的家里做客，最能感受到藏族同胞的情谊，他们询问最多的是我们在亚东的生活是否习惯、是否给家里的妻子打过电话、孩子的学习和身体健康情况怎样。他们对上海的城市生活和经济发展也非常感兴趣，丝毫没有把我们当外人。我在藏族同胞的家里越来越放松，甚至在他们家里学着纺羊毛线，不熟练的动作，纺出来的毛线粗粗细细，很不均匀，引得大家哄堂大笑。与藏族同胞在一起，渐渐消除了心中的孤独感。

改变亚东心手连

冬天的日喀则看上去很凋零，上午还有些太阳，到了下午就飞沙走石，天地昏暗。飞腾的小沙石刮在脸上，很疼很疼。西藏的冬天让人更缺氧，我明显感到头痛胸闷得厉害，比刚进藏时的感觉还要差。

虽然到了三月底，天气还是有些怪异，先是一场大雨，后是一场大雪。雪花飘飞让人欢喜让人忧，喜的是昨天刚接到地区发来的紧急电报，定结县发生森林火灾，要求我们亚东县注意防火，而这场大雪可以缓解火灾的危险了；忧的是如果大雪这样不停地下，可能会酿成雪灾，那就麻烦了。

在西藏复杂的高原环境下，什么恶劣的天气在瞬间都会发生。亚东是雪灾多发的地区，印度洋的暖湿气流和高原的冷空气交汇，造成每半年就有可能出现一次雪灾。三、四月份牛羊产羔的高峰季节，一旦有雪灾发生，农牧民就要遭受很大的损失。

连续两天的大雪，已经造成连续两天停电，日子过得非常枯燥和缓慢。我有些担心，担心大雪会给亚东带来灾难。我的担心不无道理，据说 1995 年亚东就遭遇了一场罕见的大雪。那年 9 月份，大雪突然降临亚东，积雪造成全县交通和通讯中断，群众的房屋倒塌，牲畜冻死无数，给亚东造成了巨大的损失。牧区大批的牛羊被困在冰雪中冻饿而亡，偏远乡村的群众生活遇到很大困难。下乡的交通中断，上海第一批援藏干部在齐腰深的雪地里足足行走了一整天，才到达几十公里外的康布乡里，为受灾群众捐衣捐钱、送上粮米和柴火，组织群众进行抗雪救灾，铲雪疏通道路，抢运救灾物资，组织牲畜转移草场，给当地群众留下了深刻印象，并传为佳话。

大雪连续下到第四天，开始下暴雪，气温骤降。暴雪切断了亚东对外的所有道路。一声令下，我们迅速投入到抗雪救灾的战斗中去，不停地铲雪开路、抢运物资，最大限度减少大雪带给当地群众的损失。

西藏平均海拔4000米以上，有50多座山峰，地势由西北向东南倾斜，地形复杂多样，既有高大山峰也有世界最大最深的大峡谷，雪山、冰川、戈壁比比皆是。奇特多样的地形使得西藏的气候复杂，自然灾害频繁发生。亚东的藏语叫“卓木”，意思是“急流的深谷”，这里常见的灾害有地震、洪水、暴风雪、泥石流、滑坡、干旱、冰雹等，听听这些就够吓人的。

由于集中降水，夏季是西藏地质灾害多发期。日喀则地区18个县，其中10个县最容易发生前旱后涝以及大规模的泥石流。每年到了7月份，我们就要全身心投入防汛抗灾工作中。

由于独特的地理位置和气候，亚东有着50多万亩的丰富林业资源，覆盖亚东4个乡镇，就像一颗绿宝石镶嵌在世界屋脊上。森林风景优美，有上百种动植物。大自然赐予亚东的茂密森林给亚东带来充沛的雨水，林业资源给亚东当地的经济发展创造了条件，山里的群众靠砍柴火、挖药材、编竹篮、采摘野生菌和野菜来增加自己的收入。家家户户的院墙上堆满了当柴烧的木头，当地群众还把堆在家里的柴火当作一种财富的象征。但由于连续多年高强度的砍伐，亚东的森林面积几乎缩小了大半。

听亚东县的老人说，原来在海拔3200米的上亚东乡一带也是林木茂盛，现在已经无树可砍了，村民们只能以打石头为生。下亚东乡的可伐林木也近乎枯竭，以前砍伐是在深山无人居住的地方，现在那些地方的树砍完了，人们就到外面风口处砍伐。森林面积缩小使亚东的气候也发生明显的变化，过去冬天不太冷，旱季雨季也不分明，现在每年到了雨季雨水就非常集中；过去没有很大的风，现在每当春秋季节，住在亚东河边的群众就特别担心，每天一到下午

任大连（左一）与当地干部一同实地考察

就起风，风特别大，风大了，风沙就跟着大，这与森林面积的减少不无关系。

过度的森林砍伐会使本来就处于复杂地理和气候环境之中的西藏加速环境退化。我们鼓励当地群众用电能来替代木柴，坚持绿色发展和建设美丽西藏的理念。藏族同胞已经逐步意识到破坏大自然给人类带来诸多危害的严重性，开始重视森林的保护工作，每年减少了砍伐量和加大封山育林的力度。

守望亚东情相伴

西藏地广人稀，大多数农牧民分散居住在偏僻的高海拔地区，除了放牧、种地，农牧民很少有文化娱乐活动。一旦人或牲畜得了病，要跋涉很长的山路到乡卫生所或县医院求医。为了解决农牧民的实际困难，亚东县政府每年组织文化、卫生、科技下乡，也就是“三下乡”活动。每当“三下乡”时，农牧民们就像过藏历新年一样欢天喜地。

我们利用国庆节的休假时间，组织县工青妇、卫生、农牧等部门的干部职工，选择距离县城较远的乡镇进行“三下乡”活动，跑遍了卓木拉日雪山脚下的堆纳乡、康布乡和吉汝乡。

牧民们有的骑马、有的坐马车、有的坐手扶拖拉机，从四面八方聚集到乡政府，或席地而坐，或放声高歌，男女老少个个兴高采烈。吉汝乡乡长对我说："像这样热闹的'三下乡'活动过去没有过，今天大家真是太高兴了。"为牧民们表演歌舞的同志们，尽管每个节目结束后都气喘吁吁，但他们还是很认真地表演，人群中不断传来一阵阵的掌声和笑声。

看完演出节目后，牧民们没有马上离去，而是三五成群地围坐着，一边喝茶一边说笑。等到"三下乡"活动接近尾声、我们准备告别的时候，我才发现，牧民们不走的原因，是等着给我们献哈达和送行呢。

我被农牧民的朴实深深感动，太理解他们渴望文化、卫生、科技等方面的知识教育了，我们要做的，就是要尽自己所能，多为他们做一些实事。

由于受特殊自然环境的限制，藏族牧民们的医疗条件非常落后。亚东县人民医院是 20 世纪 50 年代建造的木质结构建筑，长时间的日晒雨淋和积雪的腐蚀导致墙体剥落，楼板开裂。我们在亚东的对口支援项目主要集中在教育卫生和经济发展方面，我负责医疗卫生项目的实施，包括建办公楼、新建几个乡卫生院、改建县医院，以及相关人员的培训工作。

为改变亚东卫生设施的落后状况，更为了解决藏族农牧民的"就医难"，我们投入 30 多万元资金，对亚东县人民医院门诊楼、住院部的房屋进行维修扩建。门诊大楼扩建了 400 多平方米，各科室的医疗设备进行了重新调整和添置，增添了空调、手术床、无影灯等设备，大大改善了当地的医疗条件。亚东县医院从前最多只能做阑尾手术，经过这样一次维修扩建，已经能够做一些比较大的手术了。

话说"男儿有泪不轻弹"，可是那天不知怎么的，我的眼里全是泪花。我们援建的上亚东乡卫生院，虽然只有四间屋子的一排平房，但当地乡亲们终于就近有地方看病了。卫生院竣工挂牌时，全乡 900 多人都来了，他们纷纷从家里带来哈达、青稞酒、酥油茶，表达着内心的喜悦。可是，当我走进屋子，看到卫生院的医疗设施还是很简陋，比如消毒的针头、针管，就是用饭盒放在普通的锅里煮煮。我们已经进入 CT 和核磁共振的医学年代，如果不是亲眼看见，我无法相信在西藏边远地区的医疗条件还是那么简陋，心里非常难过。

任大连看望藏族老人

我们到西藏以后，感觉当地干部群众要求发展基础教育的愿望很强烈，但由于受制于科学文化和基础教育水平，缺少符合当地发展的思路和措施，基础教育工作提升非常缓慢。

日喀则地区各个县都存在教育经费不足的问题，加上气候环境恶劣和工作条件艰苦，导致师资力量非常缺乏。即使有学校，校舍也非常简陋，农牧区的孩子居住又分散，上学的路途非常远，要住校的话就会带来吃饭、取暖、点灯等生活问题。在这里，我非常佩服学校里的教师和学生，在校舍和居住环境如此艰苦的地方，老师们仍然能坚守在教学第一线，耕耘不止。为了孩子们的健康成长，有的老师甚至累坏了自己的身体。而学生虽然在用泥土垒起来的简易教室里上课，但仍然充满了向上的朝气，那种渴望知识的认真劲头，一点不比内地学校的学生差。

我发现亚东与其他地区有点不一样，在基础教育方面相对做得比较好，孩子们都愿意读书。上海的西藏中学，有许多学生是从亚东县来的，家长们也愿意把孩子送到上海去学习。

在我援藏期间，有一件事情让我特别感慨和高兴。

1999 年 7 月 29 日，是一个非常值得纪念的日子。经过多年的努力，亚东县基本扫除了“文盲”，通过了“脱盲”验收，成为西藏自治区第一个“脱盲”县。

再忆亚东多感怀

援藏任务结束回上海后，我又去过亚东三次，每次感觉都不同，亚东人更精神了，小城更漂亮了，亚东虽然还是在喜马拉雅大山的深处，但互联网让这个县城与外界的联系更方便、更快捷了。

亚东县帕里镇海拔4000多米，地处喜马拉雅山山脊，是世界上最高的县镇。我们第二批援藏干部在帕里镇彻底解决了当地藏族同胞“吃水难”的问题。

西藏解放后，帕里镇也获得了新生。帕里人民在亚东县委的领导下，勤劳致富，安居乐业，生活发生了翻天覆地的变化。帕里沿街开了许多藏餐馆和茶室，过路的客人在这里歇脚、喝茶，很是惬意。许多家庭盖起了具有鲜明藏族特色的房子，买了拖拉机，日子过得红红火火。

上海第一批援藏干部在帕里兴建了镇中心卫生院和希望小学，我们第二批援藏干部对帕里进行了整体规划建设，投入230多万元兴建了水泥道路、路边排水系统、农贸市场、闭路电视系统等，使这座世界海拔最高的城镇面貌焕然一新。昔日被认为不吉祥的地方，如今是西藏标准的“小康镇”。

回想在亚东工作的三年，在我们援藏干部自己身上，也发生了很大变化。

刚刚进藏头几个月，我们援藏干部整天躺在床上等待身体的适应。进藏一年之后，我们不仅适应得很好，生活起居也恢复了正常，跟在上海生活时一样，而且工作起来越来越容易与当藏民融合在一起，在推进对口支援的一个个具体项目上，也非常顺利。

其实，人一旦有了毅力和勇气，那便是不可战胜的，只要具备足够的思想准备，哪有挺不过去的艰难险阻。我可以适应生存环境，反之，环境的变化也会不断锻炼和改变我。

回首在西藏工作三年的往事，感受和心得颇多。在离开家人到完全陌生的边远地区工作的前几个月，根本无心考虑今后三年的援藏任期和援藏任务，只有对故乡和亲人刻骨铭心的思念，有过不成熟的举动，流过不成熟的眼泪。而其中所经受的任何考验，吃过的苦、受过的累，终于让自己得到更多，懂得更多、成熟更多。少了浮躁，多了踏实；少了多愁善感，多了坚强意志，这不就是我到西藏来想要得到的吗？

我们每年都要参加乡村道路整修、义务植树等一些劳动，在高原缺氧环境下干活，稍稍动了几下，就累得气喘吁吁。而我那些藏族同事，无论挖土、运石、打眼放炮，干起活来好像有使不完的劲，还时不时地过来帮助我们干活，让我们很感动。干完活了，他们就围在一起，一边喝酥油茶、青稞酒，一边放声歌唱和跳舞，一点也不觉得累，让我们很钦佩。

由于气候环境和饮食的缘故，我患上了痛风，发作时疼痛难忍，每走一步都钻心的痛。藏族同事就自发轮流到我的住处，有的帮着洗衣服、拖地、整理房间；有的还从很远的地方帮我找到一些藏药，泡进水里，然后敷在我的痛处；有的从家里拿来鸡蛋等帮我做饭，让我感动至深。我和藏族同胞结下了深厚的友谊。

援藏工作越是接近尾声，我的心情越是变得复杂，如同万米长跑在最后冲刺的那一刻，既有精疲力尽的痛苦，又有看到终点的喜悦。对口支援工作任务完成了，但对亚东的留恋情怀，与日俱增。

扎西德勒，亚东！

时间过得真快，我完成三年援藏工作回上海已经十多年了。现在每当听到西藏的音乐，看到西藏的新闻，讲到西藏的话题，总觉得自己还有很多事没有做。我心里非常想念在西藏工作的日日夜夜，时刻关注上海一批又一批援藏干部的消息。每当看到上海援藏干部将投入的资金变成了一件件实事，援藏项目如期完成的消息，想到藏族同胞献上洁白的哈达和甜醇的青稞酒，我会有一种身临其境感，心里涌动一种成功的喜悦和幸福感，当时进藏时对家人的万般思念，变成现在对万里之外的亚东的眷恋了。我深深相信，在如今的西藏快速发展中，美丽的亚东一定会建设得更加美好。扎西德勒，亚东！

援藏对我来说不仅是一种付出，更是一种获得

许峰，1968年8月生。现任中共上海市杨浦区纪律检查委员副书记、上海市杨浦区监察委员会副主任，一级调研员。2001年至2004年，为上海市第三批援藏干部，任西藏自治区日喀则地区亚东县县委常务副书记。

口述：许　峰
采访：张　莉　贾博涵
整理：贾博涵
时间：2020 年 3 月 19 日

报名——做好准备　接受选拔

2001 年至 2004 年，根据中央、上海市委和杨浦区委安排，我参加了第三批援藏工作，现在回头来看，应该是给我留下了一段很有意义的人生经历。

我 2000 年开始在定海路街道任办事处副主任。进行第三批援藏干部选拔报名时，我到定海工作时间还不长，并且那时我正在市委党校参加新任处级干部培训。接到区里的通知后，我们街道书记打电话给我，说按照选拔报名的条件，我是符合基本条件的。我印象当中，当时是要求 35 周岁以下、男同志、现任处级干部。当时领导把文件的精神和选用条件跟我讲了，在电话当中，我就根据区里动员会的精神报名了。

过了几天，区委组织部领导打电话过来，一方面是关心我在市委党校学习的情况，另一方面是说她看到我报名了，说我能够积极报名，说明思想上对这件事情认识到位，愿意接受组织的挑选；同时要我做好行动上的准备。

在这之后不久，就接到通知要我去体检。当时我们要体检两次，一次是区里，一次是市里。区里面的体检是在杨浦区中心医院，按照 1∶3 的人选比例来安排的，通过区里面的体检之后要到市里面去参加体检，市里是按照 1:2 或者 1:3 的比例。当然，体检下来，我是合格的。

尽管报了名，也接受了体检，但其实当时我对西藏的了解并不多，认知上有很多空白点。除了从国家的版图上面，更多还是从一些已经援藏回来的干部所讲的情况进行了解的。我也参加了一些相应的培训，帮助我进一步了解西藏的情况。

对我来说，当时面临的比较大的困难，就是孩子还很小，不满 3 岁，还没进幼儿园，需要有人带。父母年龄也大了，我母亲刚动过大手术，需要有人照顾。但是，我已做好了准备，一旦组织确定，坚决服从组织安排。

难忘——两次落泪　情难离舍

我们 2001 年 5 月 27 日从上海出发，5 月 29 日从成都进藏。按照行程安排，当天直接由拉萨赶到日喀则，在日喀则参加了欢迎活动，听取了当地情况介绍。6 月 2 日，正式到了亚东县，展开了我为期三年的援藏工作。现在回想起来，当时有两个场景让我非常难忘。

第一个场景，是我们离开西藏那天，亚东县县委大院举行的升旗仪式。当看到五星红旗在国歌声中冉冉升起，我内心百感交集，情不自禁流泪了。一方面可能因为当天升旗仪式结束以后，我们就要离开了。工作三年的地方，总归是有感情的，熟悉的脸、熟悉的景、熟悉的物都是有感情的，感伤自己三年的援藏生活就要告一段落了。另一方面是因为为了这面五星红旗，为了我们祖国边境的安宁，我可以自豪地说我是做出过贡献的。三年的付出、三年的锻炼、三年的情感记忆，在我听到升国旗的国歌以后，一幕幕涌现出来，眼泪一下子就跟着流出来了。

我援藏的地方是西藏自治区日喀则地区亚东县。亚东县位于祖国的西南边陲，地理位置很特殊。它处在中国、印度、不丹这三个国家的交界之处（我们去的时候还不是叫与印度接壤，叫与锡金接壤，之后我们国家承认锡金是印度的一个邦，所以才变成和印度接壤）。我们在那里的时候经历了中锡边境变成中印边境的界碑调整，所以亚东县，是属于一个边境县。

许峰参加亚东县五一国际劳动节116周年庆祝活动

亚东县的面积是4200多平方公里，有7个乡镇，按照当时的户籍统计当地的居民有1万多人，除此以外，还有一些外来人员、驻军部队以及边防武警。居民人口是以藏族为主，占了98%以上，另外还有汉族、回族等。

整个亚东县当时处于反分裂斗争、反蚕食斗争的第一线。反分裂斗争，就是我们要坚决反对达赖集团妄图把西藏从中国分裂出去；反蚕食斗争，就是我们要坚决防止境外势力蚕食我国的领土。

亚东的地理位置决定了边境的哨卡比较多，这也是我们工作中面临的严峻问题。亚东县边境线比较长，通道也比较多，所以边境安全，对我们亚东县委来说是一个工作的重点。

第二个场景，就是我们进藏和离藏的时候所受到的当地干部群众高规格的迎送。这种高规格迎接，充分体现了当地人民对援藏干部的情谊和期待。希望我们这些援藏干部在这三年中能够为当地的经济和社会的发展、民族的团结、边疆的稳定有所贡献。对我而言，这也是一种激励和鞭策，要在那里做好工作，尽好责任，不辜负组织的期望，不辜负当地干部群众的期望。

当然在期待之外，也有祝福，衷心的祝福我们在遥远的他乡，能够健康、平安、顺利。

收获——培养情怀　锤炼作风

如果问我援藏三年最大的感受或者最大的收获是什么？我想可以用十个字概况——“培养了情怀，锤炼了作风”。

讲到情怀，我们离开熟悉的人和环境，到那里去工作三年，如果没有投入感情，是不可能把工作开展好的，如果对亚东县没有深厚的感情，去到万里之遥的地方，这三年是很难熬的。通过这三年，我培养了自己对那里的一种情怀。我觉得情怀是责任心的一个很重要的精神基础，如果没有情怀，怎么谈得上有责任心呢？

回来以后，我经常讲，如果没有我们的人民子弟兵在条件那么艰苦的边境驻守，哪来我们内地的安全、祥和、稳定的发展环境，我对他们更是添加了一份敬意。这个情怀既有对民族对国家的情怀，也有对自己小家的情怀。每一次回来探亲之前，我会连续好几天睡不着觉，开心、兴奋、期待。

讲到锻炼，去的时候，我还比较年轻，走上处级领导岗位的时间也不长，到了那里以后，我担任县委常务副书记。这个岗位对我来说是一个很大的挑战和历练。这三年，无论是工作能力的提高、工作经验的积累、工作方法的

下基层安全大检查（前排右一为许峰）

探索还是工作作风的锤炼，都有相当大的帮助，而且这是在实战中获得的。从这个角度来说，援藏对于我来说一方面是帮助西藏当地推动经济社会发展，促进民族团结，维护边疆稳定；另一方面对我们自身实际上也是一种锻炼，这不是单向付出，而是一种双向获得。当地干部说，也是我们工作和生活上的良师益友。

现在我自己的很多工作作风、工作方法，都是在那三年养成和积累的。

回首——无悔进藏　无愧离藏

刚到那里的时候，当地是不通电话的，那时给家里打电话要到邮局排队。幸运的是，大概过了半年左右，我们县里总算能通电话了。还有，那里洗澡不是随时随地都可以洗的，我们条件相对还算不错，每个人有各自的房间，但是宿舍里面没有浴室，只能到公共浴室去洗澡。

在亚东要“上山下乡”，是另一个比较艰苦的工作，如果“下乡村”就意味着要“上山”了。因为我们可能需要在短短 20 分钟左右时间里从海拔不到 3000 米的县城一下子像“坐电梯”一样到海拔 4000 多米的乡村，海拔快速变化对人体是会带来一些影响的，会出现高原反应。

我们在亚东主要承担两方面的工作：一是完成三年的对口支援任务，每三年我们都有既定的任务，走时要交出一份答卷的；二是因为我们在当地任职，也需要做好自己的本职工作。如何开展好这两方面的工作，对当地今后各方面的发展更有用，我也在不断地探索和完善。

比如说，到现在我都引以为豪的是，我在亚东县期间完成了普及六年义务制教育，接受了验收，并且在此基础上又完成了普及九年义务制教育，我们亚东县是西藏自治区 70 多个县市当中为数不多的通过“普九”的县。在“普六”和“普九”的过程当中，我们把履行本职工作和对口支援有机结合起来，促进了当地的义务制教育。

另一个我比较自豪的是我在那里完成了“广电村村通”工程，这个在上海不算是问题，但是在那里每个行政村要通广播、通电视，在我刚去的时候是还没有做到的。那时候境外敌对势力通过电台对国内持续不断地进行反动宣传，

◀ 许峰（台上右六）参加亚东县康布温泉开工典礼

如果我们有了自己的广播、电视，宣传阵地就不会被敌人占领。所以当时中央明确，自治区也做出了部署，地委行署也积极推动，各个县开展广播、电视村村通。我在那三年当中完成了我们县里64个行政村的“广电村村通”工程。工程完工后每个村都能够听到两套广播，一套是中央人民广播电台，一套是西藏的藏语广播台；能够看到两套电视，一套是中央电视台，一套是藏语电视台。为了建设这个工程，我们一方面是利用了援藏资金，另一方面也把它纳入了当地的发展规划。而且当时我们还把县里的有线电视台扩展到20多套，对于丰富当地干部群众的文化生活起到很大作用；同时更深意义上，有利于我们占领宣传阵地，把中央的声音及时传到每户牧民家中。

我自豪，不是因为把这些看作是一个政绩，而是我觉得这体现出我们援藏干部的一种精神，一种付出，一种成效。如果我们能够想方设法去做到这一点，我就觉得是对得起自己、对得起当地，也对得起组织。

我还有一个体会是，我们好多工作离不开当地干部群众的支持和他们在背后默默的付出。我们不是什么圣人，也不是什么工作都能做成的。当时那边种蔬菜的比较少，我到一个村里面去，一看基础条件比较好，我就提出一个建议，搞蔬菜大棚。当地干部听我建议以后觉得可行，农业技术他们不缺，就缺资金而已。帮农牧民建蔬菜大棚，有两个积极效应：一是解决了部分蔬菜供应问题，二是促进了农牧民增收。最后，我联系下亚东乡先做了个试点，效果很好，很受欢迎。

援藏回来后我又去过三次，最近一次是去年去的，我看到现在的蔬菜大棚建得比我们那时候要好很多，更现代化了，产量也很高。说明我们当时的工作还是做得对的。

从报名到援藏归来，看似平淡的过程中，为我留下了一幕幕难忘的瞬间。我觉得这三年是自己充实、快乐、成长的三年。

西藏给予我的远比我帮扶西藏的要多

史文卿，1966 年 12 月生。现任上海市杨浦区江浦路街道党工委书记、人大工委主任，一级调研员。2004 年 6 月至 2007 年 6 月，为上海市第四批援藏干部，任西藏自治区日喀则地区亚东县县委副书记。

口述：史文卿
采访：郑　军　邬凤婷　孙　云
整理：邬凤婷　孙　云
时间：2020 年 1 月 16 日、2020 年 3 月 3 日

一颗种子，在心里发芽

飞机从万米高空渐渐下降，伴随着刺眼阳光，深赭色的连绵高山映入眼帘。或许因为拉萨贡嘎机场的海拔高度只有 3600 米，所以，山顶的皑皑白雪比想象中略少一些。但也正因此，高山大川亘古不变的恢宏壮阔更加一览无余。雪域高原，究竟是仓央嘉措的一首情诗，还是经幡摇动的烈烈寒风，又或许只是异乡人一厢情愿的揣测与臆想，对于生平第一次来到西藏的我，一切尚不得而知。但是，那耀眼的蓝，那纯净的白，已经深深扎进了我的心里。

虽然早有心理准备，但在亲眼看到西藏大地的那一刹那，却不能不震撼，不能不倾倒。这一眼，便是一生无法磨灭的印痕。

2004 年 6 月 10 日，三年援藏经历的起点。时隔多年后，我开始意识到，就是在这时候，一颗小小的种子已经悄悄地落在了我的心里。喜马拉雅山麓的甘甜雪水浇灌着它，一点点，一点点，破土而出，悄然发芽，滋养着往后的岁月。

入藏出藏大不同

结束了贡嘎机场简短而隆重的欢迎仪式，我们第四批50名上海援藏干部顾不上停留休整，坐上丰田越野车，直奔日喀则而去。

初夏的藏地，玛尼堆上的五色经幡迎风招展，就像草原上零星绽放的野花，把一望无际的湛蓝天空点缀得充满生机。路边，偶尔经过的牧民和一路匍匐磕长头的信徒就是我们对藏族群众的第一眼印象：淳朴，虔诚。在这里，我真切感受到了人类个体的渺小与大自然的无穷神奇，也更加理解了藏族民歌的那种天高地广与悠远绵长。

来不及细想，山路十八弯，久违的沙石路就给了我们一个下马威，缺氧的身体被颠得五脏六腑似乎都腾挪了位置。前往日喀则的路上，沿途经过好几个山口，海拔都差不多有5000多米，其中，甘巴拉山海拔5374米，藏语的意思就是“无法超越的山”。这对于刚刚入藏的我们来说，是一个考验，随着海拔逐渐升高，大家的说话声愈发轻了，即使是面对“世界最高淡水湖”羊卓雍错的那一汪碧水，大家也没敢太兴奋。时间已到6月，我们在上海出发的时候穿的是短袖衬衫，但羊湖边的空气却十分冷冽，穿着棉毛裤仍觉得有一层层的寒气从裤脚钻进来，这是我对高原气候的第一次切身体会。后来我才知道，这才是小意思呢。

缺氧让我的太阳穴有点涨疼，脑海中却飞快地闪现出进藏前的那一幕幕往事。

很巧，杨浦区选派的前三批援藏干部我都认识，平常不时听他们提起在西藏的工作、生活，就在大半年前，我还有利用暑假来此旅游的打算。冥冥中似乎有一种缘分，把我带到了这里。

我清晰记得，在报名参加援藏干部选拔两周后的那个周五，我接到了次日去杨浦区中心医院体检的通知，那时，在全区符合条件的17名干部中，我和另外5名同志进入了第一次体检的筛选。一周后，又是一个周五的上午，时任杨浦区委组织部部长冯伟同志给我打来电话，他说的第一句话是：“体检结果出来了，侬额身体蛮好嘛。”让我有了一种强烈的第六感。果然，他通知我，

西藏牧民在“望果节”上捧起哈达献给党

“你已经从六分之一变成了三分之一”，次日就要与另两位同志一起去中山医院体检。

就这样，在两轮筛选后，我告别了二十余年先后担任教师和校长的从教生涯，来到西藏担任日喀则市亚东县委副书记。

相较我个人职业身份的转变，毫无疑问，家人需要面临的适应期会更艰巨。幸好，女儿自幼儿园开始就寄宿，养成了较为独立的性格，而我由于工作的关系经常外出培训，和女儿常常聚少离多，是岳父母和妻子对女儿的照料，让独自在外的我放心了许多。

进藏前的那个晚上，我和女儿做了一个约定：“万一你发生什么事情，爸爸只要能回来，再远也一定回来！”幸运的是，这三年里，女儿只发生过一次中耳炎开刀的意外，赶回来陪在她病床前的那一个星期，也是三年里我唯一一次因私返沪。

当然，这些都是后话。在前往日喀则的车上，我想得更多的，还是如何快速进入角色，尤其是在这个完全陌生的地方，面对并不熟悉的藏族群众，该如何打开局面？

亚东县在距日喀则市 300 公里的“下司马镇”上（“下司马”的藏语意为

“东边的沼泽地”），海拔 3299 米，是西藏自治区主要边境县之一，素有西藏“小江南”之称，边境线长 290 公里，与印度、不丹国接壤，紧邻尼泊尔王国，自古就是西藏南部的军事重镇，具有十分重要的战略意义。

当 2007 年 6 月我离开亚东时，汽车行驶在相同的沙石路上，走着与三年前相反的方向，我才更深刻地理解了内地开展援藏工作的必要性和迫切性。十余年后，当我无意中看到一本书，赫然惊觉，那正是我当时当刻的心境：“愿你出走半生，归来仍是少年。”

入藏三年闯三关

到达日喀则的第一个晚上，有点辗转反侧，幸运的是，第二天，我就适应了高原生活，不仅鲜有高原反应，也入乡随俗适应了当地的饮食和生活习惯。或许，是提前在上海就开始利用驾车时间收听的藏族歌曲发挥了作用，让我的身体提前切换模式，进入了“亚东时间”，也或许，人的适应性本来就足够强，强到只要你的心抱定了扎根这里的念头，你的身体就能做好配合。

我和其他几名援藏干部都住在县委宿舍的小院里。早上起来，喝一碗酥油茶，抄一把青稞粉，和一点酥油，拌一拌，捏成团，就是藏民的传统主食糌粑。糌粑和酥油茶耐寒耐饥，特别是酥油还有一个妙用，皮肤特别干燥的时候，我会在脸上抹一把，比搽面霜舒服。

不仅是糌粑、酥油茶，很多在上海没吃过的东西，我在亚东都吃过了。

记得头一回去“世界最高镇”帕里镇调研走访，当地干部有点紧张，悄悄向县委的同志打听：“新来的史书记爱吃什么？”原来，内地人去当地往往都会自带泡面，但当地的海拔高达 4300 米，热水只能烧到 80℃，所以当地干部有点担心，万一泡不开我带去的方便面怎么办？

我听说他们的顾虑后，哈哈笑了——其实，我的包里根本没准备方便面——援藏三年，这是党和国家交给我们的工作，不是旅游观光，如果整天备着氧气瓶、带着方便面，谈何与当地干群打成一片，把党和国家的温暖送到藏民身边？

不是有一句老话么：“一方水土养一方人。”当地藏民能吃的东西，我们为何吃不得？时至今日，我的脑海中仍记得那个场景：在4400米海拔的吉汝乡，牛粪架起的火堆上，挂着一锅刚从奶牛身上挤出的鲜牛奶。只能加热到80℃，谈不上高温消毒，我们和当地的干部群众一起，从锅里一勺勺舀出牛奶，一口糌粑，一口牛奶，在牛粪冉冉腾起的烟雾中，我们的上海口音和藏区口音渐渐模糊了界限，混合成一种新的南腔北调，听着特别舒服……

吃在一起，距离便渐渐拉近了。我的藏族驾驶员米玛和我说起了他的烦心事：他的女儿米央天生右耳残疾，没有外耳郭，小女孩为此很是自卑。我热心帮他联系了上海的医院，最后通过多方咨询，确定了等小女孩放暑假到长海医院做耳部整形手术。整形手术面临选择：是用一个人造耳郭，还是从大腿这取一段软骨重新捏一个耳郭。米玛犯难找我商量，我和他仔细分析利弊，最后女孩的爷爷拍板采取了软骨重塑的方案。这在上海只是个小手术，手术很成功，手术费我们几个援藏干部给她凑齐了。现在，小姑娘已经长大结婚了，和正常人一样，我很高兴。

亚东地广人稀，1万多人口，却有4200多平方公里面积。县城所在的下司马镇面积不大，只有三条小马路，中间隔着一条亚东河，散步逛一圈，只要十来分钟就能兜完。我们进进出出走了三天，路上的行人就都知道了“这是上海来的史书记”。在这样一个小镇上，你是以诚相待，还是敷衍交差，大家很快就能看得清清楚楚。我想，即使不做出什么惊天动地的业绩，至少，我们每一个上海派出的援藏干部都有相同的朴素想法：不能掉链子，不能给“第四批上海援藏干部”这个集体抹黑。

这个小目标固然简单，但要真正做到，也并不那么容易。

第一关“入乡随俗”过了，接下来，还有“度过闲暇”关和“转变理念”关。

去西藏前，我在世界中学和复旦实验中学各做五年校长。作为学校的大管家，工作千头万绪，除了抓队伍、管教育，当时还要抓创收、提高教师待遇，工作、生活充实得很，可以说没有停下来的时候。到了亚东，下班后的时间如何打发，成了一个难题。

我最大的爱好就是读书。那个时候，亚东还没有网络购物，每次去拉萨，我都会去当地最大的新华书店选上一摞书，其中绝大部分都是关于民族、宗教、历史的。三年下来，书柜里竟然堆了上百本书。只要有空的时候，我就会在宿舍的台灯下翻上几页，既是打发时间，也是工作需要和兴趣使然。正是因为我对当地民族、宗教、历史保持着浓厚的兴趣，不仅在当时更容易开展援藏工作，当我后来返回上海担任杨浦区委统战部副部长、区民宗办主任时，工作起来也更加得心应手。就是现在，我在街道社区工作，这些经验和知识也常常能派上用场，特别是遇到一些复杂矛盾时，更容易找准“牛鼻子”。

深入了解了一方水土一方人，就会明白，东西部协作帮扶任重而道远。

来到亚东，我首先放低姿态，虚心向当地干部群众乃至草原牧民求教，让他们发自内心地感受到，我怀揣一颗真心，想为亚东做些实事。获得了信任，我们才能真正成为一家人。

作为县委副书记，我分管县委宣传部，联系科教文体卫工作，这与我的老本行有着相当的关联性。在快速适应角色后，除了日常工作，我还做了一个“自选动作”：为亚东县的校长和骨干教师们开讲座。

之所以有这个想法，源自对亚东县五所小学、一所初中和一所幼儿园的调研。经过一圈走访，我有一个深切的体会，虽然亚东县的教育实力在日喀则地区可以排得进前三，但是与东部地区特别是上海相比，尚有不小差距。

教育水平的提高绝不是通过简单的带学生刷题就能做到的，是一个日积月累的系统工程，而作为带头人，首先要对校园管理和校园文化建设有清晰深刻的认识。所以，我办了四五次讲座，大到如何从应试教育向素质教育转变，形成良好校风、校训，对提升学生整体素质的意义；小到要在校门口实行学生值勤、向老师敬礼问好这样的细节，只要是我认为对提高亚东县整体教育水平有裨益的，都会把二十余年从教生涯日积月累的经验和案例毫无保留地分享出来。与刷题相比，这些“软件”的提升不会有立竿见影的效果，也不会像给当地援建一间计算机房、一间琴房之类的“硬件”改造这么显眼，但是，内化于心的效果，却像陈酿，历久弥新。

十几年后的今天，上海的东西部扶贫协作模式不断发展，“智力帮扶”的重要性上升到了前所未有的高度，杨浦区更是在对口帮扶工作中大力发挥自身的智力资源优势，努力阻断贫困代际传递。由是，回想自己当年在亚东的摸

史文卿（前排右三）在亚东参加“六一”庆祝大会

索，我甚感欣慰。

当然，之所以改变观念的意义高于改变物质条件，也正是因为其难度远甚于给当地捐款捐物或者援建一些项目。在援藏工作的这三年中，不可避免地会发生一些观念的碰撞甚至冲突，我也曾经由于学校新建机房的地线全部裸露在外一事十分严厉地批评过当地一位干部。但是，我后来想到要真正为对口帮扶地区做点事，最重要的一点就是要过好自己的心态关。

首先，不能有过客心态。其次，不能把自己看得太高明，更不能带着恩赐的心态去做工作。再次，也是最容易产生的问题，就是性子不能太急躁。东西部差距的形成有着复杂的历史原因，东西部差距的缩小，也不可能一蹴而就。如果援藏干部心态焦躁，就会觉得处处是困难，处处有瓶颈。相反，如果放平心态，求真务实，全力以赴，必“积跬步以至千里”，为实现脱贫攻坚贡献微薄之力。

喜马拉雅成故乡

从海拔只有 4 米的上海，一脚跨入“世界屋脊”，我在 38 岁之前，这个跨度真是想也不敢想。亚东县城的海拔虽然属于高原上的“小弟”，但境内也有

“世界高原第一镇”“世界第一高油菜花海”等诸多世界之最。当然，最著名的还是喜马拉雅山。

三年的援藏工作让我对这个“第二故乡”有了深切的感受，也真正了解了早有耳闻的“老西藏精神”的内涵：1950年，以中国人民解放军十八军为主力，为解放深受封建农奴制压迫的百万农奴，拉开了进军西藏的帷幕。在进军途中以及之后破山修路、开荒生产、平叛和民主改革、自卫反击战、建设新西藏的岁月里，用生命和鲜血铸就出“特别能吃苦、特别能战斗、特别能忍耐、特别能团结、特别能奉献”的“老西藏精神”。

在新的历史时期，“老西藏精神”并不过时，可以薪火相传。

在2006年青藏铁路全线通车前，西藏的各种物资几乎都要靠军车拉进来。在公路上，长龙一样的军车车队经常可见。在西藏当兵，与在内地当兵完全不一样。

2004年的八一建军节，在4365米海拔的则里拉山口，我就见到了几个守卫着10余公里国境线的边防战士。

八一建军节那天，我带了一些新鲜的蔬菜和猪肉出发去慰问守边战士。我对爬雪山没什么概念，出发的时候我穿着适合夏季气温的皮鞋和西装。车辆从县城一路行驶到4000米海拔的排点，接下来的几百米就完全要靠自己爬上山了。下了车，陪同的部队同志一看我这身装束，先问我是不是真的要上山——在此之前，还没有一个县里来的援藏干部上去过。他们看我的态度很坚决，就找来一套迷彩衣裤，关照我套在外面，又让我脱掉皮鞋，换了一双迷彩球鞋。

下午1点多，我们在排点吃完一碗光面，就跟在两个下山背菜的战士后面，开始爬雪山。

我们这个年代的人，应该都看过电影《冰山上的来客》，从大银幕中获得了对雪山的第一印象：浪漫、唯美，边防战士阿米尔和维吾尔族姑娘古兰丹姆的青梅竹马更是令人神往。如今实地爬上4000多米的雪山，那种深一脚浅一脚的笨拙感，只有亲身经历过才能体会。

看着前面两个各背着20多斤补给的小战士一步一个脚印，在雪地里踩出两行深深的印子，我也不由得紧了紧步子，努力跟上他们。几百米的高度，我们整整爬了 3 小时，下午 4 点半，终于到了边防哨所。

小战士很久没有见过新鲜面孔了，看到我们，激动得说不出话来。天色灰蒙蒙的，太阳快要落山了，战士们点起气煤油灯，又去屋檐下的铅桶里抄了几勺雪，在炉子上烧化了，把半开的雪水递给我们，让我们润润嗓子暖暖手。

则里拉在藏语中就是“风大的山口”的意思，自然条件非常恶劣，一年中有半年时间大雪封山，防区里几乎没有什么植物，只有一望无际的白雪和光秃秃的灰褐色山头。山上种不了菜，战士们一日三餐基本只能吃陈米和脱水菜，改善伙食也只有海带煮黄豆、萝卜烧土豆、罐头午餐肉、罐头水果。恶劣的自然环境使年轻的战士们脸色酱黑，脸上是一层层的蜕皮，行军床上的床褥终年是湿嗒嗒的，战士们开玩笑说：“人躺进去，就烘干了。”他们说得轻松，我的眼眶却感觉酸酸的。

不知不觉聊了一个多小时，外面下起鹅毛大雪，天色也全黑了。我说：“干脆今晚就睡这儿”。战士们商量了一下，坚持要我连夜下山。我心里清楚，战士们担心我初来乍到，适应不了高海拔的极寒状况，我没再坚持，随着两个带路的战士一起下山。

上山靠走，下山靠滑。走出哨所，一屁股坐在雪地里，几层裤子全湿了。夜色凝重，大雪又遮挡着视线，谁也不知道皑皑白雪下面有没有深深的沟缝。我们睁大眼睛，牢牢盯着两名战士在前面滑出的两道雪辙，顺着他们的路线一路往下滑，不敢偏移丝毫。

约一个多小时后，我们终于平安地滑到了停车的地方附近。这时候，裤子湿不湿，身体已经完全不知道了，麻木的神经过了许久才缓过劲来。

时隔多年，如今再回忆起这件往事，仿佛是发生在别人身上的一件奇遇，在当时，这一路上顶风冒雪的心情真的很难形容。不过，我真的很高兴有这么一次经历。因为，不亲身经历过就没法感同身受。只有爬了一次雪山，亲眼看到默默坚守在国境线上的边防战士，才能对援藏工作、汉藏团结、捍卫国家主权和领土完整的意义，有更清晰深刻的认识。

什么是“老西藏精神”？为什么“老西藏精神”永远不会过时？

在这里守卫西藏的和平稳定，没有一点奉献精神，是做不到的；同样的，

史文卿（右）与同为援藏干部的原亚东县武警消防大队大队长密灵君在雪山前合影

从 4000 公里外的上海来到西藏，不做好奉献牺牲的准备，也是坚持不下去的。

毛泽东曾把共产党人比作“种子”，感召和激励着一代一代中国共产党人去奋斗和奉献。就在那个风雪交加、潮湿寒冷的夜晚，也有一颗“种子”，悄悄落在了我的心里。它本色质朴、精神坚韧，这么多年来在我心里生根发芽，开花结果，成了我为人做事的指引。一次援藏行，一生援藏情。援藏虽然只有三年，但我始终眷恋着那片美丽的热土。援藏是一种锤炼，给予我精彩的人生；援藏更是一种财富，给我的“精神反哺”，让我受用终生。

勇担使命　不负韶华

瞿晓峰，1972 年 11 月生。现任上海市杨浦区应急管理局党组书记、局长，一级调研员。2007 年 6 月至 2010 年 6 月，为上海市第五批援藏干部，任中共西藏自治区日喀则地区交通局党委委员、副局长。

口述：瞿晓峰
采访：陆卫家　李　玲
整理：李　玲
时间：2020 年 3 月 11 日

记得是 2007 年，刚过完春节，杨浦区委组织部动员全区符合条件的年轻干部报名援边。此批援边是去两个地方——云南、西藏，我当时就报了名。经过两轮体检，大概在 4 月上旬，我接到了体检通过的消息。按照程序，上海市委组织部组织了一次面试谈话。“五一”长假期间，杨浦区委组织部的领导专程到我家看望我，这个时候就知道自己确定要去了。我是土生土长的上海人，在此之前，从小到大没有出过那么远的门、没有离开过上海那么久，自己一个人在外面生活，况且还是自然环境比较恶劣的西藏，心里是没底的。我当时 35 岁，孩子小，家里还有老人要照顾，家庭的重担全部落到了我太太一个人肩上，心里的负担还是比较重的。后来，我专程去找我们第三批援藏干部、时任定海路街道办事处主任许峰，了解援藏需要做的各项准备。许主任非常热心，跟我谈了整整两个半小时，把在西藏吃穿住行的每一个环节，包括和当地人的交往等方方面面的注意事项都讲到了。听了这些信息，我的心里总算是有了些底，按照他介绍的经验，开始做进藏的各项准备。5 月下旬，上海市委组织部在市委党校组织了一次援藏干部的培训。通过培训，我系统全面地了解了到西藏应该做哪些准备工作？有哪些注意事项？对怎么在西藏开展工作也有了初步的构想。这次培训也让我感到了上海市委、杨浦区委各级领导对援藏干部的关心。6月7日，上海展览中心举行了第五批上海援藏干部出发前的大会。时任上海市委书记习近平代表市委欢送我们，并给我们提了殷切希望和要求。大会结束后，我们这一批的50位援藏兄弟正式出发了。我们这一批援藏干部平均年龄都不大，35岁以下的居多，很多干部的孩子还在上幼儿园。大概是受到离别的情绪感染，有的孩子和家属禁不住哭了，有些援藏干部也不禁跟着默默地流泪。这个时候，我跟大家一样，心头涌起对上海、对家人的不舍，同时也夹杂着对未来的隐隐期待。当天中午，我们就搭乘飞机出发，当晚在成都落脚，第二天一早又飞往拉萨。

在西藏人民的热情感染下收起忐忑

6月8日早上，我们顺利抵达拉萨贡嘎机场。映入眼帘的是，蓝蓝的天，高耸的山，空旷的土地，稀少的植被……西藏带给我的第一感觉是苍凉，如果说江浙一带的风景是小姑娘一样的清秀，那么西藏的风景就是中年汉子一样的粗犷。西藏的人民是热情洋溢的。也正是西藏人民真挚的热情，打消了我隐隐忐忑的心情。我们刚下飞机，日喀则地委领导已经带领当地的干部群众赶到拉萨来欢迎我们，又周到地安排车辆将我们迎往日喀则。两个多小时后，我们终于到了日喀则。车辆进入日喀则地委前的主干道，就看到当地居民挤满道路两旁。他们以藏族的传统仪式欢迎我们，簇拥着我们，每个人的脸上都挂着笑容，一边说着“扎西德勒”，一边为我们献上纯白的哈达，他们的热情深深地感染了我。离开上海时我没有落泪，但这一刻，我的眼眶酸涩了……

当晚我们住进了集中安置援藏干部的山东大厦，而我的高原反应也开始发作了。可能是体质的原因，我的高原反应非常强烈，每次进藏都要两到三个星期才能缓过来，其中一次甚至花了一个月才恢复。在山东大厦住了两周后，我正式前往我的工作单位——日喀则市交通局报道。

在老西藏精神的激励中提升自我

什么是“老西藏精神”呢？“老西藏精神”就是特别能吃苦、特别能战斗、特别能忍耐、特别能团结、特别能奉献。刚进藏的时候，我对“老西藏精神”还没有真切的感触，直到在当地工作生活了一段时间以后，才逐渐理解了它的含义。

实际上，我们这一批援藏干部进藏的时候，西藏的工作和生活环境都已经好了很多，但比起内地来差距还是很大，特别是县、乡里面。援藏期间，我需要到县里面开展工作，也要在县里留宿。那里的条件是很艰苦的。最为艰苦的县是没有自来水的，用水要去挑水，洗漱、喝水都是这两桶水。晚上 10 点以后，就没有电了。你很难想象他们冬天发的福利是什么，竟是一车用来取暖的牛粪。没有电，更不用说电视、网络这些娱乐。我们这一批到的时候，日喀则地区已经有了厕所、马桶，所以刚开始没有什么感受，直到后来我随援藏联络小组去下乡慰问，去的是不通公路的地方，走了整整 8 小时的山路，走进去以后就直接住在了山里，因为走了太长时间，双腿抖得厉害，要等腿恢复了才能再走出来。我在里面住了 4 天，直观的感受是那里的厕所真的很难下脚，是真的需要“革命”的。

在西藏，藏族和汉族是非常团结和融洽的。当地干部，包括藏族干部和汉族干部，对我们援藏干部都很关爱照顾，他们尽自己的全部力量帮助我们，同时也希望我们给他们带来上海的理念、上海的做法，这也正是我们援藏所要实现的目的。

西藏的自然环境、气候条件是恶劣的，工作和生活条件较上海而言也是相差甚远的，但越是艰苦的环境，越能锻炼人的心境。援藏三年，“老西藏精神”对我的激励是深远的，三年援藏经历，让我的世界观、人生观、价值观以及我整个人的精神状态、处事态度等都发生了变化，比如说，工作中，遇到问题，也不会被困难所束缚，不会过多去计较条条框框，而是想着怎么去克服困难、怎么去解决问题。

在援藏项目的组织实施中学习成长

援藏前，我在杨浦区民政局担任办公室主任，工作理念和工作方式主要还停留在操作层面上。我们这批援藏干部在进藏前都经过“火线提拔”，一到日喀则我就被提拔为地区交通局副局长。可以说，在做援藏项目之前，我对怎么立项、怎么做项目并没有明确的概念。正是通过做援藏项目，我才真正开始从一个单位领导的角度来思考问题、来开展工作。

关于怎么选择援藏项目，联络组专门向我们强调，要结合实际，从可行性、可持续性上考虑。地区交通局列了一张援藏项目表，项目表中涉及6000多万的项目供援藏干部选择。我在立项前，综合考虑了多方面因素，并且经过深入调研以及可行性研究，最终选择了高原公路树种苗圃基地建设项目。项目总投资300万元，实际使用270万左右，全部为上海援助资金。选择这个项目，我的初衷是，通过苗圃的建设和投入使用，调节公路沿线地区气候和自然环境，增强公路沿线水土保持能力，美化高原地区公路交通环境。另一方面，也是想通过这个项目来解决部分道班工人待业子女的就业问题。我在各养护段调研的时候发现道班工人的生活是十分艰苦的。养护段大多在高海拔地区，有些还建在荒无人烟的地方，道班工人因为养护工作的需要又都住在养护段的周边。高海拔地区缺水缺电，有些道班工人甚至住在土堆的房子里，可想而知条件有多么艰苦。这些道班工人很多都是当年第二野战军十八军就地转业的汉族解放军与当地藏民结合的后代，我们称为“团结族”，他们子承父业，一辈子都在养护段上工作。道路养护企业化后，很多老道班工人做不动了就“买断”，但是退休后的生活保障却跟不上。我做这个项目，能够为道班工人的子女提供一些就业机会，多少也算是补贴一点他们的生活吧。

西藏的自然条件非常恶劣，为了选苗，当时我和援藏联络组项目负责人一起去了东北林业大学。因为除了海拔，东北的气候特点和西藏是有些类似的：就是到了冬季，日夜温差大，晚上零下十几度，白天最高温度又可以达到15度，降雪量大，但又十分干燥。我们专门咨询了东北林业大学的教授，他们向我推荐了一批适宜栽种的经济型树苗。我们把苗从东北买回来，之后进行了试验性种植，并且还邀请东北林业大学教授进藏作现场试种指导。

除了立项，在这个项目中，我做的另一项重要工作就是“监工”——监督项目实施过程中的质量安全。可以说，在立项与“监工”中得到的锻炼，才让我真正从一个操作层的角色过渡到能够对事情作综合判断、分析决策的分管领

瞿晓峰（后排左四）下乡看望一线修路工人

导干部的角色。300 万的项目，在上海援藏项目里可能只是很小的一个项目，但是所有的决策都需要我自己来判断和综合分析。通过这个项目，我与藏族同胞的友谊更加深厚了。2012 年，我又回了一趟西藏，知道我要去，地区交通局领导班子、中层以上干部，包括在外地出差的，我曾经的老同事们全都赶了回来，我真的很感动。

高原公路树种苗圃基地建设项目，从 2008 年 8 月份开工，到 2009 年 6 月竣工，最后由上海市第五批援藏干部联络组、日喀则地区交通局、建设局等组织验收。我援藏期结束后，项目就移交地区交通局进行后续管理养护和营运。

在上海援藏联络组的带领下展示风采

我们第五批援藏干部非常团结，这绝对离不开我们的援藏联络组领队和其他同志的努力，他们为我们树立了很好的榜样。联络组对我们非常关心，多次到杨浦区谈我们的困难，积极帮我们争取资源。我记得，领队赵卫星书记先后三次找当时我们杨浦区委的主要领导、分管领导沟通我在藏区的工作，让我获得了杨浦区各级领导的支持和理解。

援藏前我在民政局工作，第一次从西藏回杨浦，我就找到当时民政局的主要领导王莉静，问她有没有救助的物资可以给我。当听说杨浦区的注册企业波司登公司要捐赠一批羽绒服给杨浦，我马上把西藏道班工人的困难向王主任作了一下详细的描述，王主任听后非常支持，答应帮我争取。最后，杨浦区里决定给我和另一位援藏干部一人一万件的羽绒服的援助份额，用以帮助西藏人民。当时那批羽绒服的市场单价在每件 450 元左右，并且还是时新的样式，一万件的总价值就在 450 万左右。记得是 2008 年的小年夜那天，因为羽绒服存货都在苏州，我坐着集装箱卡车赶到苏州去装货，然后连夜将货押运到杨浦车站。那天下了大雪，是多年未遇的大雪，为了保证安全，卡车在高速路上开得很慢，我坐在头车上，带着整个车队在风雪中赶路。路况非常差，一路上我都紧绷着神经，就怕翻车，还好最终顺利地到达了杨浦车站。简单地举行了捐赠仪式后，那批羽绒服就连夜运往了拉萨。回到家，虽然已是深夜，身体非常疲累，但我的内心还是有些激动的，毕竟完成了一桩很有意义的事情。

来年 2 月，我再次进藏时，羽绒服还在拉萨火车站。我向联络组汇报了这一万件羽绒服的事情，联络组表示会帮我安排好把羽绒服运到日喀则。当时，我按照一人 4 件羽绒服的标准来分配，将 3500 件羽绒服发放给各养护段的道班工人，剩余的 6500 件交由联络组统一下发给日喀则地区上海援助的各单位。工人们收到羽绒服都很高兴，我再去养护段的时候，他们一听说是上海来的瞿局，就会主动围上来跟我打招呼，每当这个时候，我心里总是暖洋洋的。

援藏三年，我尽可能地想办法为交通局和交通局的职工争取物资和资金支持，希望通过我的努力，能够为他们解决一些实际困难。2009 年，我争取到了一批民政物资——价值 15 万左右的被子、毯子、鞋子等，发放给了交通局一线职工。看到地区交通局落后、陈旧的办公设备，我又想办法争取到援藏资金 50 万元，为他们更新了电脑、复印机、数码相机、激光打印机等一批设备，算是为推进地区交通局办公自动化建设“加了薪、生了火”，有了这些新“装备”，大家的工作热情都高涨了许多。后来在上海援藏联络组的关心和支持下，我又为公路一线养护生产争取到了 4 台拖拉机，用于无人区公路段的养护。

通过联络组的牵线搭桥，我努力为地区交通局的藏族同事们打开走出西藏、认识上海的窗口。首先，我在建章立制上下功夫，牵头对地区交通局原有

◀瞿晓峰（左三）走访藏族学校

规章制度进行全面的整理、修订和增加，将上海的工作方法与当地实际有机融合起来，提高办事效率。此外，为了帮助当地干部提升综合素质，我多次举办培训班，结合他们的实际需求设计课程，组织他们到上海培训，帮助他们开阔视野、提升自我。

援藏项目、物资支持、建章立制、素质培训……在这些工作的开展过程中，当地干部们逐渐了解了上海干部不同的工作思路和工作方法，也是通过这些工作，赢得了他们对上海援藏干部的肯定。

总的来说，援藏三年，是对我工作生活的一次磨练，也是我人生难得的一次体验。援藏三年，我深刻地体会到要服务于民，就要真正深入基层、走近群众，听民声，知民意，通过实际行动，解决群众的实际困难，让群众得到实惠。这也实实在在地让我获益匪浅，援藏回沪后我就任控江路街道分管市政的副主任，分管工作得以顺利进行，最重要的原因之一就是我一直坚持做到这一点。援藏三年，我深深体会到了团结合作的重要性，要建立和谐的人际关系，对不同的群体做到充分尊重、充分支持、充分依靠。在此后的工作中，无论是作为班子成员，还是班子的带头人，我都注重发挥民主集中制的制度优势，注重与班子成员之间的沟通、团结、协作，大家拧成一股绳，才能下好一盘棋。

援藏三年，我也深知自省自律、慎独慎行的重要性。援藏期间，我作为援藏干部处处都要维护好上海干部的形象，回到上海，在群众面前，我仍要维护好政府工作人员的形象，维护好党员干部的形象，规范言行，严格自律，防微慎独。我努力将援藏收获的宝贵财富，在今后的工作生涯和日常生活中充分发挥作用，如此，不负韶华，不辱使命，初心永固。

三年风雨援藏路
勇担重任破困局

吕晓钧，1972 年 8 月生。现任上海市杨浦区体育局局长、党组书记。2010 年至 2013 年，为上海市第六批援藏干部，任中共西藏自治区日喀则地区亚东县县委常委、常务副县长、上亚东乡党委第一书记。

口述：吕晓钧
采访：栾云平　田　磊
整理：田　磊
时间：2020 年 3 月 11 日

2010 年 6 月，根据组织安排，我作为上海市第六批援藏干部来到了祖国西南边陲西藏自治区亚东县，担任亚东县委常委、常务副县长一职，并主要分管政府办、商贸、住建、公安、司法、广播电视电影工作，兼任上亚东乡第一书记。当时去的时候，心里虽茫然但又很坚定。首先，西藏自治区经济发展较落后，作为东部地区特别是上海，对贫困地区进行援助，确实义不容辞。其次，作为有丰富工作经验的年轻人，去援藏能够将所学回馈社会，人生多了一份历练。最后，作为一名机关干部、共产党员，去援藏是一种激情、一种态度、一种向往，更是一种责任。在藏三年时间，我通过不断学习，逐渐体会到前辈援藏干部们那种“特别能吃苦、特别能战斗、特别能忍耐、特别能团结、特别能奉献”的老西藏精神。在不断思考和实践中，对“援藏为什么、援藏干什么、援藏留什么”有了深刻的理解和认识。

坚定理想信念　锤炼思想品格

在援藏前辈们的努力下，西藏的建设已经有了很大的变化，我们第六批援藏干部的生活、住宿、工作环境相对有所改善。前几批的援藏前辈们，在防护手段较缺乏、道路不通畅、通讯不便捷的环境中工作，更多的是一份坚守、一份毅力，一份执着。一批批援藏干部正是在艰苦奋斗、勇担重担精神的支持下走完了一段段援藏之路。我们走在前人走过的道路上，倍感幸福的同时也引发了我援藏要干什么的思考？援藏三年，“授人以渔”四个字，一直在我脑海里徘徊，项目可以援藏，资金可以援藏，其实最重要的是想通过我们的带动把上海的一些技术，一些管理的理念，一些先进的做法带过去，慢慢地让当地的藏族、汉族干部能够吸取优秀工作经验，切实提高当地人民的生活水平。

进藏之初，我学习了西藏历史，学习了中央对西藏的一系列方针政策，尤其是学习第五次西藏工作座谈会以来的相关文件精神以及西藏自治区针对西藏经济社会发展所做出的一系列政策部署。为了切实做好所分管部门的工作，我给自己制定了学习三部曲：积极主动向分管部门同志以及相关专业技术人员学习，尽快熟悉工作流程和相关技术规则、要求，不做外行人；全面学习有关城建方面的法律法规、地方性规章制度以及专业知识，争取在较短的时间内基本熟悉建设施工流程和相关质量控制标准，争做内行人；积极主动全过程参与项目建设，坚持边学习边实践、边实践边摸索的工作模式，努力争做分管领域的行家里手。

除了制定学习计划，我还注重自我沟通能力的提高，有效沟通是化解误会、增进了解的良药，同时也是提高效率、促进发展的有效途径。作为县委常委、常务副县长，我了解自身肩负的责任和使命。一是不仅仅要把自己分管部门的工作做好，更要力所能及地为县长分担压力，为此，我十分注重和县长的沟通交流和汇报；三年来，我坚持做到职权范围内的事情定期汇报，县长交代部署的事情随时汇报，上级交代的紧急事情及时汇报；通过有效的沟通交流，得到县长信任的同时也有效为县长分担压力。二是注重与政府班子其他成员的沟通交流，主动交流工作进展、工作体会，在全面了解政府工作推进情况的同时，也增进了彼此之间的感情。三是注重与县委书记和其他小组成员的沟通，作为援藏小组中主要负责项目的同志，与小组成员的沟通十分重要。所有项目的实施都需要全体小组成员齐心协力才能高标准、高质量地完成。为此，我坚持每日与书记碰面或电话联系，随时汇报工作进展，坚持定期组织召开项目推进工作汇报会，及时通报项目进展并反馈施工中出现的问题，通过小组成员的集中研究讨论，找出解决问题的对策和措施，确保各项工作的顺利推进。四是注重与分管部门同志的沟通，通过深入分管部门了解情况、召集分管部门负责同志会议以及个别谈心等形式，及时掌握各项工作的进展情况，在督促检查落实的同时，帮助分管部门共同解决工作中面临的实际问题。本着延续老一辈援藏干部的精神，为藏族人民不断提高生活水平的坚定信念，以赤诚之心不断锤炼自身的思想品格，一步步丈量着援藏之路。

使命浇灌收获，实干笃定前行

调研是谋事之基，成事之道。2010 年 6 月初到亚东后，高原缺氧环境，引发了身体不适，我坚持克服困难，迎接工作环境、工作条件以及工作分工变化所带来的挑战。在此期间，我与第五批援藏干部作了集体、个人工作对口交接，尽最大可能吸取和采纳历批援藏工作的成功经验和有效做法，这些对我帮助颇大。我们发现，西藏的工商业工作者对招商、招商政策等概念比较模糊。在这种情况下，亚东县委、县政府要求我承担招商引资这项任务，我与小组其他同志一起深入机关、乡镇、村居开展了调研。第一步就是建设当地招商引资队伍，建好队伍以后，根据当地情况制定优惠政策，手把手教他们怎么办工商执照，怎么办税务登记，带他们去上海学，把上海的企业引进过去。通过我的努力，亚东县第一家企业建立了、亚东的第一个招商政策起草好了、亚东第一个招商队伍也组建起来了。在此基础上，我还着眼亚东社会经济发展全局，积极深入基层开展调查研究，并形成了亚东县招商引资调研报告，同时结合自己曾经从事招商引资的实践和亚东地区实际情况，制定了亚东县招商引资的优惠政策，开创了外向型经济发展模式。2011 年完成招商引资 3.2 亿元，为财政增收 500 多万元；2012 年完成招商引资 2 亿元，为财政增收 2400 万元。与此同时，根据本次援藏工作要突出新农村建设主题的要求，联络组安排我负责牵头制定上海市第六批对口支援日喀则地区新农村建设实施方案，我通过召开座谈会、实地查看、走访农牧民等形式，全面了解亚东县社会主义新农村建设推进情况以及农牧民群众的现实需求，仅半年时间，走遍了全县 25 个行政村和

吕晓钧（左二）指导大棚建设

80%以上的自然村。在全面了解情况的基础上，选定上亚东乡嘎林岗村作为重点，实施了道路硬化、管网排水、空地绿化、统一更换屋顶等工程，成为新农村建设的示范点。在援藏期间，我们发现天冷导致羊羔存活率很低，便萌生了建设“接羔育幼点”的想法，但援藏资金有限，“接羔育幼点”建设成本又很高，我们就想到了以工代征，通过当地老百姓出点子，制定符合当地“接羔育幼点”的建设方案。当地的一名村干部，主动出点子，设计了一个“接羔育幼点”，羊羔死亡率明显降低，经费从预计的十几万降到二万多，效果明显，该项目在整个日喀地区得到了推广。还有，亚东县木耳营养丰富、价值很高，但知名度不高。我们引入上海的企业，投入大棚，培养菌包，还帮助当地居民建立销售公司，建立销售渠道，掌握销售方法，做到“授人以渔”。除此之外，为了使新农村工程建设能够更加深入民心，让农牧民早日得到实惠，我积极与小组其他成员商谈早日启动新农村工程建设项目，并全程参与立项、招投标、施工监管等推进。工程建设中，我经常深入施工现场一线，实地勘察各道工序，严格监管，积极协调解决问题，尤其是涉及老百姓切身利益的问题，参与协调，力争在有效推进工程建设进度，确保工程质量的同时，不给当地百姓增加额外负担。这些扎实有效的工作，确保了所有工程的质量，受到当地干部群众的一致好评。在我离开之时，亚东县县委党校、县城滨河大道、县城亮化等工程按期竣工并投入使用，真正让新农村工程建设惠及百姓。

地震突如其来，风雨同舟渡难关

2011 年 9 月 18 日 20 时 40 分 50 秒，那是援藏三年中最惊心动魄的时刻。地震来临的那一刻，我正在宿舍里上网看新闻。突然间，在一阵轰隆声中，地面颤抖，房屋摇晃，屋内东西哗啦啦地往下倒。我在惊愕中意识到这是发生地震了，赶紧赶到县委、县政府平时集合的篮球场，其他干部也陆续赶来。黑暗中，我们仍能感觉到四周的房屋在剧烈晃动，手机信号在地震几秒之后就没有了，篮球场上人头攒动，人们惊恐异常，气氛嘈杂，场面混乱。

关键时刻，亚东县县委、县政府主要领导果断决策，迅速启动应急预案，在 5 分钟内完成了抢险救援部署工作。在接连不断的余震中，抗震抢险指挥部下设的办公室、抢险救援组、转移安置组、后勤保障组、通信组迅速就位，各组由县级领导带队，分头开展工作，生命救援就此启动。与此同时，天空还飘起了雨夹雪，但抢险救援工作仍在雨、雪、泥泞、黑暗之中迅速展开。我奉命负责带领抢险救援组开展人员疏散和生命救援两项工作，这是我平生第一次碰到抗震救援任务，接受任务的那一刻其实心里是没有底的。通信完全中断，各乡镇受灾情况一无所知，救援工作的开展非常艰难，但是，我始终清楚，救人是第一要务，便以参加救援的驻军、武警官兵为主力组建救援队，并调集大量年轻干部、群众加以配合，以学校、居民区、干部职工居住区为搜救重点，按照由近及远的思路，展开救援工作。与此同时，派出三支救援队，分别前往各受灾乡了解灾情和开展救援工作。深夜，寒冷异常，雨势加大，道路泥泞湿滑，使得救援形势变得十分严峻，好在余震不断减弱，减轻了救援安全方面的压力。我一边指挥救援组全面进行救援，一边率县城救援队进行搜救，在无情的灾难面前，救援队员们坚定、团结，耐心疏导群众，引导他们到安置点避雨、避灾；及时将受伤群众运送至救治点救治，并移交给安置组妥善安置。由于县城的部分建筑受损严重，加之随时可能发生余震，危险重重，我们的心始终悬着。通过群众了解周边住户的情况，我们开展了地毯式呼喊搜救。虽然搜救工作在恶劣的环境中显得异常艰难，但大家一心扑在搜救上，谁也无暇顾及辛苦、寒冷和恐惧。通过这样不间断地努力，到19日凌晨4点左右，县城的搜救工作基本完成，伤员得到了及时救治，学生和群众得到了妥善安置。

数小时后，通信开始逐步恢复，我们迅速了解到灾情总体情况：上亚东乡、下亚东乡最为严重，上亚东乡还出现了人员在地震中死亡的情况。在地区救援队、亚东县交通部门十几个小时的连夜突击下，204省道被打通，交通初步得到恢复，除大型车辆外，小车可以缓慢通行。当我们进入上亚东乡嘎林岗村后，全村很多房屋都已倒塌，到处是残垣断壁，一片狼藉的景象。上下亚东乡的严重灾情使我始终无法平静，虽然整夜连续搜救，但在灾情面前，救援工作就是在与生命赛跑。我简要听取了上亚东乡灾情汇报，得知地震已经夺去了3个人的生命，造成70多人受伤，很多村庄还没有搜救，伤亡人数可能还会继续大幅度增加。为全面了解灾情和推进搜救工作，我徒步走遍了上亚东乡、下亚东乡的所有行政村、自然村，并在接下来的几天里，走遍了其余受灾严重的乡镇、村居、自然村。通过连续作战，在生命救援黄金72小时内完成了全县所有搜救任务，实现人员“零失踪”，被困人员全部获救，受伤人员得到妥善救治。

完成灾情评估，推进家园重建

抢险救援任务结束之后，按照县抗震救灾指挥部的决策部署，我担任了县灾情调查组组长，负责组织开展灾情调查工作和协助上级灾情技术评估组的工作。在西藏自治区住建厅、日喀则地区住建局和亚东县住建局、发改委的支持下，在兄弟县市所选派技术力量的帮助下，我们深入各地震受灾点，走遍了全县所有乡镇和受灾的自然村，完成了实地勘察任务。由于灾情调查和评估需与“拆危清墟”同步进行，环境十分艰苦，经常是在危房林立的环境中开展，在此过程中保证调查评估质量与工作人员的安全显得尤其重要，所以我全程实地参与，加强指导，认真组织统计、登记民房和基础设施受损情况，攻克一个又一个灾情评估难关，圆满完成了灾情调查和灾情评估任务，形成了高质量的灾情评估报告，为下一步开展灾后重建奠定了重要基础。

吕晓钧（中）指导灾后重建工作

"9·18"地震造成亚东县7人丧生，上百人受重伤，民房大量倒损，公有房屋和基础设施损毁严重，据不完全统计，直接经济损失超过16亿元。根据亚东县委、县政府的安排，我担任了灾后重建指挥部办公室主任，负责协调和推进各项重建工作。上亚东乡是受灾最严重的乡镇，重建任务很重，于是我主动请缨，同时兼任上亚东乡党委第一书记。时间紧、任务重、用工荒、技术力量薄弱、存在安全生产隐患等各种困难远远超出了的想象，灾后重建的推进异常艰难。在那段全面开展重建的艰苦岁月里，起得早、睡得晚、无周末、节奏快几乎成了我生活的常态，每天绝大部分时间都花在了重建上，由于工作负荷重，几个月下来，体重下降了10多斤，致使身体免疫力下降，患上了湿疹，每到发病时常常疼痛难忍。

重建中，我经常深入施工现场，对重建工程质量进行实地监督、检查，并结合亚东县基层建筑技术力量弱的实际，从县里抽调技术人员，组成4个技术指导服务组，驻守在施工一线，蹲点指导，确保房屋质量合格。同时，全程参与项目的选定、立项、设计、招投标、施工管理、工程质量监督以及竣工验收等，我对文字材料修改把关；我带领相关专业人员，深入施工现场共同研究、检查指导工程建设情况。在上亚东乡灾后整乡推进重建地质勘探中，下勘16

▲ 重建后的村子现状

米还不到持力层，重建遇到了巨大困难。为解决好地基问题，在亚东县委、县政府和上海市的支持下，我们引进高压旋喷桩技术处理地基，有效解决了问题。为保证重建进度，我注重部署，采取分片负责的办法，着力推进，注重协调，组织人员推进工程建设，几乎把所有的精力都放在工作上，从救助金办法的制定到文本的形成，从乡村规划的草拟到实施，从宅基地的摸底到分配，从建材的购买到运用等凡是与重建有关的大小事都做到了全程参与，全程把关，尽己所能推进工作。

作为上亚东乡党委第一书记，为解决好上亚东乡灾后群众增收、发展的问题，我积极调研后根据实际情况提出了发展以蔬菜菌类种植为主的农业，发展以黄牛养殖为主的牧业，并根据亚东县委、县政府的安排，积极参与上亚东乡菌类园区工程建设，作为灾后恢复重建启动的第一批项目，它填补了菌类发展的空白。

三年援藏时间虽然已经过去了，我离开亚东也已经七年，经常会回忆起援藏的点点滴滴，越来越感受到援藏经历的弥足珍贵：援藏项目的落地、落地、真落地，让我时刻自省实干兴业；灾后重建的攻坚、攻坚、真攻坚，让我面对困难敢于挑战；西藏老乡的不舍、不舍、真不舍，让我服务群众带着感情；西藏同事的关心、关心、真关心，让我为人处世温馨友善；援藏三年的收获、收获、真收获，党性修养不断升华。带着这份实干的自省、敢于挑战的自信、服务群众的热忱，我开启了回沪工作的新征程。

一路奔跑，在变局中破局

回沪履职的第一站，我在杨浦区五角场街道任党工委副书记。恰逢2015年，一场创新社会治理，加强基层建设“1+6”改革的旋风刮起。从“管理”到“治理”，顶层设计上的一字之差，对于基层就是“改头换面”的变局。与此同时，分管的群团工作又遇“群团改革”，新一波变局开启。面对“变”局，我拿出援藏灾后重建时攻坚克难的决心与勇气，自我加压，不断学习，提出打造“熟人社区”模式，率先在五角场街道打造“五大中心”“五区联动”。全市城市治理的现场会搬到了五角场街道，其中深化改革再造模式的创新成果，大家有目共睹。2018年，我再次履新，调任杨浦区体育局。在全社会倡导“大健康”的理念下，体育局的各项工作也在“变”。比如，在杨浦体育总会被评为市先进的基础上，我通过调研，打破常规，打造体育总会“熟人社区”模式，设立“一处五部”的枢纽式管理新格局。

从西藏亚东县到上海杨浦滨江，跨越万里，我的工作一直在“变”，而且始终在变局中不断学习、自我突破。而唯一不变的是，都感受到了“家”的温暖，我今后将努力以优异的成绩回报亚东县广大干部群众的关心与厚爱，继续续写沪藏友谊的新篇章，向沪藏两地领导和人民交上一份满意的答卷。

建功高原　立业树人　不负使命

倪俊南，1972 年 6 月生。现任上海市市场监督管理局党组书记、副局长。2016 年至 2019 年，为上海市第八批援藏干部。任上海市第八批援藏干部联络组组长，中共西藏自治区日喀则市市委副书记、常务副市长（正局级）等职务。

口述：倪俊南
采访：陈柏霖　董凌云　王琪龙
整理：陈柏霖　董凌云　王琪龙
时间：2020 年 2 月 5 日

2016 年 6 月，上海市派出第八批援藏干部。我作为第八批援藏干部联络组组长，带着组织的重托，和全体援藏干部一起奔赴雪域高原。第八批援藏干部是上海从 1995 年开始大规模派出援藏干部以来人数最多的一批，共有三年期干部 54 人，一年期医生和老师 180 人，总计 234 人。按照上海市委组织部的统计，上海前八批共派出 687 位援藏干部，第八批占到了三分之一，创了“历史之最”。我的职责是全面负责上海市对口支援日喀则资金、项目及干部队伍管理工作。在西藏期间，我担任日喀则市委副书记、常务副市长。

我曾于 2005 年短期出差西藏，2016 年再到西藏，真切感受到了翻天覆地的变化。2005 年时日喀则像个小县城，现在已经是一个现代化的城市了，当地的基础设施和对援藏干部的保障条件都已不可同日而语，这是日喀则干部群众和所有援藏干部共同努力的成果。现在接力棒传到了我们的手上，我们要接好这一棒。有三个问题一直在我们的脑海中萦绕：“援藏为什么？在藏干什么？离藏留什么？”

干部队伍在高原接受锤炼

西藏条件艰苦，俗称“山上不长草，风吹石头跑，氧气吸不饱，四季穿棉袄”。有人说，在西藏躺着也是奉献，但真正到西藏工作就会发现，工作节奏并不比上海慢。近年来，国家对西藏投入越来越大，建设项目也越来越多，“5+2”“白加黑”是常态，双休日、晚上开会很正常。每一批上海援藏干部都是带着明确的任务来到西藏的。习近平总书记在中央第六次西藏工作座谈会上强调，同全国其他地区一样，西藏和四省藏区已经进入全面建成小康社会决定性阶段。我们第八批援藏的头号任务就是贯彻落实中央第六次西藏工作座谈会精神，帮助日喀则打赢脱贫攻坚战，为决胜全面建成小康社会做出贡献。

干事创业，关键在人。把全体援藏干部凝聚成一个整体、一个过硬团队，是完成援藏使命的基础和前提。上海援藏干部分散在五个对口县和市区的 3 个集中居住点，只有一个由 12 名骨干组成的联络组作为临时管理机构，管理难度是比较大的。作为领队，带好队伍是我的第一职责，每一天都感到责任在肩，终日乾乾，夕惕若厉。进藏后，我首先做了三件事：一是凝聚人心、建设团队，强化全体上海援藏干部挂实职、干实事、求实效的使命意识。让大家有共同的心声，我们是代表上海 2500 万老百姓来援藏的，要不负上海人民的嘱托，不负中央和市委的殷切希望，在西藏第一线打赢脱贫攻坚战，为两个一百年目标的实现贡献自己的智慧和力量；到了日喀则，我们就是日喀则的干部，在当地党委和政府的领导下，既要完成上海的援建任务，也要扎实做好在当地的任职工作。二是做好全面交接，按照上海市委市政府的要求，管理好援藏资金和项目，积极参与当地脱贫攻坚任务，认认真真做好精准扶贫这项工作。当然，交接的不仅是工作，还有援藏的精神和作风的传承，重点弘扬特别能吃苦、特别能战斗、特别能忍耐、特别能团结、特别能奉献的“老西藏精神”，要把上海的一些先进理念和管理办法，把我们作为上海干部积累的工作经验带到日喀则，帮助改变日喀则的面貌，促进当地经济社会发展。三是开展调查研究，明确三年援藏工作思路。着手修订上海“十三五”援藏规划，提出第八批援藏的“1221”总体工作思路，就是把协助日喀则打赢脱贫攻坚战作为第一要务，着力做好医疗和教育两项组团式援藏工作，重点支持旅游和文化两大产业发展，加快建设日喀则经济开发区，为扎实有序推进工作提供基本遵循的方法。

在团队建设管理中，我坚持三条原则：

第一是学习引领、制度建设、团队培养、以身作则。组织大家采取多种形式深入学习习近平总书记关于西藏工作的系列重要讲话精神，深刻领会“治国必治边、治边先稳藏”的重要方略，结合“两学一做”、西藏自治区“四讲四爱”和日喀则“深化五项教育、增进五个意识”，坚持开展“不忘初心、快乐援藏，不辱使命、建功高原”主题教育活动，让全体援藏干部切实提高政治站位，增强“四个意识”，坚定“四个自信”，不断增强做好对口支援工作的责任感和使命感。

在 2017 年中印洞朗对峙期间（洞朗位于上海对口支援的亚东县），上海援藏干部都坚守在工作岗位。我们第一时间带药品、补给品到对峙前线看望慰问部队官兵，亚东县的援藏干部从头到尾参加了支援部队的协调工作；我们争取后方同意调整项目、追加资金，在洞朗地区抵边建设边境小康村，并多次到前线勘察选址。上海援藏干部积极参加迎十九大、班禅大师时轮金刚灌顶法会、三月维稳月等重大活动、敏感节点维稳工作，很多同志都买了睡袋在办公室值班住宿，坚决与十四世达赖集团分裂势力做斗争。有几位同志的表现令我印象深刻，比如普陀区的领队王庆滨，在洞朗对峙最紧张的时刻，为做好军事斗争准备，县里通知除了上海派来的县医院院长，其他干部都可以撤回日喀则市区，王庆滨打电话给我，表态说只要还有一个上海的援藏兄弟在亚东，他就留在亚东陪同；一周后危机得到了缓解，整个对峙期间我们在亚东的援藏干部没有后撤一步。来自浦东的陆剑涛，三月维稳月驻守在海拔 4000 多米的村子蹲点督导，高寒缺氧、风吹日晒，日喀则市委主要领导到村里检查，看他脸色黝黑，把他当成了藏族干部，事后多次表扬他的工作作风。还有松江区的领队何劲峰，父亲癌症病危，他赶回上海看望，把父亲送回江苏老家，就返回了西藏，几天后他的父亲去世，作为儿子没有能够送最后一程。杨浦区的领队施忠民，援藏期间父亲患癌，母亲阿尔茨海默症发展到中期，爱人是警察，工作

◀ 倪俊南（右三）冒雪调研援藏项目

忙，还要照顾女儿，他把父亲送到福利院，母亲送到精神卫生中心，坚持在西藏工作。这样的事例还有很多。我们这批干部，在西藏接受了最深刻的党性教育、最直接的国情教育、最生动的民族团结教育、最严峻的反分裂斗争教育，也在高原的坚守中加深了对“老西藏精神”“两路精神”的理解。全体援藏干部主动适应特殊环境，自觉遵章守纪，缺氧不缺精神、艰苦不降标准，保持了较高的在藏率和在岗率，展现出了上海援藏干部良好的精神风貌和整体素质。

第二是将权力关进制度的笼子里。进藏伊始，我们就修订完善了16项内部管理制度，通过制度管人管事管钱；在工作中严格执行财务、用车、请销假等纪律要求，开展审计自查，每年签订守纪承诺书。为了管好援藏项目，两次修订援藏五年规划，始终关注项目过程监管，每月召开联络组会议，研究项目推进情况；创新监管方式，发挥第三方专业机构力量，聘请有资质、有实力的工程监理公司和财务审计人员，每月对上海援藏项目质量安全进度开展跟踪巡查，每季度对援藏项目资金分配、拨付、管理与使用开展审计督察；每年组织项目管理业务培训，召开交流推进会，保障上海援藏项目审批手续程序合规、资金规范高效使用、进度质量安全总体受控。援藏项目已经从“交钥匙”变为了“交支票”，但“交支票”不交责任，确保了项目的进度、质量。

第三是坚持严管与厚爱相结合。关心援藏干部在工作、生活中遇到的困难，定期和援藏干部谈心谈话。我始终认为，保障大家在高原身体健康的钱，一分都不要省。上海合作交流办也很支持，所以我们陆续安排修缮援藏公寓，添置制氧设备，五县联络小组和医疗、教育组团援藏队都自办了公寓食堂，改善生活条件。我们还组织开展了一系列凝聚力工程，比如组建临时工会，建设职工书屋，坚持每月集体庆生，定期组织文体活动，组织高海拔县援藏干部定期回市区轮休，节假日组织开展民俗文化考察，组织集体公益活动，等等。通过这些团建活动，不断增强援藏团队的凝聚力和向心力。

三年援藏，最让我提心吊胆的是大家的安全。2017 年 3 月，徐汇区援藏干部钟北京出现不明原因的剧烈腹痛，当时日喀则没有高排数的 CT，无法确诊病因，我问上海援藏医生，最坏的情况会是什么，医生提示有高原血栓造成小肠坏死的可能，于是我们决定连夜把钟北京送到拉萨的西藏自治区人民医院，确实是小肠门静脉血栓，最后及时手术，切除了一段小肠，抢救了他的生命。全体援藏干部都平安回到上海，这是我援藏三年最大的一个心愿。结束援藏回到上海那天，有人问我有什么感想，我说，只觉得肩上的重担终于卸下来了。

从立足当前精准扶贫到着眼长远精准规划

日喀则是西藏脱贫攻坚的主战场之一，贫困人口多，贫困面广。在工作中我们既要助力当地如期打赢脱贫攻坚战，确保 2020 年西藏同全国一道全面建成小康社会，也要谋长久之策、行固本之举，持续增强受援地经济社会发展的内生动力。上海援藏始终按照“中央要求、当地所需、上海所能”的原则，坚持“民生为本、产业为重、规划为先、人才为要”方针。我们一开始碰到的主要困难是整个队伍里没有做过扶贫工作的干部，都是新手。我首先带头从调研做起，跑对口五县，跑各个乡镇，向当地干部请教，走访建档立卡户，了解农区、牧区实际情况，在学中干，在干中学，我把我们的经验总结为三个关键词。

第一是“精准”。做好扶贫，关键是要把相应的政策、项目、资金，真正落实到建档立卡户身上去。在日喀则，我们始终坚持将援藏资金重点向精准扶贫倾斜，重点投向产业扶贫、易地搬迁和边境小康村配套建设等领域。2017、2018、2019 年对口五县用于扶贫的资金均占年度援藏资金的 50% 以上。在实践中，摸索总结了“完善配套扶贫、效益分红扶贫、创造就业扶贫、技能培训扶贫、金融杠杆扶贫、教育医疗扶贫”六大精准扶贫工作模式，充分激发脱贫攻坚的内生动力，着力提升扶贫成效的可持续性。根据日喀则当地的情况，根据每个县的情况，有什么特产，适合发展什么样的产业，甚至根据每一户贫困户的情况，因地制宜、量身定制，落实政策。对口援助的五县都形成了具有本地特色的产业和产品。以江孜县为例，江孜素有“西藏粮仓”之称。在当地调研时，看到已经建有不少温室大棚，但现代化程度不高，有很大改善空间。于是，我们探索建立援建资金、产业项目和建档立卡贫困户之间的利益联结机制，比如以江孜红河谷农业园区二期建设为代表的项目建设，创造就业扶贫、以农牧激励资金项目为代表的就业奖励和效益分红扶贫、以农业园区“1+19+X”（一县十九乡多点）辐射项目为代表的产业辐射带动扶贫、以建档立卡户脱贫绩效保险项目为代表的保险托底扶贫等多个利益联结机制。江孜红河谷农业园区目前已经在 13 个乡镇建成 164 座蔬菜、食用菌和藏红花温室生产基地，带动了 397 名建档立卡贫困人员增收。这一“辐射型”精准扶贫新模式亦荣获“上海市精准扶贫十大典型案例”，并入选《精准扶贫上海实践案例集》。关于藏红花，2017 年之前西藏并不出产“藏红花”，随着我们在江孜建成了西藏唯一的藏红花规模化种苗繁育基地，西藏不产藏红花的历史也被改变，藏红花从此真正姓“藏”，成了江孜的一大特色产业。通过三年努力，江孜藏红花和青稞产业、萨迦唐卡和藏香民族手工业、拉孜藏鸡养殖、亚东鲑鱼养殖、定日珠峰旅游配套等特色产业已初步形成，为县域经济持续健康发展打下基础。

第二是“有效”。有些产业或者项目的周期比较长，可能几年后才会有效果，而脱贫攻坚是在 2020 年底前要完成的任务，所以要科学合理地筛选。我们积极探索精准扶贫与产业发展有机结合的新机制，确保短期见效和长期发展的良性衔接。西藏最独特的资源就是旅游和文化资源，日喀则是一个重要的旅游目的地，珠峰就在日喀则，如何打好这张牌，通过文化旅游事业拉动经济增长？我们主要做好五件事。一是做好规划。帮助对口五县修订旅游和文化事业发展的规划。二是开拓客源。我们协调开通了东航上海—日喀则航线，现在一周两班，以后旅游旺季可以提升班次，把上海游客源源不断送来日喀则。在此基础上，还开创了日喀则市与对口支援省市联合办节的新模式，组织筹办第十四届珠峰文化旅游节及上海活动周，实现了日喀则珠峰文化旅游节第一次和上海合办。三是改善配套。我们在定日县打造“世界第三极”旅游品牌，但没有过硬的服务配套设施，于是建设了自来水厂提高供水质量，通过“厕所革命”加强卫生条件，在靠近珠峰大本营的扎西宗乡修建卫生院提升医疗服务能级，最终目标是希望能把日喀则的旅游服务水平向云南香格里拉看齐。四是大力宣传。很多人认为西藏缺氧，觉得只有夏天才能去西藏。我们到了西藏，意识到这个观念是不对的，现在供氧有保障，随时可以到西藏旅游。夏季是西藏的雨季，反而不容易看到“景”，最好的旅游季节是春秋时节。于是我们积极在上海宣传“一年四季游西藏”。五是积极引导。就是介绍各方力量共同参与日喀则旅游文化资源和特色农牧渔产品开发。比如，我们利用举办第十四届珠峰文化旅游节及上海活动周这个契机，与十余家上海知名企业签署投资意向协议，促成宝武、中铁、中冶、华建、锦江等大型央企国企到日喀则考察投资事宜。

第三是“长远”。开展对口支援，不仅要立足当前打赢脱贫攻坚战，还要着眼未来五年、十年甚至更长时间的发展。在日喀则，我们负责着手建设第一个自治区级的经济开发区，长远目标是建成我国面向南亚开放合作的重要平台、自治区改革创新的重要载体和日喀则高质量发展的重要引擎，为西藏自治区和日喀则市贯彻落实国家“一带一路”倡议和打造南亚陆路大通道提供战略实施平台。当然，建设一个经济开发区无法一蹴而就，需要一批又一批干部久久为功、持之以恒地推进，第八批援藏干部主要做的工作是规划和起步。经过反复论证，日喀则经济开发区最终选址在城区南部，规范控制面积 34 平方公里，产业布局为“4+3+X”，即南亚物流业、有机种养加业、科技制造业、民族手工业 + 金融服务、商贸会展、其他专业服务 + 其他重要推动行业。自

2016年筹建启动以来，以上海援藏干部为主的筹委会克服人员少、资金缺、时间紧、任务重等诸多困难，坚持规划为先、统筹建设、产业兴园、高效管理，扎实推进了规划编制、征地拆迁、贷款融资、招商引资和项目建设等各项工作，取得了阶段性成效。2019年12月，西藏自治区人民政府已经正式批复设立了自治区级的日喀则经济开发区。

医疗教育组团留下带不走的财富

相较其他援藏省市，上海的优势主要是人才、管理经验和市场意识。我觉得，西藏最缺两样东西，一是氧气，二是人才。为此，我们始终高度重视做好医疗和教育组团式援藏。组团式，就是成建制地派专业人才，组成一个团队，促进当地某一项工作的开展。

在医疗组团式援藏方面，我们在西藏开创了由上海市卫健委牵头，举全市医疗系统之力支持日喀则的“上海模式”。日喀则人民医院用两年多的时间高质量完成“创三甲”任务，成了日喀则市首家三级甲等综合性医院，也是西藏自治区单体投资最大、布局最合理、设备最先进的医院之一。“创三甲”成功的背后，凝结了上海市“组团式”医疗援藏工作队的辛勤努力与无私付出。我们的团队结合当地实际开展300多项医疗新技术应用，其中有50项填补了西藏自治区空白。通过团队带团队、专家带骨干、师傅带徒弟等方式倾囊授技，西藏医务人员已经掌握了100多项技术，其中的红细胞单采技术治疗高原红细胞增多症为世界首创；申报了1个国家级医学继续教育项目和154项自治区、市两级科研课题，发表学术论文60多篇，其中SCI论文19篇，医疗科研工作走在了全自治区前列；提出了“以院包科”工作思路，协调中山医院等10家高水平医院对口帮扶日喀则人民医院普外科等10个科室，打造了上海—日喀则临床医学诊疗中心；建立西藏首家医学科学院士专家工作站，开通医院远程影像诊疗中心，参照瑞金医院标准建成医师培训中心，等等，全力帮助日喀则成为西藏西部的医学高地。我们还协调支持定日、萨迦、亚东和仲巴四县人民医院成功创建二乙医院。现在广大农牧民群众“小病不出县、中病甚至大病不出市”的目标已经基本实现。

倪俊南（右一）出席日喀则人民医院“三甲”揭牌仪式

在教育组团式援藏方面，我们也交出了可喜的成绩单。位于日喀则市南郊的日喀则市上海实验学校，在历届上海援藏干部的接力援建下，逐渐形成了“上海特色、西藏特点、以德为先、以人为本、追求卓越”的办学品质，成为西藏地区的“名校”。三年间，学校高考上线率连续达到100%，重点本科率和本科上线率稳居西藏自治区前列；中考连续多年稳居西藏自治区第一，2019年中考平均分550分，拉开第二名50多分；小学学业水平考试从原来的第36名跃居前五。我们还牵头成立了“日喀则市义务教育优质均衡发展合作联盟”，搭建“1+5+X”（一市五县多校）远程联动平台，建成课堂教学、校园管理等应用系统和远程教研平台，将沪上名校名师名课的资源拿出来与西藏学校共享，实现沪藏实时智慧互联互通。依托两批74名援藏教师专业带教优势，通过干部结对、师徒结对、备课组融合、规范化教研等系列举措，培养自治区和市级骨干教师、学科带头人10名，辅导本地教师获得自治区赛课一等奖7名、市级赛课一等奖10名，成立4个名师工作室，创建雪语诗社、高原女足队等45个学生社团，为把学校建设成为全自治区示范性精品学校做出贡献。十年树木、百年树人，衷心希望在未来的某一天，西藏和沿海地区一样，也实现教育的均质化。

◀ 倪俊南和福利院孩子们在一起

援藏是责任，更是崇高的事业。二十多年来，上海援藏在雪域高原树立了高大的形象，这是一批一批援藏干部人才干出来的。我很自豪，我们第八批接好了接力棒，跑好了接力赛。作为援藏干部，付出很多，但得到的更多。所以我始终怀有一颗感恩的心，感恩组织的信任、培养，感恩全体援藏干部的理解、支持，感恩家人的付出、牺牲。三年援藏是我人生的宝贵财富，西藏已经成为镌刻进我灵魂的难忘记忆。一朝援藏行、一生西藏情，我为自己的援藏身份骄傲。这段经历，将始终激励我在人生的道路上奋勇前行。

灵魂在蓝天白云下洗涤

施忠民，1972 年 6 月生。现任中共上海市杨浦区委巡察组组长。2016 年至 2019 年，为上海市第八批援藏干部，任中共西藏自治区日喀则市拉孜县县委常务副书记。

口述：施忠民
采访：魏克鹏　陈　姣
整理：魏克鹏
时间：2020 年 3 月 4 日

黄浦江畔有杨浦，雅江之滨是拉孜。西藏自治区日喀则市拉孜县，这个远在万里之外的神秘地方，过去我从未想过会和它产生交集。

2015 年中央第六次西藏工作座谈会上，习近平总书记强调，西藏和四省藏区已经进入全面建成小康社会决定性阶段。要牢牢把握改善民生、凝聚人心这个出发点和落脚点，大力推动西藏和四省藏区经济社会发展，要大力推进基本公共服务，突出精准扶贫、精准脱贫，扎实解决导致贫困发生的关键问题，尽快改善特困人群生活状况。

正是在这样的背景下，2016 年 6 月，我经过报名、体检、政审谈话、岗前培训等一系列程序，被组织选拔为上海市第八批援藏干部，来到西藏日喀则市拉孜县参加援藏工作。

说来也是“缘分”，在我去之前，我连续三次报名援滇的工作。但由于早期报名西藏的部分同志筛选不符合条件，就从报名云南、贵州等其他省市的同志中间挑选比较合适的“调剂”到西藏，我就这样“被调剂”过去了。所以当组织上正式通知我要去西藏时，我的思想准备是不足的。

西藏距上海万里之遥，要忍受长达三年的思乡之苦。而且那时，我母亲身患阿尔茨海默病，正是需要我陪伴照顾的时候。但所幸父母和爱人都是公务人员，也知道我此行所承担的使命，在充分的沟通后，都表示了支持。

所以当组织上找我谈话的时候，我表了个态，三句话：一是积极响应组织号召，二是认真接受组织挑选，三是绝对服从组织安排。

初来乍到，西藏给我留下的“纪念”

2016 年 6 月 18 日，我们这批上海市援藏干部抵达了西藏，初来乍到，西藏就给我来了个“下马威”。

在西藏，有“身体下地狱”这样一个夸张的说法，主要就是指进藏初期，高原反应带给人的种种不适和痛楚，这对人体的适应力是极大的挑战。

我从小在城市里长大，没有经过农村的苦日子，伴随着开始的兴奋，头痛、胸闷、气短、失眠等一系列高原反应接踵而来。幸运的是，经过及时调整后，我的状态还算良好。可万万没想到，三个月之后，因为一次不当心，我还是中招了。那时我到乡镇调研，因为没做好防护，仅仅在户外待了 3 个小时，皮肤就出现了问题，脸上浮肿，像戴了个面具；身上干燥脱皮，奇痒难耐，涂各种防护药都不起作用。经医生诊断，为紫外线过敏性皮炎。那会儿治疗的时候，我不仅要内服对肾脏损伤很大的抗过敏药，同时还要外敷各种涂剂以及面膜。我常笑着说，我 40 多岁的年纪学会保养皮肤敷面膜，也算是学到一个新“技能”。三年治疗下来，2019 年回上海的时候，大家都觉得我已经好得差不多了，但实际上，医生告知我，这种病一旦得上，只能控制而无法根治，只要有诱因就会再次发作，我知道这是援藏三年留给我的“纪念”。

但不管怎么样，这还只是皮外伤，我们第八批援藏干部里有一位同志，他当时得了肠梗阻，病危通知书都开出来了，当即就紧急联系飞机，把他运回上海救治，肠子切除几十厘米，才把一条命抢救下来。在高原上工作，最稀缺的是氧气，最宝贵的是精神，缺氧不缺精神，艰苦不降标准，这艰苦的环境带给我的伤病不能白费，我更加坚定了自己援藏的使命。

上海市第八批援藏主要负责对口援助西藏日喀则市下属的 5 个县，我们杨浦区这一批 10 名干部分别被派到了日喀则市市属单位和杨浦区第一次对口援

◀ 施忠民在指导驻村工作台账

助的拉孜县，其中我被任命为拉孜县县委常务副书记、上海援藏拉孜小组组长，带领5名援藏干部接过之前原上海闸北援藏干部的接力棒，继续开展各项援藏工作。

拉孜县位于西藏自治区西南部，雅鲁藏布江的南岸，平均海拔4100米，总面积4488平方公里，下辖9乡2镇，98个行政村，人口6万余人，318国道贯穿拉孜县城南部，交通便利，是日喀则西部建设的中心，也是日喀则地区西部七县必经之要塞。在藏语中，拉孜有“神仙居住之地”的意思，优越的地理位置、气候条件、水土资源、文化底蕴和便利的交通，使它从古至今都是西藏西部的政治、经济、文化中心和重要的商品集散地。

但与其优越的地理条件不同的是，拉孜县也是全国重点的贫困县之一，全县11个乡镇中有10个是全国深度贫困乡镇，6万人口中，近1.5万人生活在贫困中，脱贫攻坚任务艰巨而繁重。

在国家脱贫攻坚的总体安排下，西藏自治区将在“十三五”期间实现全面脱贫，拉孜县计划于2019年完成脱贫攻坚任务，而我们第八批援藏干部的工作任务就是直接参与到西藏的扶贫攻坚战之中，直接针对精准扶贫去的，这就要求我们要更加沉入到一线去，结合当地的情况，重点做一些产业的投入和跟扶贫有关的建设和援助。

所以我在出发前给自己定了一个援藏目标，实实在在地为当地人民群众做点实事，做点好事，做点老百姓欢迎、需要的事。

奔跑在脱贫攻坚第一线，尽我所能

规划先行、规划为要，是我们上海援藏干部从第三批开始就树立的一个理念。对于援藏项目，我们请了专业人员做整体的规划，然后根据规划以及资金情况，一步步推进落地。我们去的时候，拉孜县的城市建设、市政建设和商业布局都有规划，但唯一欠缺的是产业没有规划，走的还是小农经济的路子。所以我们就希望能够通过扶持产业的方式带动当地产业发展，来确保不光是现在贫困的老百姓得益，同时还能够建立一个长效的造血机制，从输血式脱贫变为造血式脱贫。

那要怎么做？我想到的是依托当地特色资源，实现产业脱贫。其中，藏鸡孵化基地项目可以说是我的心血之作。

在选择这个项目之前，我花了大半年时间进行调研、尝试，但由于推进农牧项目在我的经历里是一片空白，推进的过程比较辛苦。拉孜县的特色资源有什么？流经拉孜县的雅鲁藏布江带来的江沙，质地非常好，细腻度高，品质优良。如果能够采砂，不失为一条致富之路。但由于采砂对生态环境有影响，当地是禁止商业采砂的，这条路走不通。

我尝试了引进新的作物种植，比如红景天，还专门请自治区农科院的两位教授到我们县里作指导。但由于红景天要沙质土壤种植，而拉孜的土壤虽然非常肥沃，但不属于沙质土地。同时红景天的生长周期非常长，五年初成，五年之内没有任何效益的，这些都不符合当地的实际情况，我就放弃了。我还尝试过适合于高海拔地区种植的藜米，也因为人工成本比较高，还要做田间管理等原因而没有成行。

此外，我们还学习过山东省种植海棠。但“橘生淮南则为橘，橘生淮北则为枳”这句话在西藏特别适用。山东省在与拉孜仅仅一河之隔的谢通门县种的海棠特别成功，而拉孜县就怎么也种不好。所以在扶贫项目正式确定之前，实际上我尝试了不下十五六个其他项目，有的在论证阶段就夭折，不过我都做好了思想准备。

后来我也权衡过种植和养殖这两项农业模式的利弊。在拉孜县，种植业主要是针对青稞和油菜花两个特色产品，你要想轻易改变的话，会出问题的。从养殖业入手的话，相对来说可行一些，养殖的东西，它不太集约化，有政府的资源投入，再加上我们上海市对口帮扶，每年领导来慰问都会给我们牵线搭桥一些企业资源，这都是我们的优势。

之所以选择养殖藏鸡，我也是出于几个考虑。首先，藏鸡是拉孜县当地的特色资源，藏鸡蛋对心血管以及大脑发育都有帮助，特别适合老年人、孕妇和小孩食用，具有很高的营养价值，附加值高，一直都备受当地消费者的青睐。其次，藏鸡养殖在当地也有近五年的历史了。我们去调研的时候，发现拉孜县有两个乡镇已经建起了藏鸡养殖合作社。其中一家乡镇合作社当时养殖藏鸡的规模在 1000 只左右，但科学化程度非常低。而在另外一个乡镇，有一个养殖户聘请了大学生进行科学养殖，当时他手上有 4000 只鸡，属于中等规模，但他苦于资金短缺，没有办法做大。我在调研的时候，就觉得既然有科学化养殖的基础，又有精准扶贫这样一个项目需求，这其中必大有可为。调研回来后，经过大家的充分论证，我们就决定收购这两家合作社，把藏鸡养殖做大做强。

我们先后投资了 1530 万，建成了当时日喀则市下属 18 个县中最大的藏鸡养殖基地，配备自动化设备进行养殖。建设早期，我们就聘请那个科学养殖户做养殖顾问。到后来陆续成立了拉贵藏鸡养殖保种中心、拉贵藏鸡养殖有限公司。进行市场化运作时，我们依旧聘请他作为公司的副总经理指导养殖。同时，我们还与他签了激励协议，到年底，达到 5 万只的养殖规模，奖励他 20 万，将他的积极性充分调动起来。

藏鸡养殖投入产出的效益快，立竿见影。藏鸡养殖基地建立起来了，下一步就是要考虑如何用它来带动当地百姓去养殖藏鸡，脱贫致富。为此，在把前期基地建设好、孵化的藏鸡会生蛋了之后，我们就把鸡送给建档立卡户去养，鸡蛋由政府组建的公司全部包销回收。养一只鸡的成本摊到鸡蛋一个是 1 元到 1.2 元之间，我们向建档立卡户收购鸡蛋的价格是 3 元一个，直接兑现现金。

在建档立卡户没有脱贫之前，政府全力扶持，只要满足条件，我们就给他们发鸡，鼓励他们通过劳动来赚钱。

当然，在整个推进过程中，我们也遇到了一些阻碍。我们发给当地贫困户的鸡，在还没有下蛋的时候，有的就已经被他们吃掉了。这背后的原因，归根到底是部分当地人存在着一种“靠着墙壁晒太阳”“等着政府送小康”的懒散思想。所以，其实西藏的扶贫攻坚战，是“扶贫”与“扶志”相结合，而这个“志”就是勤劳致富、靠自己双手吃饭的理念。

为了解决这个问题，我首先在每个乡镇选择了一户致富带头人，他们不全是建档立卡户，有些还是家庭相对富裕、理念比较新、文化程度相对高的家庭。让他们带头养殖藏鸡，做半年，我们根据养殖基地规模的大小发放藏鸡，然后每天来收鸡蛋；缺饲料，到保种中心来配制；发现鸡有问题，马上和农科站联系。

通过半年示范，大家看到带头人的收入增加，获得了实实在在的利益。趁此机会，我们就逐渐在建档立卡户中推广藏鸡养殖。等到当地建档立卡户尝到了甜头，手上有钱了，积极性自然就上来了。

我们走的时候，全县已经有 70 余户开始养藏鸡了。从理论上讲，拉孜县全县的建档立卡户有 1500 户左右，按照 20 万只藏鸡的发展目标，可以带动近 500 户脱贫致富。

除此之外，2016 年 10 月，查务乡下属的明玛村整村搬迁至拉孜县城，曾经海拔 4800 米的山村获得了“新生”，实现了整村脱贫。但挪了“穷窝”，还要拔“穷根”，如何让明玛村民留住这份“来之不易的生活”？为此，我想起了当地一直缺少资金而发展困难的众多民族手工业合作社，何不借此契机走出一条民族手工业产业扶持之路。

经过走访调研后，我发动拉孜县 20 多家大的民族手工业合作社牵头成立拉孜县民族手工业协会，建成扶贫产业园区，由我们投入资金给协会会员买原材料、买设备，扩大生产规模。与此同时，按约定，他们要优先聘请明玛村的建档立卡户作为工人。这样既利用了援藏资金扶持拉孜县的民族手工业产业，也解决了明玛村村民的生计问题，让他们在家附近找到了致富的“饭碗”。

◀援藏建设的拉孜藏鸡孵化保种基地实景图

三年来，我始终奔跑在脱贫攻坚的第一线，不仅在精准扶贫上久久为功、持续发力，也在关乎藏族百姓民生的教育和医疗领域始终不吝余力，每年在全县卫生、教育领域投入不少于一千万的资金，推动民生事业发展。

拉孜县作为西藏的“西部中心”，地理位置特殊，而教育和卫生是基础的民生，必须加大保持对它的一贯投入。所以在 2016 年 10 月拉孜县委的换届报告中，我把“将拉孜县人民医院建设成二级甲等医院”的目标写进了其中，而那时，日喀则市下属的 18 个县中只有江孜县有一个二级甲等医院。

在创建过程中，我们投入援藏资金，帮助新建了县人民医院综合楼、增添先进的医疗设配，修建完成一座氧气站，有力地助推了拉孜县卫生事业的发展。由于整个日喀则地区没有血库，没有备用血，一旦做起大型手术，根本没有供血机制提供生命保障。我以拉孜县人民医院（当时是县人民卫生中心）的名义，跟拉孜县县委武装部签了一个协议，因手术抢救病患急需用血的时候，由县武装部对辖区内部队启动紧急动员的方式，以自愿献血为主，发动解放军指战员献血救人，而这在日喀则市 18 个县中，拉孜县是独一份的，因此在评定二甲医院的时候也成了一个加分项目，为创建县级二级甲等医院夯实了基础。

所以，第九批援藏干部才去半年，拉孜县人民医院就成功创建了二级甲等医院，这就像我们一直说的，叫作“功成不必在我，但功成必定有我”。

此外，我们每年还投入部分医疗资金用于乡村卫生院的建设。现在拉孜县下属的乡镇卫生院很成规模，有标准化的产房、设备。在我们走之前，已经完成了 5 个乡镇卫生院的标准化产房建设，实现了小病不用去县医院，在乡镇卫生院就能看的目标。

在教育上，我们投资修建了拉孜县中学的风雨操场、重建中学厕所、改建中学浴室、更换中学食堂设备，改善学生学习生活条件，并在拉孜县中学投入 340 万建立起了远程教育中心，这也成了拉孜县提升教育水平的重要手段。

三年下来，我们陆续投入 2 亿多资金进行援藏项目建设，一系列民心工程得到拉孜县老百姓们交口称赞。

三年援藏情怀、一世人生财富

曾经有电视台来采访我们的援藏工作，采访中我脱口而出的就是，“我爱我的祖国，我爱我的党，我爱我的人民。”这是发自内心的真实感受。三年援藏，我深切地认识到：“西藏战略地位非常重要！”西藏是我们同西方反华势力斗争的焦点，是反分裂斗争的前沿，是我国通往南亚的门户，是保卫祖国西南、西北地区战略纵深和资源基地的前沿阵地，是保障国家安全的重要壁垒，是我国的重要生态安全屏障。西藏重要的战略意义不仅在于地理位置，也在于矿产和石油资源。拥有强大的西藏，就能赢得国内安全和发展，就能在不远的将来有力支撑中华民族和平崛起，实现亿万中国人的中国梦。所以，生在上海、长在上海的我响应党中央的号召，在伟大的时期做了一件伟大的事情，用生命的长度去丈量人生的宽度，用不变的初心和永远的信仰，用我的家国情怀支援西藏，无怨无悔。

西藏高寒缺氧、气候恶劣、地广人稀，但正是这样一个特殊的环境，刚强了我的身骨、磨练了我的意志、锤炼了我的身心，让我学会用积极乐观的态度去面对困难、战胜困难。工作之外，我会结合团队个人兴趣爱好，开展各类文娱活动，丰富小组业余生活。每逢双休日，带领大家集中在拉孜县全民活动健

施忠民（中）与西藏儿童共度“六一”儿童节

身中心，开展羽毛球、乒乓球、篮球训练比赛活动，在援藏干部活动室开展象棋比赛活动；我还邀请当地老师指导援藏干部开展学说藏语、学跳藏舞、学唱藏歌活动，增强了凝聚力，也懂得了快乐援藏、幸福援藏的道理。

2019 年 7 月，我离开西藏。这时，拉孜县早已成为我的第二故乡。那里人民的淳朴、豪迈、爽快、真诚，他们在如此恶劣的自然环境中生息繁衍，以顽强而乐观的精神怡然自得，为了信仰和梦想，甘愿艰苦、甘愿辛苦、甘愿清苦、甘愿付出，这一切都深深地烙印在我心上，也时时地感染着我。

不忘初心，打好拉孜脱贫攻坚战

谭铭，1971 年 8 月生，现任上海市杨浦区高层次人才创新创业服务中心主任；2019 年至 2022 年，为上海市第九批援藏干部。任中共西藏自治区日喀则市拉孜县县委常务副书记，同时担任上海市杨浦区援藏拉孜县第九批联络小组组长。

口述：谭　铭
采访：朱鸽飞　吕　琳　吴瑞馨
整理：吴瑞馨
时间：2020 年 2 月 28 日

2019 年是上海市第八、九批援藏工作的交接之年，也是拉孜县全面贯彻落实三年脱贫计划的收官之年。拉孜县联络小组紧紧围绕沪藏两地党委政府工作要求，全力推进对口支援工作。为积极响应党中央和上海市委的号召，我主动报名参加对口支援边疆贫困地区建设，经过上海市委组织部面试考核批准，正式成为上海市第九批援藏干部。

用诚心迎挑战，援藏走近“光明顶”

2019 年 7 月 14 日，上海市第九批援藏拉孜小组的 6 名党员干部抵达西藏，飞机一到日喀则机场，当地市委主要领导和第八批援藏干部领队倪俊南书记就在机场为我们举行了简短而热烈的欢迎仪式。从日喀则到拉孜的山路很多，崎岖而颠簸。路两旁只有嶙峋的石头，山上全是风化的碎石，光秃秃的，一路上几乎看不到任何绿色的植被，只有一些枯黄的干草零星分布在高原的沟壑中，被不多的牦牛和藏羊啃食着，给人满满的荒凉感。同车的西藏干部向我们介绍，日喀则市被称为“世界青稞之乡”，拉孜县的青稞是不少，青稞种植业和藏牛羊养殖业是拉孜的主要财政来源。由于拉孜地处高原高寒环境，再加

◀ 谭铭（左三）等拉孜援藏小组人员抵达日喀则

上不够通畅的道路交通，因此很难引进工商企业发展经济。拉孜县全年财政收入只有三、四千万元，居民年人均收入1万多元，依然处于温饱贫困线附近。当地缺水情况十分严重。由于拉孜县日照强、气温低、降水少的自然特点，加上近年来温室效应，气候变暖，青藏高原冰川退化严重。几条主要的大江大河供水不足，用于灌溉的支流水量减少，农牧民饮水和生产用水经常发生供水困难的情况，严重制约了当地的经济和社会发展。大约在下飞机的四个小时后，我们这一批新来的援藏干部都不同程度地感受到胸口发闷、腿发软、呼吸困难的出现缺氧症状。尽管当天的晚饭非常丰盛，但我们都没有胃口，早早地就回到驻地休息，吸氧调整。刚来高原时，晚上睡觉若不吸氧，想要睡着极其困难，离了氧气睡觉就仿佛在练胸口“放”大石，坐直起来反而会感觉好一些。

拉孜在藏语中的意思是“神仙居住的地方”，位于西藏自治区南部，日喀则市西部，雅鲁藏布江中上游，念青唐古拉山西部，距日喀则市区150公里，辖9乡2镇，98个行政村，435个自然村，总人口62548人，有“堆谐之乡”“藏刀之乡”“油菜之乡”和“藏靴之乡”的美誉，是西藏日喀则市的“西部中心”。拉孜县是西藏自治区和日喀则市“十三五”时期撤县设市重点对象之一，2016年被列入国家第三批新型城镇化试点对象。特别是在一届日喀则第五次、第七次、第八次、第十次全会提出的“一核两翼多点”的城市发展格局中，明确了建设日喀则市“城市副中心”的战略定位，为拉孜县在日喀则西部九县中发挥重要作用奠定了坚实基础。而拉孜也被称为“雅江之滨”，奔流不息的雅鲁藏布江穿境而过，辐射5乡2镇，滋润了拉孜每一寸土地，滋养了勤劳的拉孜人民，孕育了两岸的万千生灵；除此之外，沿江的G349线上，有拉孜宗山古堡、汤东杰布铁索桥、100公里小环线、昌木钦古墓群和历史悠久的彭措林寺。拉孜还是“珠峰前站”，是通往珠穆朗玛峰的必经之地，县城距珠峰大本营仅100余公里，温馨的吃住穿、丰富的游购娱，让去往珠峰的游客多偏重于选择在拉孜休整。

用耐心拓思路，攻坚克难开局面

在拉孜，我担任中共日喀则市拉孜县委常务副书记，上海市杨浦区援藏拉孜县第九批联络小组组长，分管意识形态、群团、保密委、全面深化改革督促检查、产业园区建设管理、“四讲四爱”宣传和县委办公室事务，通过积极协调推进各项援藏任务项目落地实施，对接上海杨浦区与拉孜县开展“携手奔小康”活动。

我的总体思路和基本工作规划是：要以做好援藏项目为抓手，以建设好民生工程为目标，以精准扶贫为核心，紧紧依靠当地党委和政府，提升当地经济发展的造血功能，协助当地政府如期完成脱贫任务。主要从几方面工作入手：一是深入调研，摸清底数，客观分析贫困状况。以脱贫评估工作为契机，认真算好时间账、任务账、进度账，全力以赴、力求成效。二是落实责任，建立体系，确保完成阶段性任务。利用“智慧拉孜”社会管理综合平台，实现扶贫工作任务网格化管理，逐乡逐村制定实施方案，把任务项目化、项目责任化、责任具体化；同时，逐片绘制分布图、规划图和时间表，依据时间、节点扎实推进，确保2019年整县脱贫。三是结合实际，选好项目，发挥对口支援作用。充分利用对口支援确定的资金总量，聚焦精准措施，最大程度发挥对口支援资金的作用。在项目确定上，既要锦上添花，更要雪中送炭。不仅在产业调整、人才培训方面投入；也要在思路转变，观念更新中探索。多管齐下在贫困人口集中、贫困类型最多、贫困难度最大的地方，攻坚克难、强力推进，啃下脱贫攻坚的最硬“骨头”，确保全面完成脱贫任务。

到当地后，我们拉孜援藏小组注重实效，紧紧围绕解决“群众之所需、群众之所盼、群众之所想”的原则，结合实际合理安排项目。一是推进援藏项目落地。为切实改善群众生产生活面貌，拓宽群众致富之路。拉孜援藏小组结合当地发展实际，多次深入乡镇和农牧民家中开展调研和走访，实实在在地倾听心声，认认真真地推动项目落地，从而让牧民获得更多的收益。二是注重民生基础改善。为改善学生住宿和上学环境，拉孜援藏小组深入学校开展实地调研，拿出了既有操作性又适合当地实际情况的意见建议，对学校旧设施进行更新添置。同时，按照县委县政府的安排部署，积极完善医疗人才队伍培养和县人民医院的基础设施升级改造，为县人民医院2019年创建“二级甲等医院”奠定了扎实的基础。三是狠抓扶贫产业发展。以动员和服务杨浦区对口街道与拉孜县五个乡、十个村结对开展“携手奔小康”活动为契机，以到沪参加上海对口帮扶地区特色展销及杨浦区消费扶贫周活动为载体，强化品牌效应，积极组织协调拉孜县民族特色手工业和拉孜县堆谐艺术团到上海推广，宣传拉孜特色品牌和展示民族风采。

根据国家统一部署，2020年底要求全国所有贫困地区脱离绝对贫困，西藏自治区提出提前一年脱贫的目标。脱贫的具体指标是“两不愁三保障”，即困难群众不愁吃、不愁穿，教育、医疗、住房都有保障。当时拉孜正处于脱贫攻坚阶段，各项资金投入都亟待解决，于是我们小组立刻投入调研走访，通过调研，决定将有限的资金投入民生领域，主要聚焦义务教育、医疗卫生、水利建设、就业培训、民族手工业扶持项目。援藏资金投入基层和民生领域的比例超过80%，实施援藏项目17个，到2019年末已竣工10项，完成投资5561万元，当年项目竣工率和投资完成率达71%；同时组织4家拉孜县特色民族手工业企业前往上海参加2019年上海对口帮扶地区特色商品展销会和“10·17国家扶贫日·杨浦消费扶贫周”活动，向上海人民推荐藏鸡蛋、珠峰“格桑花”菜籽油、藏刀、手工编织氆氇等藏族特色商品，帮助藏族农牧业和民族手工业产品走向市场，助力农牧民群众致富脱贫；积极协助拉孜县人民

谭铭（右一）实地调研拉孜县灌溉水渠项目

医院成功创建“二甲”医院，选派第六批援藏医疗队对口支援拉孜县人民医院，立项增购符合医院资质的大型 CT 设备、医疗救护设备和藏医药特色医疗设备；改建中小学操场、教学楼、学生宿舍，改善教育设施条件。组织协调拉孜县中学 10 余名校长后备、优秀教师到上海杨浦区参加“影子校长”和骨干教师培训，教育援藏支持不断迈向更高层次；修建两条横贯拉孜县境的灌溉水渠，解决农牧民青稞种植缺水之忧。通过我们拉孜援藏小组和当地干部群众的不懈努力，以贫困群众满意度、认可度和幸福感为标准，以“两不愁三保障”为底线，拉孜县 2019 年完成了最后的 1384 户 5553 人脱贫、69 个贫困村整体脱贫。

用真心换真情，深入藏民助扶贫

拉孜县历史悠久，当地传统文化依然保留完好，藏族风俗习惯、传统节日和宗教信仰等与内地完全不同。藏族的传统新年分为以拉萨为代表的前藏新年和以日喀则为代表的后藏新年。前藏新年在阳历二月初，后藏新年则是二月底或三月初。处于日喀则市辖内的拉孜县，每年都是过后藏新年。藏历年是藏族群众一年中最重要的一个节日，隆重程度堪比春节。

身在藏区，我们必须深入了解拉孜的风俗习惯，尊重当地的民俗与宗教。只有尊重才能融入，才能更好地完成对口支援任务，服务拉孜。想要深入藏乡开展工作，吃得下糌粑，喝得了酥油茶是基本功。

“糌粑”是炒面的藏语译音，是藏族人民天天必吃的主食。这种面食是将青稞晒干炒熟、磨细、不过筛、不除皮。吃的时候，碗里放上一些酥油，冲入茶水，加点糌粑面，用手不断搅匀。在藏族同胞家中作客，主人一定会双手给你端来喷香的奶茶和青稞炒面，金黄的酥油和奶黄的“曲拉”（干酪素）、糖等层层叠叠摆满桌。酥油茶多作为主食与糌粑一起食用，有御寒、提神醒脑、生津止渴的作用。在我们离开藏民家时，淳朴的藏族同胞会往我们衣襟上抹一点“白灰”，后来才知道，其实是青稞面，用以表示对客人的美好祝愿。随着工作不断深入推进，我们逐渐适应了藏族饮食，慢慢地享受到了糌粑和酥油茶那原始的香甜滋味，更是渐渐地在援藏工作中越来越深入地熟悉了当地藏族同胞，他们的淳朴与热情也同时感染着我们。

我在上海曾长期在财政部门工作，在政府性资金管理、预算项目立项、绩效考核和固定资产管理等方面有一定的经验，这些经验在西藏的扶贫工作中对我有很多帮助。

记得刚到达拉孜县第三个月，有一次县委常委会讨论下属热萨乡集资建立水泥矿运输队事宜。原计划是由该乡政府出面向村民集资，集中购买运输卡车数十辆，简单测算运输收入后许诺几年后收回成本并予村民分红。但作为一名多年从事财政经济管理工作的干部，我当时就提出几点意见：一是由乡政府出面集资不妥，容易引起基层政府和村民矛盾对立，建议由农牧民组成的合作社性质组织出面经营管理，统一集中核算；二是项目上马必须经过全面经济核算和效益认证，不能只算收入不算车辆折旧、保险、税收等其他费用，必须综合计算后再做分红承诺；三是建议参考上海运输车队管理模式，积极鼓励村民签约承包车辆运输，促使驾驶员提高工作效率并且更好地爱护保养车辆。这三点建议获得了县委县政府主要领导和班子成员的一致肯定，明确要求脱贫致富项目要加强精细化管理，注重经济绩效。

有一次在调研确定2020年拉孜县援藏项目时，锡钦乡政府向我们援藏小

◀ 谭铭（中）实地调研策划拉孜县2020年援藏项目

组推荐高原温泉建设项目，经过现场踏勘调研，我发现原有的温泉泉眼已经有多位富裕村民进行过投资改建，项目产权不清。此时援藏资金一旦投入，将造成产权难以划分，项目收益和公益性难以落实，于是我召集援藏小组开会讨论后认为援藏扶贫资金应该投向产权明晰、真正带动贫困群众致富的公益类项目，因此果断放弃了该项目立项。

还记得在推进落实2020年援藏项目的过程中，我们发现以往在资助当地致富带头人创办的农业合作社和私营企业扩大规模再生产项目时，当地的扶贫办往往将资金直接拨付给合作社和私营企业，让它们自行扩建厂房或购置设备，由此形成的固定资产则直接计入私营部门账上，无后续管理措施。现在，我们援藏小组协调分管县长、受援办、财政局、扶贫办等部门，要求明确政府性资金投入到私营部门或集体所有制部门用于发展产业形成固定资产的，必须落实相关政府部门计入固定资产，防止国有资产流失，同时必须落实责任考核项目经济绩效，带动贫困农牧民就业、大学生就业、建档立卡贫困户增收等。

用恒心促发展，沪藏携手共奋斗

西藏地处高寒高海拔，日喀则市平均海拔3800米，拉孜县更是海拔4000

米以上，冬季和春季最低气温经常在零下 27 度左右，全年最高温度不超过 23 度。山顶常年积雪，山下植被稀缺，空气中氧气含量极低，不到上海的三分之一，初到高原的人 90% 必须吸氧缓解突发缺氧的情况。而且高原紫外线极强，不做基本防护的话，皮肤和眼睛短时间内就极易晒伤。还记得刚到日喀则机场，第八批援藏领队倪俊南书记和上一批援藏干部在机场欢迎我们时，他们的脸都晒得黝黑黝黑的，听他们说大部分内地人来到高原，最常见的是血氧含量从正常的 99 急剧下降到 70、80，通过吸氧才能恢复到 90 左右。缺氧状态下大部分人会感觉到呼吸困难、手脚无力、难以入眠。在高原待上四至六个月时间，人体血红蛋白含量会从正常的 120 上升到 180 至 200，血液浓度变得黏稠，容易导致急性心脑血管疾病以及肺水肿、脑水肿。相反的是，拉孜县的风是真的过分给力，这个“风口”县城的风一年四季从未消停，这对本就缺乏植被的高原来说，简直每天都在上演“大风起兮沙飞扬”，出行几乎离不开防尘口罩。属于亚热带季风气候的上海市，四季分明，雨量充沛，温和湿润，而来自上海市的我们，刚来拉孜县时非常不适应。所以在日常工作中，我们全体援藏干部都会衣着尽量保暖，平时注意休息和多吸氧，避免剧烈运动。

由于当地下雨较少，空气湿度最低时仅 1%，极其干燥，晚上睡觉的时候必须要开加湿器。空气湿度 1% 是什么概念呢？这样说吧，在内地两三天甚至三四天才会晾干的厚衣服，在这里一晚上就干了。因为空气中没有水分作为媒介，所以如果在太阳底下晒热了，挪到阴凉处立即就会凉爽下来。拉孜县每年的雨季仅有七、八两月，也是一年中温度最高的两个月，不过绝不会高于二十五度。虽然周围环境有各种困难，但是我们援藏干部的心都是火热的，我们不能辜负党和组织的期望，西藏人民的信任，不能浪费在藏的三年时光，要为拉孜的脱贫工作做出自己的努力。

西藏的日出是恢宏壮美的，当金色的日光撕裂云层洒在我身上的那一刻，一种援藏情结在我身体里渐渐凝聚、升华。当我用自己的知识和能力改变着这个淳朴的城市，使他们从贫困走向富足时；当我用自己的耐心和信心帮助那些贫困的农户，使他们展现开心的笑容时；当我用最蹩脚的藏语和他们打招呼，和他们围坐一桌，体会他们热情友善的心灵时，我知道那就是援藏的真正意义。虽然我的三年援藏之路才刚刚开始，今后的工作和任务将更加艰巨，但我们会继续深入了解农牧民群众生产生活急需解决的困难，并通过加强对自身的学习，积极向藏族兄弟请教，掌握与群众交流的最佳方式，尊重当地的风俗习惯，融入当地的环境。努力工作，负重前行，为治边稳藏和民族团结奉献我们的青春和智慧，为全面完成拉孜县脱贫摘帽，走向美好生活而努力奋斗！

彩云之南思茅情
还愿再到大山里

徐庆俊，1962年12月生。曾任上海市杨浦区五角场镇党委副书记、镇长，现已退休。1997年至1998年，为上海首批援滇干部，先后任云南省思茅地区（现为普洱）经济协作办公室主任助理、副主任。

口述：徐庆俊
采访：张玮贤　施恩贤
整理：施恩贤
时间：2020 年 3 月 26 日

“山清水秀层层绿，情真意切片片情，君若有意思茅行，疑是身处桃源里。”每当忆及在思茅的日日夜夜，总会想起临别时，在日记中留下的这几行感叹。也许，这才能表达我对那片土地、那里人们的眷恋之情。也许那时度过的日日夜夜，并不如此美好、如此潇洒，或多或少，还夹带着我所流下的汗水以及“泪水”，而今这一切都已过去，留下了的却是诗词般美好的记忆。

万丈豪情援滇去

上海与云南的合作与交流源远流长。20 世纪 60 年代，结合“三线”建设，上海不少轻纺、机械工业企业迁到云南，在云南新建了一些工业项目。1996 年 9 月，配合《国家“八七”扶贫攻坚计划（1994 ～ 2000 年）》的实施，中央扶贫开发工作会议决定建立东西扶贫协作机制，确定了上海与云南建立对口帮扶关系。上海市委市政府将这项工作作为重要任务，落到全市 12 个区县。

记得是 1997 年 5 月底的一个清晨，我家里的电话铃声突然响起，组织上通知我，上午 8 点半到单位报到（那时我在外单位挂职）。当时领导通知我，要我做好准备，一个月后赴云南思茅，任思茅地区（2007 年 1 月改名为普洱市）行政公署经济协作办公室主任助理，主要负责杨浦区对该地区西盟及墨江两县的对口帮扶工作，并问我有何困难。对此突然而至的命令，我毫不犹豫，宛如二十年前从军时士兵面对首长下达命令般答道：组织决定，坚决服从；个人困难，自己克服（尽管那时女儿刚上一年级，每天我要负责接送，辅导功课等），决不辜负组织期待。于是，我稍作安置，一个月后，带着组织的期盼，暂别了家人，暂别家乡熟悉的一切，作为第一批 12 名对口帮扶干部中较为年轻的一员来到了云南思茅——这块美丽却尚欠发达的神奇之地，开始了我 500 多个日日夜夜的全新生活与考验。

拦路虎前无退路

虽然当时我年仅 34 岁，但从军队到地方，已经在五六个单位的不同岗位上锻炼过，积累了一定的工作经验，对于生活中可能遇到的艰苦，更是做足了准备。然而到了云南，身临其境时，还是遇到了三只“拦路虎”。

一是工作难度大。杨浦区对口的两个县，西盟佤族自治县和墨江哈尼族自治县开展工作的难度都不小。西盟佤族自治县在思茅的最西端，100% 的山区，且与缅甸接壤，是全地区贫困程度最深的县，全县 1996 年财政收入仅 200 余万元，人均受教育程度仅小学四年级不到。全县基本无工业，佤族同胞平时基本处于刀耕火种、以物换物、靠天吃饭的半原始生活模式。比如，家里要盐巴了就拿着几个鸡蛋到小卖部里去换；佤族村民甚至都没有见过人民币，也不知道有什么作用。

墨江是全国唯一的哈尼族自治县，地处思茅的最东端，贫困人口最多（36 万人中大多为贫困人口），面积也最大，98% 为山区。西盟和墨江，一个是贫困程度最深，一个是贫困面积最大，且两地不相连，一个在西南，一个在东边，打个来回需要一个星期，这一切都加大了我对口帮扶工作的难度。

二是路难行。从行政公署到西盟县城，虽是区区 300 公里，但都是连绵不断的山路（且大都为土路），正常情况下坐越野车上午 8 点出发，下午四五点钟才能到，要八九个小时。如果在 5 月份到 10 月份的雨季，遇上塌方，耗时更长，也很危险。我下一次乡，最起码要用三天时间，去的路上一天，到当地办公一天，回行署的路上再花一天。记得有一次，就因塌方我被堵在公交车上近 20 小时才到县城。在公交车上熬了一个晚上，窗子不打开闷，打开蚊子又多。下乡遇上塌方在越野车上过一夜也是常有的事情。还有一次，我们的越野车翻车了，我的头被撞出血，血流不止，当时在路上也没有什么医疗用品，司机就让我用土方法，把生烟丝拌熟烟灰敷到伤口上止血。回到县里到医院准备缝针时，医生说不用缝，已经结痂了，我不由地感慨自己年纪轻、身体素质好。

三是认识难一致。二十年前的云南，尤其是县、乡级干部和当地的百姓，或许对长期以来的生活模式已然接受，或许对上海的这种创新的帮扶模式还不太了解，加上来自大都市的我本身又无农村工作经验，在理念与认识上，我们与当地干部还无法完全融合。虽然，工作理念上的不同使我和同伴们陷入了困境，但是“开弓没有回头箭”，只有咬紧牙关干到底！

拜师交友促融合

为了打败那三只“拦路虎”，我必须要放下“身段”，与当地干部群众为友，拜当地干部群众为师，积极争取得到其认同、理解与支持，尽快融入当地的工作生活中。有时我翻山越岭，忙碌了一天后，就在村寨竹棚里昏暗的油灯下（没通电），就着辣子和就地采来的酸酸辣辣的山中野菜，喝着百姓自酿的苞谷酒，这便是我的一顿晚餐了。加之语言模仿力强，我说着并不标准的思茅方言。一时间，“徐助理会说思茅话，会吃思茅菜，会喝思茅土酒，是咱思茅人呢”的话快速在两县传开，使我的工作与生活大大受益。

有一次，我到西盟某乡，考察大山深处正在开垦的 500 亩甘蔗基地后，已近下午一点，当地陪同的乡人大主席水况（佤族）就留我在山上吃佤族午饭。等候间我问他是不是家里排行老三，他一愣，问：“你怎么知道？”因为我平时也在一点一点了解当地风土民俗，就对他说：“按你们的风俗，老大是‘岩’，老二是‘魏’，老三是‘水’，有没有错？”“没错，没错啊，你是俺佤族人啊！”这样一下就拉近了彼此的距离。因为我是“贵宾”，他们杀了一头乡民带上山的仔猪招待。一头猪只有一副猪肝，他们将猪肝在土坑里用柴火烤

◀ 徐庆俊（右一）与当地干部现场办公

好，是要给我这个“尊贵的客人”的。我们正要开吃的时候，我发现身边稀松地围站着一些乡民看着我们，我一下反应过来就问：“大家是不是要‘共产主义’？”（因佤族风俗，谁家杀猪、牛、羊时，全寨乡民都有份）。水况很吃惊，“这你都知道？”我说，“按佤族规矩办。”于是一阵欢呼，所有乡民排好队分食猪肉。后来我们援建的甘蔗基地能建起，在缺机械、缺设备的条件下，完全是靠老百姓一砍刀、一锄头，肩扛手筑劈耕修整起来的，包括数公里上（下）山的土路。我想如果没有先前打好的群众基础，没有更新他们生活的理念，没有取得他们的认同是很难在短期内实现的。

迈开步子开好道

当时杨浦区负责对口帮扶的一位领导，曾随上海市领导先期考察过云南，知晓当地实际情况，他对我说：“先站住脚，再迈开步，为后继者开好道。给你半年时间，搞出切实可行的帮扶方案来，杨浦区全力支持你！”那时全上海市尚无统一的帮扶模式，各区尚处于各自为战的探索期，如何完成这一使命，使我陷入了沉思。和同来思茅地区的四位同事站住了脚后，我们边调研边探索，迈开了对口帮扶的步子，创造了帮扶工作中的多个“首次”。

考察当地集资修建的农贸市场

首次提出了扶贫到村（甚至到寨子）的理念。那时帮扶云南的国家各部委大都将项目及资金投到县上。而我们是扶贫到村，在让农民直接受益的同时，由小做大，逐步转变其生活理念及脱贫模式。墨江县为建一个大型集贸市场，向杨浦区要1000余万元赞助资金，这在当时很难落实，也不符合上级对扶贫项目的要求。为此我做他们的工作，转变他们建设经营的理念，建议由有需求的商贩们集资来建造这个集贸市场，集资建造市场在当地属先例。几经努力，得到了商贩支持，很快市场建好了，且在市场前修建了一条标准较高的马路，对市容环境做了很大的提升。此事在当地反响很大，地委李书记亲临现场题字。

首次建立了“杨浦安居示范村”。在当地世居千年不变的村寨中，房屋一般是木（竹）结构加盖茅草屋顶而成，人畜共居。住在山上，没有水源，没有电。因为是茅草铺的屋顶，雨季的时候，外面下大雨里面下小雨，而一到冬天进入旱季，有点火星就能把一间房子、一个寨子点着。1998年，经我联系协调，杨浦区在翁嘎科英候村投资25万元，建设新的居住寨子模式，屋顶铺上了石棉瓦，既防风雨又防火，还引进水渠，修建沼气池，使当地300户农民受益。这一做法得到了云南省主要领导的关切，他们到寨子视察后给予了肯定，并命名为“杨浦安居示范村”，并于次年（1999 年）印发通知推广这一做法。

首次推出了“7+8”扶贫到寨子的扶贫模式。制约贫困山区经济发展的因素很多，其中一个很重要的原因在于人的观念，或者说思想意识存在“等、靠、要”，只求外源输血不求自我造血的思想。像“救济式扶贫”，虽投入大量的扶贫发展资金和生活救济、物质救济，结果却形成了“贫困—伸手—救济，再贫困—再伸手—再救济”的徒劳性循环。我们通过调查研究，总结经验，提出了有偿和无偿相结合的扶贫方法，本着选好一个点，带动一大片的原则，决定选取龙坝乡富民自然村和鱼塘乡小寨自然村作为实施点。其中 7 万元作为无偿投入，用于基础设施建设；8 万元作为有偿周转（也就是贷款），滚动使用，用于发展种、养业。贷款的对象，我们也是有要求的，即“三贷三不贷”：一是贷“女”，不贷“男”。当地风俗习惯绝大多数的男人不大干农活，还爱喝酒，今天把扶贫钱给他，明天就没了，但女的很能干；二是贷“富”，不贷“贫”，家里要有点实力，因为这不是救济资金。三是贷“强”，不贷“弱”。家里要有劳动力，因为我们是产业扶贫，没有劳动力不行。这样，以压力促动力，增强自身“造血”功能，从而激发了村民的自我发展意识，使其增加了责任心、调动了积极性，推动了可持续发展。此模式至今仍在运用。

首次建立甘蔗基地。“头顶芭蕉，脚踩菠萝，摔一跤还抓到一把花生”，这句话描述了云南丰富的物产。但尽管有物产，没有工业、没有商品经济，还是会穷。当国家投资数千万元，在西盟援建糖厂时，我适时组织附近村落开山开荒，联系上海出资方出资修建了 1000 亩的甘蔗种植基地，使其能因地制宜，为糖厂送原料。糖厂生产出来的糖，我再帮他们往上海销售，这样既支持了糖厂的原料需求，又增加了农民的收入。之后，我又推动杨浦区向墨江捐赠了 220 万元的一条冷饮生产线和冷库设备，直接解决了 50 个人的就业问题，以项目带动脱贫。

首次在上海开设公司。云南土地肥沃，资源丰富，但身处在大山的两县，尚处于自给自足，有产品无商品的状态。为让产品走出大山，走向上海，更是

1998年9月当地群众在修整1000亩甘蔗基地

走进市场，在杨浦区政府的大力支持、扶持下，我联系、协调对口两县在上海开设了相关公司，杨浦区赠予两县各两套商务办公楼，且给予托底的扶持政策，他们所产生的地方税全部返还，使当地的产品成为商品流向上海，流向市场。两县增加收入的同时，也将走向市场的理念根植于大山之中，而且培养了一批营销人员。以墨江县为例，1998年，我们帮助他们在上海成立了上海墨江天溪经贸公司，公司在两年不到的时间里就帮助墨江乃至思茅、云南的土特产品在上海大型商品展销会上展销4次，地板条、松香、紫米、白糖、茶叶、紫米封缸酒等产品打进了大上海市场，销售额达1074.5万元，很大程度上提高了墨江乃至思茅、云南产品的知名度和市场占有份额。1999年，公司的营销网络进一步扩大，市场由上海发展到无锡、苏州等地。这个模式也为日后开展"农户—基地—公司"的帮扶模式，开创了先驱。

除了这几个"首次"。我们在对口的两个县加大了智力扶贫的力度，加速对口县的人才培养。在教育方面，1997年落实了8万元的教育奖励基金；1997年至1998年，共援建了三所希望小学，每所学校是按25万元的资金标准建造的，后来每所学校又追加了3万元，用于辅助设施的建设；通过"1+1"助学，落实近43万元，资助了两县506名在校学生；利用杨浦区教育资源的优势，为对口县开展了教学培训和教学示范活动，培养当地的教学骨干。在医疗卫生方面，杨浦区于1997—1998年，在两县共援建了8所（墨江5所，西盟3所）白玉兰卫生室，落实了12.5万元的医疗救助基金，派出医疗队开展医疗门诊、实施高难度手术治疗，组织专家义诊和下乡巡诊，重要的是把业务培训作为一项重要任务来抓，努力提高当地医务人员的医疗水平。在干部培养方面，我们十分重视对干部经济管理能力的培养，通过开展理论学习、参观考察和研讨培训，开拓干部的眼界，让他们认识到自身在市场意识等方面的差距，进而转变观念，提高工作能力。

还愿再到大山里

作为首批帮扶者，我们是十分幸运的，在创造多个“首次”中，无论是成功沿用至今的，还是有待完善的，在我们感到自豪的同时，更使我们有了十分难得的独当一面、全权负责的实践机会。而今回忆起这一切，特别是想起我退休前在正处级岗位上，能够得心应手地处理好各项工作时，我无不感念援滇的一切。是的，是对口帮扶的日日夜夜锻炼了我，给了我无数个常人无法得到的锤炼机会，更何况是在情况复杂、条件艰苦、孤军奋战的环境下。是的，与其说那时是我代表杨浦区帮扶了两县，倒不如确切地说，是那里的组织，那里的人民帮扶了我，使我受益至今。而有一件事更是使我感念至今。记得1998年11月底，临近帮扶结束，上海市、杨浦区组织部领导来云南当地考察工作，问及我如何被当地地委、行署任命为行署经协办副主任时，当地地委的一位主要领导当即答道，我们就是要用超常规的方式来支持小徐的工作，这是工作的需要，也是对小徐工作的肯定，更是对整个帮扶工作的肯定。这出自肺腑、充满激情的话语，而今仍在激励着我。那就是组织时时刻刻在惦记着我、关怀着我。

时光如梭，弹指间，青年的我已步入中年，又将迈入老年。二十多年前的日日夜夜而今无不记忆犹新。“而那过去了的就会变成亲切的怀念”，是的，而今我十分感念，感念思茅的人民，是他们以大山般的宽阔胸怀接纳着我，呵护着我，培育着我，而他们质朴的心灵，更是熏陶和感染着我。那是片美丽的净土。假如组织再次召唤我，假如我还可以选择，我会毫不犹豫地说，还愿再到大山里！

体察国情，感悟“务实”

王继烈，1957年7月生。原任杨浦区科技党工委书记，现已退休。1998年12月至2000年12月，为上海市第二批援滇干部，任云南省思茅地区行政公署经济协作办公室副主任。

口述：王继烈
采访：邓恢祯　吴晓伟
整理：邓恢祯
时间：2020 年 3 月 12 日

1998 年 12 月至 2000 年 12 月，作为上海第二批援滇干部，我在云南思茅行署经济协作办公室担任副主任，负责上海与墨江和西盟两县的对口帮扶工作。援滇工作虽然只有短短的两年时间，但那段经历给我留下了许多难以忘怀的印象，成为我职业生涯中弥足珍贵的一个部分，也对我后来的工作产生了深远的影响。

在现代社会中的“原始村落”感受帮扶的意义

援滇两年所遭遇的艰辛，听到看到的奇闻逸事真是说也说不完。在崎岖的山村小路遭遇雨天，路滑车辆无法动弹，甚至“自由滑行”不受控制，乘坐的北京吉普车方向盘固定螺丝断裂、方向盘脱落等各类惊险和“奇遇”也不一而足。不过，静下心来，扪心自问，两年援滇给予我最大的收获和感悟是什么？我觉得有两点：其一，对我们的国情有了切实而深入的了解；其二，对于“务实”地开展工作有了深切的感悟。在进入杨浦区政府机关工作之前，我曾插过队，当过兵，走南闯北到过不少地方，觉得自己也算是一个人生经历比较丰富的人，对农村有所了解，对城市亦不陌生，同各色人等打交道毫无怵意。平常

在墨江龙坝百鑫希望小学与上海支教老师及乡、校领导和该校全体老师合影（前排右四为王继烈）

也经常学习、关心时事，在援滇赴思茅帮扶之前，我从来没有怀疑过自己对于“国情”的了解。在走进思茅的大山，尤其是走进西盟的佤族村寨时，我才感到自己的肤浅，对于我们的国家、我们生活的这片土地，我还是了解得太少了。

我援滇时去的地方是云南思茅地区（2007 年 1 月改名为普洱），辖 9 县 1 市，国土面积 4.5 万平方公里，其中山地面积超过 98%，与越南、老挝、缅甸三国接壤。这里居住着 25 个民族，有 250 多万人口，是典型的边疆少数民族地区。山高路险，交通闭塞，经济及社会建设发展比较缓慢。杨浦区所对口的西盟县，是一个典型的集“边、少、山、穷”为一体的国家级边疆少数民族穷困县。西盟县 1353 平方公里国土面积中，山地面积达到 99.8%，8 万多人口，少数民族占 94%，其中佤族人口超过 70%。20 世纪 90 年代，全县的财政收入只有 300 多万元，各类支出主要依靠地区和省财政的转移支付。这里还流传着见者有份、好东西大家共同分享的上古遗风。

西盟县人均受教育年限只有 1.4 年，我们刚来到思茅的时候，西盟正在大力开展青壮年扫盲教育。我们了解到西盟的教育比较落后，全县最高的学历教育是初中，高中要到外县去上。20 世纪六七十年代知识青年到农村，给西盟的教育，尤其是农村的教育带来了繁荣和振兴，西盟许多60年代出生的干部，都是当初上海知青的学生，上海的大白兔奶糖和五香豆在他们中间有很高的知名度。上海知青中还出了一位副县长，而且，这位副县长的姐姐曾是我们杨浦区教育局的副局长，所以，杨浦区教育系统很早就与西盟建立了联系，捐资捐物资助西盟教育，想来杨浦和西盟还是很有渊源的。但知青返城后，西盟的教师出现断层，教育受到了巨大的冲击，因此，出现青壮年文盲的现象也就不奇怪了。在我们上海的帮扶项目中就有“一师一点”的建设（就是在一个自然村建一间教室、聘请一位教师，就近开展1—4年级的教学，5年级再集中到行政村或中心村的小学学习），这既是一种无奈的选择，其实也是在为历史补课。西盟的村民住的基本上都是茅草房，家中很难找到一条像样的被子，晚上就靠烧火塘御寒，贫困程度在整个思茅地区是最深的，大多数村民都没有见过50元和100元票面的人民币。

记得第一次走进西盟老县城时，这里的现状完全颠覆了我脑海中关于“县城”的概念。位于祖国最西南端的西盟佤族自治县，其县城坐落在海拔近1900米处，虽曰“县城”，其实只是一个不大的山头。县城里立着一座十来米高的民族纪念碑，山头的周边有近千户居民栖居。整个县城道路狭窄、陡峭弯曲，房屋紧挨着房屋，几家零星的供销合作社门店散布其间，还有一些小商小贩，这就构成了县城的商业街市。县委和县政府位于一座独立的院落，其他县属机构均与居民住宅紧密相连，唯一的区别或许是政府机构的房子多是砖混结构的。我们经常下榻的县政府招待所，有上下两层、20间左右客房，这已经是西盟县最高级别的“宾馆”了。房间没有卫浴设备，晚上上厕所需打手电筒走上二三十米路，洗澡则要自带脸盆和热水瓶。

由于山高雾气大，气候潮湿，温差大，每天晚上上床时被子都是潮湿的，所以，长期在西盟工作的同志，大都患有风湿性疾病。

由于存在滑坡的危险，2000年，西盟县城搬迁。新县城也极为袖珍，是用炸药炸掉几个小山头，人工推出平地后建起的，好在基础设施有了较大的改善。

援滇，使我对国情有了长足的、更为深刻的了解，让我真正体会到了城乡差别、东西部发展的落差，也意识到了发达地区的历史使命，并且从心底里感受到了对口帮扶的意义所在，明确了我所肩负的使命和责任。援滇，让我学会了思考问题、处理事情要“唯实”，要摸实情、举实措，依据当地的实际开展工作。

在带着歉疚的工作中感受民族情谊

我们在思茅的大半年时间里，正碰上思澜公路（从思茅到澜沧）修路，所以，在去西盟的途中常常会遭遇堵车等情况。由于我任职的思茅行署经济协作办公室仅有一辆车子，尽管我每次去西盟时协作办刘彬主任都要派车送我下去，但我还是坚持乘长途巴士下乡。记得有一次到西盟，路上遇到堵车，而后又发生车辆抛锚找不到换乘车辆等一连串事情。原本大约需要七八个小时的车程，那天花了十六七个小时。我从早上八点多钟出发，直到凌晨一点多钟才到县政府招待所。原本说好晚上要和岩采县长一起商量有关项目事宜。结果，岩采县长一直等到晚上十点多钟还没有我的消息（当时还没有手机，即便有手机，只要一进山，除了极个别路点能收到微弱的信号外，一路上基本收不到手机信号），让他担心了一个晚上。第二天见到我，岩采县长交代的第一件事情，就是下一次我再到西盟，县经贸委（西盟县对口帮扶牵头单位）必须派车接送。此后，我每次到西盟，除了偶尔行署经协办给我安排车辆外，都由西盟县经贸委或县扶贫办派车接送。民族地区干部群众对我们援滇干部的那份真挚的情谊，至今想来仍令我感动不已。

按原三年半的援滇计划，上海的帮扶项目基本上要在我们第二批援滇干部任上实施完成。所以，项目的数量比较多，分布点广，每一个项目点必须去看，该检查的项目也都要查一查，有些问题还必须静下心来与项目所在地的乡镇干部一起商量，合计解决。匆匆地来匆匆地走，无异于走马观花走过场，干不出事，也难以起到好的作用，既不符合我们的工作要求，也不是我的工作风格。不过想到如果逗留时间长了，会给对方带来接待负担，又觉得应该快去快回，尽量少麻烦人家。并且少数民族地区历来有热情好客的传统，宁可亏待自己也不愿意怠慢了客人。思前想后，觉得还是应该以工作为重，逗留时间的长短还得看工作情况而定。另外，随着与县、乡干部接触的增多，对他们的做事习惯、工作节奏也越来越了解，从提升效率的角度，其实是有空间的。所以，之后每次下乡之前，我都会详细做好计划，事先告诉县里的对口部门，这次主要办什么事、看什么点，要与哪几位领导谈事，包括看项目的线路也有大致安排，把好主导权；而不是把时间白白耗费在“等饭”和吃饭上。于是每到一地，我都要求乡村管事的干部跟我一起到项目点，先办事后吃饭，有些事可以边吃饭边谈，大大提高了工作效率。后来我与县经贸委领导进行了多次沟通，终于达成一致，今后车辆往返西盟和思茅的油费和驾驶员在思茅吃饭、住宿等费用由我承担，这样多少可以减轻一点县上的接待费负担；同时也让我在开展工作的时候减少一点歉疚之情。在我的任期结束前，我还是为西盟向上海市里争取到了一笔五万元的工作经费，希望继任的同志开展工作的时候能够减少一点心理负担，同时也算是我对民族兄弟情谊的一点表达吧。

记得当时杨浦区的财政也比较困难，区里没有工作经费安排。我在离开上海时从家里带了两万多元钱在身边。大半年下来，接待县上来人，帮困助学等就花去了一大半。再要承担其他费用，底气已经不足了。当时派出单位杨浦区体委蔡仁敏主任得知了这一情况后，交代单位财务给我带上一万元现金，作为备用的工作经费，每次回上海时及时报销。

现在回想起来，我们援滇干部之所以能够顺利完成帮扶任务，取得一些成绩，获得一致的好评，离不开来自方方面面的支持，也离不开当地干部群众的信任，援滇工作中结下的深厚情谊弥足珍贵，是我一生的珍藏。

用外面的世界激发“懒人”的智慧和勤劳

为了真正了解和把握实情，我把调查研究作为对自身工作的一项基本要求，先后与全县 7 个乡镇（西盟县一共 7 个乡镇）的相关领导有过深入的交流，走访了全部 36 个行政村，看了第一批的所有帮扶项目点，走遍了项目重点实施乡镇的村村寨寨。十分谨慎地开展项目的选点，每个备选点都召集村民座谈，看看有没有初中生或者退伍军人，思想能不能沟通，特别是要搞清楚是“为政府干”，还是“为自己干”。

墨江县双龙乡老姑桶社温饱试点村村民家中收储的杂交玉米

随着了解的深入和项目建设的不断推进，尤其是在中课乡深入考察后，极大地改变了我的看法。在中课乡，我不仅看到了小寨村佤族家里铺着塑料地板，脱鞋进屋的景象，还看到了号称千亩的油菜基地，一刹那我仿佛置身于江南的美丽田野。同时，走进中课乡会让你感到他们的乡村道路要比其他地方来得宽阔平整，打听之下得知，每到农闲，乡里都要抽调大批的劳力修建道路，中课乡路况好也就在情理之中。经过与陈异罡乡长深入交谈，让我感到在他身上，蕴藏着一股渴望带领群众改变贫穷面貌的精神和动力。我明确地告诉他上海的援助项目要求比较严，既要看得到形象更要见得到效果。他的回答非常干脆，只要给机会，每个项目亲自抓，保证个个出成效。这让我很振奋。于是在援滇联络工作领导小组副组长周振球同志的支持下，我把多个项目集中在中课乡实施。在接下来的日子里，我看到了陈乡长带领乡干部和上百名群众吃住在地头，一个多星期就开出百来亩连片台地，地头上彩旗飘扬，喇叭声声，景象火热。安居工程点上乡干部一个村一个村地做规划，一户一户地量面积、定位置。班箐村的佤族村民，还学会了自己打砖坯、烧土砖，建石棉瓦房，屋旁还开地种菜。

在充分总结中课乡做法的基础上，我结合佤族村民多居住在旱不防火、雨

在西盟县中课乡实施的“安居+温饱”试点村村民改建后的住房

不挡水、低矮阴暗的茅草房内的现状和小康建设的新要求，提出了把改善村民居住条件、加快解决村民温饱与推进农村精神文明建设相结合的温饱试点村建设规划设想，并形成了“安居+温饱+卫生厕所+文化室（卫星电视网站）+沼气（养殖）示范户”的项目建设方案。这一设想得到了上海对口云南帮扶联络工作组领导的充分肯定，并率先在中课乡进行试点。西盟县也因此被列为实施上海安居温饱工程建设的试点县，1999年度和2000年度，分别争取到了214万和270万建设资金，西盟县因此成为上海安居温饱工程建设的最大受益县。

随着一批集“安居+温饱+卫生厕所+文化室（卫星电视网站）+沼气（养殖）示范户”等项目于一体的试点村建设的推进，较好地改善和固定了佤族村民的居所，改变了他们游耕、游居的习惯；通过坡改梯、旱改水，推行良种良法，发展养殖等温饱措施落实，固定了村民的基本农田地，减少森林的砍伐，提高了粮食产量，增加了经济收入；通过公共卫生厕所的建设使用，改变村民随地大小便的不良生活习俗；通过文化室的建成和卫星电视的开通，使佤族兄弟看到了山外的世界，更多地接受现代文明的熏陶，从而极大地改变了他们的生产生活条件，劳动积极性和智慧也在这过程中不时被激发出来。这种模式也被概括为“安居＋温饱＋村社发展”模式，成为继“温饱试点村”和“7+8试点村”之后的第三种上海扶贫模式，联络工作领导小组副组长周振球同志，将之誉为“杨浦模式”。时任云南省人大常委会主任到西盟视察时，曾经无比感慨地说：“就佤族来讲这是数千年的历史跨越！”中课乡也因此成为思茅地区扶贫攻坚先进集体，陈异罡乡长个人也获得了云南省优秀公务员称号。

这样的改变，让我能够更加辩证地看待所谓“勤”和“懒”。当人们囿于封闭的环境，看不到山外世界的时候，喝水酒晒太阳便成了“神仙”的日子，当通向世界的“窗户”一旦打开，山外精彩纷呈的世界呈现在他们眼前，他们开始对外面的世界有了向往和期待，如果给他们创造一定的条件，潜藏在“懒人”身上的力量和智慧就被激活了，“懒人”变“勤”了。通过这份勤快能够让生活变得充实、美好，这既是他们的福音，也是我们援滇的意义所在啊！

援滇两年的收获和意义远远不是几点感悟、几个故事所能够涵盖的。如今，我还会经常回忆起那些日子那些人。我们觉得艰辛的环境就是许多人家常的日子，我们已经拥有的世界就是他们努力在奋斗的目标。通过援滇工作能够为国家的扶贫事业贡献一份力量，能够让少数民族的兄弟改善他们的日子，我觉得既荣幸又欣慰。

对口支援，终生难忘

吴岩，1961年10月生，现任上海市杨浦区城市建设投资（集团）有限公司监事会主席。2003年至2005年，为上海第四批援滇干部，任云南省思茅地区经济技术协作办公室副主任。

口述：吴　岩
采访：孙爱云　甘礼诚
整理：孙爱云　甘礼诚
时间：2020 年 3 月 17 日

出征时，孤陋寡闻闹出笑话

我是 2003 年到 2005 年参加对口援滇工作的。24 个月零 9 天，我记得非常清楚，以至回来以后到现在 15 年时间里，每当和云南知青交流，或是看到与云南有关的信息，往事就历历在目。

回想起来，当初去的时候，虽不是很害怕，但还是觉得有顾虑。说真的，当时听到这个消息，心里一直在打鼓：我能不能适应边疆的艰苦环境？家里情况也让我顾虑重重，儿子在读初中预备班，爱人身体不好，经常生病，我一走就是三年，他们怎么办？还有，云南对口支援的地区经济发展比较落后，我是否能适应在那样的环境中开展工作？

当然，我心里已经做好援滇的准备，是组织对我的培养和信任，让我去艰苦环境中磨练自己。

家属为我考虑得很周全，事先为我准备了一个超大、约一立方米的纸板箱，然后往里面装满各种各样的生活用品，连切菜刀也带上了。

纸板箱子的体积特别大，分量特别重，是我们这批援滇干部队伍中最大的箱子了。又大又重的“包袱”跟着我上飞机一起飞到昆明。可是，在昆明转机到思茅，麻烦来了，纸板箱子太大了，上不了飞机。那怎么办呀？情急之下，有人建议我将大纸板箱里的东西拆分成两部分，重新装进两个小纸板箱里。拆装过程的麻烦不要说了，两个纸板箱也不小，尽管艰难，纸板箱还是都上了飞机。

一到思茅地区，我又傻眼了，不是说这里什么东西都没有吗？明明这里的超市开得好好的，生活用品应有尽有。更重要的是，当地县政府给予我们相应的照顾，生活需求一应俱全。

扶贫时，养猪编织齐力上阵

我担任思茅地区经济技术协作办公室副主任，对口西盟佤族自治县和墨江哈尼族自治县。

西盟地处山区，是云南省最贫困的县城之一，自然条件比较差，发展农业的基本农田不足，每年的长降雨不仅不利于农业生产，还会带来洪涝灾害。许多人家家徒四壁。

我们先从和佤族人交朋友开始，因为佤族人的性情非常直率和豪爽，如果你真心待他，他就会把你当作可信任的人。与佤族同胞交了朋友取得他们信任后，我们投入资金首先帮助佤族同胞造房安家，然后，慢慢根据当地的实际情况，选择适合他们的扶贫项目进行推广。

有几个思维比较活跃的当地老百姓，带头参加了我们的扶贫计划，很快有了收益。其他人看见带头人有了收益，也跟着接受和参加扶贫项目了。其实，我们的扶贫计划最先需要改变的是他们落后的思想观念，只有让他们接受了比较先进的生活理念和思维方式，对口扶贫工作才能推广下去，才能看得见成效。

我们先后投入了上百万元，为当地老百姓的安居、温饱、社区发展等创造更好的条件。

在对口帮扶项目进入之前，西盟当地人均年收入 421 元。我们的帮扶项目进入第一年，当地的人均年收入达到 596 元。虽然这个数字反映的还是“贫

◀吴岩（右）实地查看农作物种植

困”，但在一年这么短的时间里，已经是很不容易的事情。他们渐渐明白了“苦熬不如苦干”的道理，开始愿意接受新思想和新技术了。他们期盼能早日脱贫，彻底改变落后的生活状态。

更值得高兴的是，我们在帮扶过程中给了当地干部群众很多的思路和办法，极大地调动了他们要“脱贫致富”的积极性。我们还在当地建立了“脱贫奔小康示范村”，让他们有了更大的精神动力。

在妇女同胞中我们组织了“织围巾”项目活动，安排她们进行编织培训和手工编织围巾。假如一名妇女参加织围巾培训和手工编织，相当于在打一份工，那她得到的收入，就可以养活一家人。

尽管她们编织出来的围巾还不那么完美，但这毕竟是大家的劳动果实，当地政府相关部门组织购买她们的劳动成果帮助扶贫。这样，通过自己的劳动产品转化成了养活自己和家人的收入，妇女们越干越有劲。

我们帮扶当地老百姓脱贫，其中有一个很重要的方式，就是“授之以渔”。我们有针对性地引导和推动他们通过自己的劳动获得的效益来养家。比如，我们推行了“家庭养猪”项目。养猪在当地每个家庭都能做，那怎么来养猪呢？我们先出一部分资金，给每户人家买小猪仔，一头小猪仔 120 元，一个家庭给两头小猪仔。然后，每户人家自己把猪养大，自己拿出去卖，卖猪的钱自己拿。也就是说，我们前期投资给每户人家买猪种，养猪过程中那些割草、剁芭蕉叶喂猪、打扫猪圈等等工作，养猪人必须自己去干，让养猪人家慢慢懂得一个道理：我们是给他一个基本的脱贫方法，他要自己动起来，干起来。

推行“家庭养猪”项目后，小猪仔在当地百姓的精心饲养之下，从原来十斤左右，长到八九十斤了，卖猪得了四五百块钱，养猪人家得到了实实在在的收益。这样的扶贫项目，当地人家都愿意接受，距离“脱贫”的梦想越来越近。当地人有个习惯，在过重大节日时，是要一起杀猪的。我们就出钱买猪，花市场价的钱，买养猪家庭饲养的猪，和大家一起过节。

孤独时，当地风情尽收眼底

在云南工作中生活用品无须担心了，唯一揪心的是太孤独。怎么来排除孤独呢？

刚到云南的时候，因为感到新奇，这里看看那里看看。但日复一日，孤独感不可避免地袭来。下班的时候，太阳还在半空中呢，要到晚上 8 点半，天才开始擦黑。下班后，我在食堂里随便吃点东西再回宿舍，足足有两个小时的下山路。

回到宿舍，按部就班和家人视频通话，这还不能完全排解孤独，我要找点事情做。我喜欢画画，干脆在宿舍的白墙上，画上水墨画，以此排解孤独时光。

据说墨江县碧溪古镇是有名的茶马古镇，我翻阅资料了解历史背景，但到那里一看，我惊呆了，没想到在中国西南偏僻的山窝里，还有这么一批徽派建筑。

我建议马上采取保护措施，派几个懂一点房屋结构的人，在一座座老房子上进行编号，门口全部钉上铜牌，制作一些小册子放在门前，说明这些徽派老建筑一律不得拆改，即使拆改，也要上报县政府有关部门审批。我们再挨家挨户进行宣传，给当地老百姓一个理念，保护历史建筑是我们共同的责任。经过努力，碧溪古镇具有历史文化价值的建筑很快被保护下来了。

吴岩（右）到村民家中走访

其实，无论我们在边远地区有多孤独，上海来的援滇干部，更多的还是要接触当地老百姓，与他们多交流多沟通。

每一次到村寨，村民们都开心得不得了，特别欢迎我，也许是我掌握了打交道的“四个一”诀窍：递一根烟，端一张凳，端一杯茶，敬一杯酒。我只要主动上前去拍拍他们的背，他们就会非常高兴。

佤族同胞生来就会唱歌、跳舞、喝酒，对远方而来的我们充满热情。他们用小竹桶装上自酿的水酒，一边引吭高歌，一边把酒送到我们的嘴边。酒是不能推的，见我们一口饮下了，他们围成圈，热情奔放地跳舞，跳着跳着，要拉起我们的手一起跳。这种舞很容易学会，不需要规定动作，只要在一起跟着唱、跟着跳、跟着笑，你会很快融入欢快的气氛里，让人难忘。

脱贫时，改善环境“国际影响”

我到云南之前，在杨浦区房地局工作。在改善西盟当地老百姓的居住环境方面，发挥了我的长项，做了一些实事。我们对乡村进行整体改造，把简陋的茅草房拆了，改建成砖墙、石棉瓦顶的房子；将乡村的泥泞道路，修建成畅通无阻的水泥路；对乡村周边环境进行综合性改造，新建了医疗卫生站、学校、科技楼等公共设施，原来居住环境较差的乡村，建设成了名副其实的“小康村”。

在落实云南对口支援项目中，西盟佤族自治县是扶贫工作的主战场。我们在西盟先后对4000户茅草房和竹木结构的“杈杈房”进行改造，很快形成一个具有规模性、现代化的佤族同胞居住区。越来越多的佤族人住进了崭新的房子，他们自豪地将自己的村寨称为“国门第一寨”。

为西盟当地老百姓改建茅草屋和改善生活居住条件的同时，还要引导他们有一个正确的规划思路和理念。比如，在西盟龙坝乡，已经有了一个比较符合当地人现代生活的烧烤市场，我在考察时，听到烧烤市场附近的一个山坡上，推土机在轰隆隆作响。我问那里在干什么？当地干部说：正在搞易地搬迁，准备把村民都搬到那里去，每户人家都配有猪圈、沼气。我马上建议他们停工，我认为在烧烤市场附近已经形成了一个生活区，可以在此建立一些生活配套设施，不要再大张旗鼓重新去山坡上建造老百姓生活圈。当地干部听了我的建议，觉得很有道理，马上停工和重新进行规划。很快，烧烤市场附近又新建了一个农贸市场，不仅方便和丰富了当地村民的生活，又节约了一笔不小的建设开支。

在西盟比较贫困的岳宋乡，我们进行了大规模的易地搬迁，当地佤族同胞从原先不适合居住的祖居迁出，搬进了生活环境较好的地方。我们为佤族同胞建造的新房子，不是那种过渡性的房子，一律是砖墙、钢门、钢窗、琉璃瓦，每幢房子需要投入2万元、3万元。住进新房子的佤族同胞激动地说：“没有想到自己这辈子还能住进砖瓦房，真的感激政府，感谢上海人民！”贫困的岳宋乡，如今成了当地老百姓口碑相传的“佤山第一村”。

我们在西盟地区为佤族老百姓建造砖瓦房，只是扶贫工作的一部分。上海市政府支援西盟戈约村300万元，新建造了300户崭新的房子；杨浦区在戈约村投资了50万元，在当地建成了一个具有佤族风情的村寨。老百姓搬进了新居，我们又在新的村寨里建沼气池、公共厕所、猪圈等，不光解决当地老百姓的安居问题，还要帮助他们解决温饱，共同努力奔向小康生活。

现在想想，当时在西盟地区开展的工作，其实也是在探索、摸索，摸索出

吴岩（前排右一）与当地干部讨论乡村建设方案

来的方式方法为后期的“精准扶贫”打下了基础。我们前期扶贫工作中的做法、措施、机制、制度，后来的援滇干部进行了传递和接力。

上海援滇工作的做法与外省市有些不一样。上海的做法是我们援滇干部带着资金过去，结合当地的建设项目，按照工程的进度来逐步推进和慢慢花钱，这样做可以一举三得：一是我们带过去的资金和项目，对当地贫困状况的改善，肯定起到了明显的效果；二是我们援滇干部过去，也带去了上海的理念、机制、制度，授之以渔；三是援滇干部在具体工作中也得到了锻炼，磨练和提升自我。

说到我当时在西盟为当地同胞建造新房子，没想到还闹出了一个“国际笑话”来。

我将建设项目的资金融合起来，投资 50 万元，在正对着缅甸的那托坝乡的山坡上，建造了 100 幢砖墙房子，让周边的老百姓一起集中居住。砖墙房是从中间挖进去的，即使下雨也淋不到雨。两边是两个厢房，中间是一个厅。远远望去，白色的房顶，红色的砖墙，整齐划一，看上去又像一幢幢独立式的别墅。

当地电视台播放了专题节目，我没有看到。但是，有一天当地县委领导找到我，劈头就说："美国人的侦察卫星，发现中国人在中缅边境屯兵，你搞出一个'国际影响'了。"

原来，100幢房子在山坡上整整齐齐，像军营一样，看上去非常壮观。据说美国的侦察卫星发现了，以为是我们新建了军营，闹出了"国际笑话"。这种卓有成效、能够造成"国际影响"的笑话，让我开怀大笑。

回忆时，对口支援终生难忘

我在西盟地区的对口支援工作中，与当地的干部群众结下了深厚的情感，我们对口帮扶工作中的机制和措施有了成效，让当地老百姓的生活水平逐步提高，先后摆脱了贫困线，我打心眼里为他们高兴。

完成援滇工作回到上海，竟有一种强烈的思念萦绕心头。几年以后，我重回云南，到西盟县看望曾经与我一起共事的当地干部群众，一时没有认出来我们原先走过的道路，我感觉是走在国外城市的街道上，西盟佤族自治县已经发生了天翻地覆的变化。

西盟的城市建设和老百姓生活的改善，达到这样让人惊喜的变化，离不开一批批上海援滇干部的奋斗努力，当地缺什么补什么，要什么支持什么，为当地注入了前瞻性发展的精准思路，为边远地区的"精准扶贫"打下了坚实的基础。特别是经过努力，居住在当地偏远地区、原来在深山老林里居住的散落的村民，现在都集中在一起居住和生活，也便于地区的集中管理和发展，他们思想观念改变了，过上了好日子。

现在想来，援滇的三年时间虽不长，但久而久之，变成了我的一种思念，以及对云南少数民族难忘的深厚情怀。援滇的经历，改变了我的后半辈子，让我的世界观、价值观、人生观，也因此发生了很大变化。

对口支援云南，让我终生难忘。

从思茅走到普洱

朱纯静，1967年3月生。现任政协上海市杨浦区委员会专委办主任。2005年至2007年，为上海市第五批援滇干部，任云南省思茅市经济合作办公室副主任。

口述：朱纯静

采访：叶如丹　雷雨田

整理：雷雨田

时间：2020 年 3 月 13 日

2004 年初，杨浦区委组织部部署援藏工作，我第一时间报名并顺利通过多轮体检，但在临行前却因故未能成行。次年，在杨浦区领导的关心和信任下，我有幸成为上海第五批援滇队伍中的一员。我们这一批援滇干部一共 19 人，由费金森同志带领。成员年龄以 30—40 岁为主，都是年富力强的青壮年，工作经验都比较丰富，但同时也都面临着小孩年龄小、家庭负担重的压力。我当时选择援边也没有太多的考虑，事后总结起来，可能有以下几点内在原因：一是党员的特殊身份；根据党章，共产党员是中国工人、农民、军人、知识分子和其他社会阶层的先进分子。所以，在组织上有需要有号召之时，我作为党员就应当积极响应，越是困难的地方越是要靠前一步；二是年轻的特殊优势；年轻人的一大优势，就是对未知充满好奇，喜欢自我挑战，所以到祖国的边陲去体验新的工作环境，对我具有极大的吸引力；三是学习的特殊方式；学习是我长期以来最大的爱好，也是工作中养成的习惯，我把在特殊岗位上学习和锻炼视为宝贵的人生财富。因此，虽有家庭方面的顾虑，但在自己的坚持和家人的理解支持之下，我终于在上海援滇工作开展十周年之际来到美丽的“茶城”——思茅（2007 年 1 月改名为普洱）。

初识普洱，不忍摘下的黑墨镜

在2005年4月的一个星期五，经飞机到昆明，再转车，我们一行4位同志来到思茅。初到思茅，它的缤纷多彩、与众不同就给我留下了极深刻的印象。

一是景色宜人。思茅市位于云南省西南部，与缅甸接壤，是有名的国家森林城市。当地气候条件好，年均气温在15 ℃—20.3 ℃之间，海拔1400—1600米，土壤肥沃，非常适宜植物生长。初到思茅，在下榻的招待所周边，有几株炮弹树，树干粗壮、笔直，亭亭如盖，是我在上海从未听闻过的树种。在思茅的大街上，则有一排排凤凰树，开花的季节，树木都被染上了一片红色，整个大街放眼望去有如“红色的海洋”。在思茅的城区还有环境优美的洗马河，清净幽雅的梅子湖，站在高高的茶山顶上，整个城区的风景尽收眼底，还可以看到蔚为壮观的万亩茶园。在城区以外的广大山区，景色更是变幻无穷。

二是民风淳朴。上海对口支援云南已有十年历史，云南人对上海人也普遍抱有亲切之感。在我抵达思茅的第二天，当地扶贫干部黄文春就利用周末时间陪我走街串巷，帮助我熟悉当地环境。他主要负责上海和思茅两地扶贫接洽工作，日常事务比较繁忙，能这样牺牲自己宝贵的休息时间，的确令我很感动。办公室的杜主任也主动带我参观梅子湖水库，使我了解到当地人环保意识较强，污水都直接用车运送到城区外处理。还有一位驾驶员同志，知道我担心山路行车的安全，就送给我一副银饰，因为当地人相信银饰可以带来平安。正是在这些热心的地方干部和同志的关照下，我在第一周即走访了思茅8个国家扶贫县，掌握了第一手的民俗资料，比如进门必喝酒、热爱唱民歌等，深切感受到当地群众的淳朴和善良，同时也使我对地区发展情况有了初步的认识。

三是发展落后。与城区的现代化相比，思茅的广大农村地区则显得荒凉和贫瘠。山地的地理环境，致使当地农业基本没有机械化，农作物多种在陡峭的山坡上，产量也不高。基层教育和卫生设施差，群众受教育程度普遍较低，人均医疗资源与城区有巨大差距。农业的落后和工业的发展缓慢，使当地经济基础薄弱，群众生活也极度贫困。我发现当地竟然还有一群“赤脚学生”。有一次我下乡考察希望小学的项目时，在一张张天真的笑脸之外，我却惊讶地发现有一半以上的孩子都是赤着双脚。众所周知，希望小学是对口帮扶在教育项目中投资最多的，在崭新的学校原本不应该出现这样的情况。经问询后我才知道，由于生活贫困，这在当地长期以来都是非常普遍的情况。看着这群与我自己小孩年纪相仿的孩子们，我的眼睛不自觉地湿润了，戴着的黑墨镜自始至终不忍摘下来。这些“赤脚学生”不仅没有鞋子穿，他们一天的伙食费也不满一元，一年四季的衣服全部都穿在身上，晚上两三个学生挤在一起取暖睡觉……他们极度贫困的生活状况是我们工作的失责，是大人们对孩子们的亏欠。为此我暗暗下定决心，一定要改善孩子们的生活条件，让他们体面出门、体面上学。

融入普洱，必须攻克的生活关

作为一名援滇干部，所有的身心都需要投入到当地的发展建设中去，工作就是生活，生活也是工作。在启程赴云南之前，我向杨浦区旧改办的一位老同志，也是原来西双版纳的知青前辈，了解过思茅的一些具体情况，知道当地少数民族较多，其中全国两个哈尼族和两个佤族自治县在思茅境内就各有一个。这些少数民族直接从原始社会跨越到社会主义社会，很多民族只有语言，没有文字。因而，相比于适应当地的自然环境，适应当地的工作和生活方式可能更加具有挑战性。虽然提前有种种的预想和心理准备，但在实际的融入过程中，我还是遇到不少要努力攻克的难关。

第一关：辣子关。民以食为天，对我这个以吃甜食闻名的地地道道的上海人来说，辣椒成了我适应云南生活的第一关。说实在话，刚来的一段时间确实不习惯，我原先在上海是从不吃辣的，而且又娶了一个每道菜都要放上几勺糖的无锡妻子，早就是一个“糖罐子”了。而在思茅，几乎是有菜必有辣，我常常是饭下去了两大碗，菜只吃了几小口。我看着满桌以前不曾吃过的山珍，心里不甘，总想试试自己到底能有多大的吃辣能力。有一回桌上有一碟小米辣，我在大家怂恿下尝试着咬了一口，那辣就像在嘴里烧火，说不出话，只有张大嘴巴，急吐气，大口大口喝水……好一会儿缓过劲来，摸着满头的大汗，却感到很舒坦，心里滋生着再咬一口的冲动。后来，我就适应了辣椒的刺激感，援滇期间回上海度长假时还特意在家里备了瓶“老干妈”，自己过过“辣瘾”。如今，辣味也成为我思茅记忆难忘的一部分。

第二关：喝酒关。思茅人开放、豪迈、真诚，爱喝酒、善喝酒，常喝的是本地的苞谷酒，度数不高，可是碗也不小。深入当地人的生活，会发现酒在其中扮演一个非常重要的角色，他们聚会聊天时要喝酒，宴请庆祝时要喝酒，进村进户时也要喝酒。通过喝酒才能与群众拉近距离，实现有效的沟通。每每下乡要进寨子里，我们都会受到群众的热情欢迎，酒自然少不了，寨子里的村民住的是茅草棚，进门处高不到 1 米，但不会或不能喝酒就难以跨越这小小的一道门。我在这样的环境中，对喝酒，从委婉拒绝，到不情不愿，再到欣然接受，这也是我对自身工作定位的一个不断认识深化的过程。现在，十余年过去，每当拿起酒杯，那些援滇的岁月顷刻间就又历历在目。

第三关：山路关。来思茅之前我从各方面打听了不少有关地形、气候、环境的情况，但到了以后才真正体会到思茅山之多地之广，才真正懂得山高路远。杨浦区对口的是墨江和西盟两县，一个山区面积占 99.3%，一个是 100% 的山区，一个在最东，一个在最西。当时到两个县城的主干道都已通柏油路，但下乡却很不方便，山区的道路曲折难行，有时看见目的地就在前面山坡上，但却要数小时车程才能到达。大山、溪流和泥泞的山路从此成为我工作中的“常客”。随着扶贫点由公路边向深处延伸，工作难度递增，每次下乡坐车都要好几个小时，有些乡村一个来回就要一整天时间，在这里行车不讲里程，讲时间。穿行在思茅广阔的山地之间，我感慨，大山蕴藏的丰富自然资源，既养育了这里的人们，同时也“造就”了他们的贫困。然而，山高路远阻碍不了援滇干部义无反顾地跋山涉水，更阻碍不了脱贫的步伐。我在短暂的工作期间，成为第一个走遍两县所有乡村的上海干部，把自己对山高路远的敬畏，把自己对援边事业的热爱书写在思茅的大地上。

回首过往，或许人多数时候都在自寻烦恼，在出发之前我能想到的多是困难，但真正融入了思茅，才发现任何困难都可以克服，方法总比困难多。在云南援边的两年时间，我不仅攻克了各种各样的难关，还学了一口当地方言，能够以假乱真，甚至在很多场合，当地干部群众都猜不出我的真实身份。因为把思茅当成是自己的家，与当地干部群众打拼、生活在一起，我也很自然地成了思茅的一部分，或者说是一个如假包换的思茅人。

扎根普洱，永远行进的盘山路

我在思茅期间担任的职务是地区经济协作办公室（后改称“经济合作办公室”）副主任，但我只在本单位参与少部分工作，而主要负责的是杨浦对口支援两县的扶贫工作。作为第五批援滇干部，我们到任时已有了比较良好的工作基础，主要任务就是推进已有项目并开发新项目。关于扶贫项目的规划和实施，一个基本的情况和逻辑是：刚来的半年推进上一批制定的计划，第二年自己计划自己实施，最后半年制定计划留给下一批跟进。扶贫项目的内容主要有两个方面：一是教育，包括校舍翻新，教师培训，图书馆建设，修建操场等；二是卫生，包括从乡镇卫生院到村卫生点的建设，以及村民家庭卫生条件的改善。随着对口支援工作的不断拓展和深入，我们的扶贫工作重点也从硬件的基础设施建设，转向了“软件”的人员培训和思维观念养成。同时在负责思茅地区扶贫工作之余，我还积极承接上海市和杨浦区方面的工作，为上海来思茅人员提供帮助和支持。

第一方面是扶贫项目的持续推进。

一是项目完善，就是落实上一批未完成的项目。扶贫对于改变当地的落后面貌至关重要，扶贫项目也是我在思茅的主要工作，是倾注心力最多的事情。对口帮扶工作的重点早已明确，对我来说，就是在具体的实施过程中如何把握，严把建设质量，严控资金走向，确保扶贫项目落到实处。墨江县通关镇有一个村庄，从援滇第二批开始建设，到第三批时便成为上海对口帮扶的典型案例。该村庄从改造前的茅草棚，转变为颇具规模的现代化农村，道路全部“硬化”，房屋翻新，生活水源干净、卫生，前后对比简直有天壤之别。在几批援滇干部的辛勤努力下，扶贫项目已经形成了一套有效的机制和规程，因此我们到任前期的一个重点工作，就是进一步完善已实施的项目，做好拾遗补阙，比如有些村庄卫生设施不全，那么我们就号召村民每户人家自行修建卫生间、沐

西盟县改造前的村庄和老百姓的家

浴房，并承诺在建成后赠送一台热水器作为奖励，通过这种方法来改变村民的卫生习惯，同时也使得已实施的项目顺利达到目标、按时验收。在工作中我形成了“低调务实，扎实推进”的工作作风。

二是项目拓展，是指地域分布方面的拓展。由于扶贫项目的实施遵循沿公路线由近及远发展的原则，所以到援滇第五批时，西盟、墨江两县的扶贫工作面临向纵深推进的现实压力，也是我们开发新项目时亟须解决的问题。谁都知道，离公路近的项目方便实施，但是这对偏远乡村就不公平，也不符合全面脱贫的总要求。新厂乡，是一个离县城较远的乡镇，因为区域内一直没有上海的项目，干部群众就有些许抱怨。了解这个情况后，我立即主动联系新厂乡，并在考察实际情况后，决定帮助建设一批卫生点。对这个新开发的、针对偏远地区的项目，从项目选点到后期项目进展的全过程，我始终秉持着为百姓办实事办好事的信念，积极谋划、深入参与。在新项目的开发方面，我们第五批援滇干部还首创了“整村推进”的做法。整村推进，顾名思义就是改变从前以单个项目（如教育、卫生）为单元的方式，而代之以村庄为单元，选择大小合适的村庄，做全面的扶贫和改善计划，控制预算，聚集用力，确保每个项目都在本批内完成。整村推进，有助于发展产业，增加农村贫困人口收入；有助于加强

◀ 朱纯静（右二）陪同上海援滇思茅联络小组成员考察正在实施的项目

基础设施建设，发展公益事业；有助于重点改善生产生活条件，促进人的全面发展。这一做法的优点是合理规划，集中投入，分批实施，整体推进，由于取得的效果明显，“整村推进”的做法还被写入了当年的国务院政府工作报告。

三是项目创新，主要是指在项目推进实施过程中具有突破性的做法，也是从输血向造血观念转变的重要体现。项目创新集中在产业扶贫领域，因为产业扶贫往往没有先例可循，针对不同的地区、不同的群众特点，就需要采取不同的产业发展策略。在西盟县，当地群众喜食芭蕉，而对种植香蕉的热情不高，但是芭蕉产量不高，不成规模，经济效益不明显。因此，为带动百姓脱贫致富，我与当地市县领导商量决定，从外面引进优质香蕉品种，引导群众发展香蕉产业。我们以群众个体种植为主体，以政府管理平台为依托，一方面做好技术支持，另一方面帮助拓展香蕉的市场销路，从而形成完整的产业链。香蕉产业的形成，极大地促进了当地的经济发展，为群众带来了切实的收益。为了做好项目，我常常下项目点查看项目进展，对帮扶项目逐个进行研究，创新方式方法，用自己的实干体现“动真情，真扶贫，扶好贫”的帮扶真情，给墨江县、西盟县的干部群众留下了深刻的印象。

第二方面是干部交流的常态机制。

对口支援，不仅是物质的转移，更重在人员的交流。自建立对口支援关系以来，上海和云南两地干部的联系日益紧密，并且形成了较为完善的干部交流机制。这种双向交流机制，既有助于云南干部开阔视野，学习上海的发展理念和工作经验；同时也有助于上海干部了解我国边远地区的情况，巩固为人民服务的初心。所以，每年我都会参与组织西盟、墨江两县的干部到杨浦区接受培训的工作，每年 1 到 2 次，为期 1 到 2 周，在两年时间内，总计有百余位云南当地干部因此受益。培训安排在杨浦区委党校，我们每年都会提前与思茅签订培训协议，党校也会将外地干部培训纳入其整体计划，培训的主要内容包括：两地经济发展情况介绍，参观上海市和杨浦区在建或已建的工程项目，以及干部间的互动交流等。对于这项常规性、系统性的工作，我一直都比较关心，也经常主动承担一系列的协调工作，包括争取更多的培训名额，扩大受益的干部群体；在名额分配上，注重向基层一线干部倾斜，直接助益扶贫工作。此外，我还积极组织杨浦区的教师和医生赴思茅，在当地开展教育和医疗支援工作。而在上海方面，也比较重视加强与对口支援地区的干部交流，比如 2006 年 7 月至 8 月，上海市组织了财税系统新进公务员“吃苦培训”，地点就选在思茅。我当时主要负责接待和安排工作，包括体验点的选址，宿舍和澡房的修建，以及确定当地带教劳动体验干部等一系列事项，我都悉心筹划。为督促施工进度，我甚至还在纸板箱上睡过一晚，这一行为引起了西盟县委县政府的重视，并因此加大了对培训工作的支持力度。这次培训是成功的，参训人员既收获了良好的体验，也培养或深化了自己的“吃苦意识”。培训结束返程时，由于正值雨季，载有参训人员的车辆差点遭遇公路坍塌事故。出于安全的考虑，第二年类似的培训没有再举行，但上海与云南的人员交流从未间断。以上种种形式的交流，包括两地领导的不定期互访等，都有力促进了上海和云南的联系，也为两地的对口支援工作提供了强大的文化和精神支撑。

第三方面是突发事件的应急处理。

思茅地区山高路险，遇上雨季经常容易发生行车事故，不仅对我这个“永远在路上”的扶贫干部是一个重大的考验，对外来旅游、考察和支边的人员也是一个潜在的危险。2006 年夏季，在思茅下辖的澜沧县就发生了一起援滇教师翻车事故。当天晚上 11 点，我的电话急促响起，电话那头是一个焦急的上海口音，他自称是杨浦区惠民中学的老师，负责护送三位老师到西盟支教，所乘车辆在经过弯道时，坠下山崖，司机受伤昏迷，其他人员伤亡情况不明。时值 8 月，雨水泛滥，路面多有塌方，因为在路上已经堵了好久，导致司机心急发生事故。我与这些支教老师并不熟悉，只是当天中午参与了迎接她们从昆明而来的餐会，这位护送教师也是通过我给的名片联系上我。而我在两三天之前刚处理过一起西双版纳旅游遇险事故，半夜听到这个消息，我立即意识到问题的严重性，马上联系思茅市委市政府、市教委等相关部门，协调各方面紧急开展救援，并第一时间向上海方面汇报。思茅市有关领导听闻事故后高度重视，及时做出救援指示，排除一切困难将伤员迅速送往澜沧县人民医院，思茅市教育局局长深夜赶赴澜沧县人民医院看望慰问，在道路未完全开通的情况下，毅然徒步前往医院。上海方面也高度关注，第二天就成立了由两名医生组成的专家组飞往昆明，并立即前往思茅参加会诊。在道路打通以后，伤员被送到思茅市人民医院，并由上海专家组会同治疗。经鉴定，事故车辆一行 5 人均受伤，其中 1 人伤势严重。该起事故中，我参与了从现场救援到后期伤员救治的全过程，一系列协调工作的及时快速展开，是“生命至上，以人为本”工作理念的最好体现。伤员病情稳定后，马上被安排转送回上海，为照顾其中 1 名重伤员，东方航空特意留出 3 排空座位放置担架。飞机半夜到达后，救护车直接到停机坪接下伤员，径直送往长海医院。在那里，早已等待在现场的杨浦区委主要领导第一时间对伤员进行了慰问，并做出了有针对性的救治安排。这虽然是一起不幸的意外事故，却也让我看到上海和云南两地领导对援边人员的关心和重视，感受到组织的温暖，更加坚定了自己扎根当地、建功立业的决心。

思茅有些县城极为贫困，虽然拥有丰富的自然资源，年财政收入却只有几十万，每年的国家转移支付需要达到几个亿，同时还要从全国各地派出一批批优秀干部对口支援。援边，既是改善人民生活、促进当地发展的迫切需要，也是保障边境安全，加强我国同东南亚地区交往的现实要求。所以，援边工作的意义是重大的，边区人民是我们最可爱的亲人，在共同致富的道路上一个也不能掉队。在思茅，我不仅亲身体会到当地群众毫无保留的亲情，更曾经帮助一位上海青年寻找到血浓于水的亲情。当他瞒着自己的知青母亲，来到云南偏僻的乡村，与自己的亲生父亲相见、相认并相拥而泣的瞬间，我更真实地体会到上海与云南的紧密相连、命运与共。说到亲情，在两年700多个日夜里，我亏欠最多的就是我的家人，爱人外婆去世时我不能回乡吊唁，妻儿生病时我不能随身照顾。常言道：舍小家为大家，个中的滋味却只有经历过的人才知晓。当地干部经常说："我们的工作永远在路上！"是啊，那蜿蜒曲折、看不到来处和尽头的盘山路，就是我工作最好的注脚。2007年，在我离开的前几个月，思茅更名为普洱，开启了全新的、更快的发展进程，从此我对思茅的深情也化作对普洱的思念。

难忘普洱，如诗如画的梅子湖

我是幸运的，两年时间的援滇经历，对我来说，是一段宝贵的人生财富，它开阔了我的视野，同时对我的工作态度、工作能力也是一次全面的提升。当地的干部群众虽然已经为此付出了太多的青春与汗水，但在脱贫的道路上他们还有很长的路要走。我印象比较深刻的有两个人，分别是西盟县教育局局长和分管教育的副县长。与他们一同下乡考察教育项目，我就惊讶于他们走山路的敏捷和对当地学校情况全面、细致、深入的了解，以及方法对策的有效性。当地孩子辍学率高，大部分人读到初中便回家务农。因此，如何吸引适龄青少年重返课堂，是教育工作的一大难题。在西盟，一项有地方特色又行之有效的举措便应运而生，其主要做法就是改善学校伙食，规定每周二可以吃肉（当地人通常到春节才能吃一顿肉）。初期，该举措确实对提高返课率有较大促进作用，但后期便出现学生周二来上学，其他时间辍学在家的情况。对此，西盟县教育主管部门又调整政策，改肉菜定期供应为不定期供应。除此以外，学校还允许部分情况特殊的学生在课余喂养学校的猪，并给予一定的经济补贴。政府也鼓励学校因时制宜、因地制宜、因人制宜，并专门划出土地供学校种草、种芭蕉等植物，以喂养生猪。可以说，当地干部群众为改善教育和生活状况，做出了巨大的努力，许多干部长期处于高强度、高风险的工作环境之中，甚至在我身边就有不少人因繁复的扶贫工作而牺牲。他们的默默付出不应该被忘记，他们

到墨江县考察上海援建项目时村民自发在村口迎接

的伟大事业也需要一代代人去传承。

一晃我离开普洱已经十三年，但那段奋斗的岁月至今记忆犹新。我怀念在大树下思考工作中遇到的问题，在街边小店吃米线，还有洗马河的水，梅子湖公园的晚景，市政府门口的月光路，以及形形色色的果子树。这些不同的事物串联起我美好的普洱时光。当地人常说，中国的春城在昆明，云南的春城在普洱。普洱的确是一座充满魅力的城市，它拥有宜人的气候、美丽的风景和丰富的自然资源。在普洱这样一个神奇的地方，谁来都会感触于人民贫穷落后的现状，谁来都能发现许多人性闪光的地方，从而坚定地在这里扎根或留下自己的足迹，干部的功绩永远体现在百姓的口碑中。在普洱的经历，不仅让我学习到当地干部群众的工作和生活智慧，也让我形成了很多带有当地特色的生活习惯，比如吃辣、喝茶、饮酒和唱歌等。在普洱爱上的喝茶至今仍是我生活中重要的一部分，而我喝茶从来只喝普洱。援滇结束后，我又回过云南两次，现在虽没有机会再回到云南工作和生活，但我还是经常关注云南各方面的消息，尤其是扶贫的最新进展。近些年，普洱的经济发展取得了非常大的进步，以绿色发展为主线，以农林业和旅游业为依托，普洱正在走出一条适合自己的发展之路，城市规模在扩大，交通路网在完善，“货出得去人进得来”的良好局面正日益形成。在“一带一路”倡议的支撑下，相信普洱的发展一定会愈来愈好，其重要的地缘优势也将得到充分的发挥。

难忘普洱，难忘梅子湖送来的清水，难忘茶马古道上深嵌的马蹄印，难忘茶山之顶俯瞰到的普洱城区和万亩茶园。年华逝去，更难忘曾经一起工作过的战友，他们有些人早已是满头白发，目前还奋战在扶贫工作的第一线。此时此刻，我想要对他们说：2020 年全面脱贫，加油！

缘结普洱

徐泉，1974 年 2 月生。现任上海杨浦商贸（集团）有限公司党委书记、董事长。2007 年至 2009 年为上海市第六批援滇干部，任普洱市经济合作办公室副主任。

口述：徐　泉
采访：李俊毅　朱骏豪　洪宇峰　王　迪
整理：李俊毅　朱骏豪　洪宇峰
时间：2020 年 2 月 25 日

云南普洱的城市品牌是“妙曼普洱”，而我到云南普洱从事对口支援工作的经历也如同一段妙曼的缘分。2007 年，上海对口支援的地区要进行干部轮换。当时组织动员之后，我原本报名去西藏日喀则地区，也通过了体检和面试，但是后来组织上感觉到我家里情况比较特殊，所以更换了一个对口支援方向——普洱。当时我正筹办婚礼，原本定下那一年要和太太参加“玫瑰婚典”，也通过了玫瑰婚典组委会的面试，将作为上海的新人代表到俄罗斯圣彼得堡去参加婚典。当我知道要去对口支援的时候，就跟太太商量放弃这次婚礼，家人也都表示了支持，就此结下了与普洱的缘分。

实际上，对口支援出发前的准备时间是比较仓促的，从我报名到最后集合也就一个月不到。这段时间内除了安排家中各项事宜外，最关键的是向历届对口支援的老同志请教，了解当地情况。我是第六批援滇干部，刚好当时我所在的杨浦区商务委的一位副主任是第一批援滇干部，因此我就向他请教了一些对口支援的问题，同时做好相应的出发准备。

到了云南之后，所有的上海援滇干部都先到昆明集中，然后再由上海驻昆办事处的同志把大家分送到各个地州。我们 20 多人被分派到 4 个地州。一同到普洱的还有普陀区、黄浦区、金山区的4位同志，每个人对口普洱2个县，金山区的同志任组长。我们杨浦区对口的是墨江县和西盟县。这两个县的面积都比杨浦区大得多，而且都是少数民族自治县，县域面积中大部分是山地，我们的对口帮扶项目也是针对他们的经济社会发展状况来推进的。援滇两年，虽然工作单位驻地是普洱市区，但是我平均每月到对口县调研和联系工作一次，确保对口帮扶工作取得实实在在的效果，切实让群众得到实惠。

民族兄弟情

普洱有一个特点，它辖1区9县，除了政府所在地思茅区，其他所有的县都是少数民族自治县，西盟县是佤族自治县，墨江县是哈尼族自治县。我们援滇干部在上海和昆明参加培训的时候，特别强调的一件事就是民族关系的处理，要尊重当地的民族习惯。援滇工作中少数民族的问题是需要特别重视的，对民族习俗的尊重和融入，包括与少数民族干部的交流都是很重要的，这也是做好对口帮扶的前提。

举个例子，比如当地的酒文化。实际上我参加对口支援的时候感到心理压力最大的就是酒，因为在上海时我本人是很少喝酒的，但是在民族地区酒确实是沟通的媒介。云南佤族几乎家家酿酒，老乡们把水酒作为他们迎接客人的必备饮品。到一个村寨，或我们的项目点，如果老乡拿出自酿的水酒，必须要按照他们的规矩，该喝的喝。后来当地有一位领导对我说：“你像我们佤族的嘛！”实际上这就是他们对我们的一种比较高的认可了，消除了沟通上的障碍，以后的项目推进也会非常稳妥顺利。尊重当地的习俗，尊重他们民族的风俗，让他们认可你是“兄弟”，然后才能开展工作。

普洱的干部群众豪爽、朴实，和他们打交道不能“端着架子”，而是要放下身段去磨合。

我印象很深的是和墨江县一位扶贫办主任交往的故事，他是哈尼族。当时由于上海的帮扶重点、资金分配比例时常出现变化，导致我们定下的帮扶项目经常要修改，虽然这只是很正常的调整，但是这其中就有一个磨合的过程。当

◀ 饮佤族水酒

时我和他说想要去他们县里和县长直接交流汇报，他说了句“你来吧”就把电话挂了。这一句“你来吧”对我来说是一件比较困难的事情，因为从我在普洱市的驻地到墨江县政府的驻地有很长的车程，当地以山路为主，那时路况也不佳，出于安全考虑，一般来说当地的扶贫办会派车过来接我，公务完成之后再送回来。

因此，当时我立刻明白，这实际上是沟通中出现了问题，他显然觉得这个项目的变化给他们当地、包括给他们的县政府的工作造成了一定的困扰。于是我就跟我们联络组长汇报了这件事，并提出：我们要展示一下上海同志的坚定决心，不能因为你不派车我就不去了，这不是处理事情的办法。我有一个想法，就是乘坐公交车过去。我知道有公交车可以通到县城的，但我没乘过，车程说不准。我买了张车票就往县里去了，我通过手机告诉那位县扶贫办的同志“我来了”，但我没有告诉他我怎么来。

就这样，我到了当地县政府，打电话告诉这位扶贫办主任，由他陪着一起找他们县长。县长一听说我是坐公交车来的，感受到我的诚意，二话不说马上配合我们把项目该调整的部分全部做好，之后交往中的沟通也非常顺畅。

茶藏脱贫经

2007年，普洱刚从“思茅”更名而来，知道我要到普洱支援的时候，可能是我这辈子第一次看到“普洱”两个字，因为当时上海人喝茶基本上是以江南的龙井、碧螺春等绿茶为主，没有普洱茶的概念，所以我在工作准备之外，特意找了一家茶馆品尝一下普洱，后来才知道，这也是我这辈子喝的最差的一次普洱。原来那个时候上海茶馆里很少有普洱茶，更不知道茶饼、茶砖这些概念，一切关于普洱的知识都是到了普洱当地之后，慢慢培养起来的。

普洱四季如春，当地经济以农业为主，普洱市以茶叶闻名，这也是大家对普洱最普遍的印象。普洱的茶山真的很令人震撼，爬上制高点看下去，一座城市都是茶。我们花了两年时间，对普洱茶了解得挺透彻了，如果你爱茶，那就必须去普洱“朝圣”一次。

在产业发展方面，针对普洱市的特点，我们上海的对口帮扶资金有很大的一部分都是支援他们的茶产业。我们调研了当地茶的生产情况，整个云南茶区出产的符合普洱茶生产标准的都叫普洱茶，是地理标志产品。种植茶叶对当地老百姓来说是脱贫致富的好路子。但我们也看到它产业化发展的程度不高，大多以一家一户的形式为主。茶农自己承包一片茶林，种出茶来，商贩收购到初加工厂，加工成毛茶，然后再有茶商去采购毛茶原料，最后做成成品。这条产业链拉得比较长，真正从事生产的茶农，所得可能是最少的，中间商赚得比较多。所以当时我们把资金投向初制所，茶农生产出来的茶在初制所进行加工，如果初制所设备、技术好一些，那么它的收购会比较稳定，它出产的毛茶品质可能会更好一些，所以我们在这个方面投入了一些项目。

在茶品牌上，我们对当地龙头企业的支援比较多一些，希望能够通过上海资金的帮助做出比较好的普洱茶品牌。普洱茶有一个特点，在符合卫生条件的储藏环境下，口味会随着时间不断地转化，越陈越香。所以每年产量中的很大一部分都被储藏起来了，真正当年出产当年消费掉的很少。这里的茶也曾是贡品，当年进贡给皇宫的茶，制型就是一个瓜型，据说现在还收藏在故宫。2008年北京奥运会的时候，普洱做了一批奥运“金瓜”茶，参考的样式就是故宫所

普洱采茶人

藏瓜型茶。当时，奥运的献礼茶就按照这个制型做了出来，这也是一种产业发展的创意。

在西盟，我们还投入了帮扶资金种植中药材。因为整个云南是中药材大省，市场上对中药原材料的需求量是比较大的，当地出产药材的品质也很好，所以在这个方面我们也做了一些项目。整体来讲，产业发展要因地制宜，普洱的平地很少，产业只能围绕着山来动脑筋。这里的森林覆盖率很高，旱季雨季分明，高原山区的气候特点既带来了一定困扰，也使得高原物产生机勃发。因此我们的帮扶必须根据当地的资源、产业链的状态来推进。

普洱茶生产的发展也带动了普洱电商的快速成长。2007 年的时候，淘宝还没有现在这么强大，但已经可以用这个平台在全国范围内买普洱茶了。我发现普洱当地的茶到了广西、广东，再回流到普洱之后，甚至比当地还要便宜。我把这个现象告诉了当地的领导，他们依然坚信买普洱必须在当地，对“电商”这个概念没有什么感觉。但实际上那时电商在普洱茶推广的整个链条当中，已经开始显山露水。后来，普洱市的电商蓬勃发展，网络销售的第一大茶品类就是普洱茶。其中的道理现在想想也挺简单，因为电商最容易卖的都是标准化的产品，普洱茶也是这样，它可以被压成一块饼、一块砖，只要是这个厂、这个年代生产的，它的品质就是一样的，而且是可追溯的，普洱茶天然就是标准化的产品。

我现在淘宝账户里还保留着几个当时的开拓者，他们通过淘宝卖茶，已经是大茶商了。当年，产业帮扶的思维还以一个个项目和一个个点为主，现在来看，如果能找到一两个用电商思维去解决问题的带头人，整个乡、镇、县都能带动起来，相比用优惠政策把商家吸引到电商产业园区，不如加强基础设施的建设，引进物流商到当地去，多建一些物流的中转站，通过打通产业链，把当地的产品运送到全国各地，这是很有意义的。上海的资金、干部毕竟有限，我们在当地支援的时间也是有限的，如果能够把当地内生的经济发展动力给激活，能够在发展方式上、渠道创新上、产业链对接上为当地做点事情，我觉得意义会更大。

扶智助展翼

普洱当地少数民族比如佤族，是从原始社会直接过渡到社会主义社会的民族。中华人民共和国成立之前佤族处于一种原始社会的状态，几乎没有私人财产这个概念。比如说当年有收成了，他们可能把所有的粮食都酿成酒，然后大家畅饮。“扶贫先扶智”在这里就显得特别重要，所以我们对口帮扶的很多项目都是与教育相关的。

我设计的两个项目是比较独特的，通过这样的改造项目，把当地学校的体育设施水平大大地改善了。一个是墨江县的通关镇第一小学的操场。因为当地孩子说没地方做操，所以我就跟当地教育局提出，教育集中化以后，能否把中心校的一些基础设施加强一下，尤其是体育设施，这可能比单纯盖希望小学更有实际意义。调研时，我看到学校里有个大土山，就跟他们商量能不能把土山给削平了，然后做成学校操场。他们论证了一下觉得可行，资金也允许做这件事，我就跟联络组汇报。虽然这种文体类的项目以前没有做过，但是经过多方努力，我们也顺利干成了。当时我陪同分管对口帮扶的副区长去看，通关镇小学的学生从我们下车的地方一直列队到操场，每个孩子都特别高兴，他们说：“我们终于有了自己的操场！”

◀ 煤渣新跑道

做完这个项目之后，我就动脑筋想在西盟一中也推进一个体育项目。西盟一中属于完全中学，当时的伍校长跟我讲，他说佤族的孩子身体条件不错，他们有田径队在培养运动员，但是原来整个足球场和跑道都是烂泥地，到了下雨天就废掉了，能不能建一个塑胶跑道？我感觉这个想法可以，于是校方专门派人到昆明去询问，造一条塑胶跑道的价格。西盟地处边陲，运输成本高，同样的资金在昆明能够建成一条跑道，但是在西盟就不一定够。后来，由于资金限制，我们建设了标准的400米煤渣跑道，中间是草皮球场。这条跑道做完以后，对他们学校体育运动水平的提高是比较大的，后来他们庆祝建县的周年活动，也使用了这个操场。

对扶贫来说，“扶智”很重要，要阻止贫困的代际遗传，就需要通过教育。如果一家有一个孩子能接受到高等教育，那这个家庭就可以有质的转折。我曾经帮助过一位佤族男生和一位哈尼族女生。佤族的孩子后来很可惜没有考上大学，而哈尼族的小白同学考上了昆明的大学，毕业后回到当地当了公务员。

为什么我们的大学要对少数民族地区、边疆地区有特殊的扶持政策，就是想让那些孩子能够到上海这种环境里去，让他们接受教育和熏陶。这样他们未来为本民族、本地区做的贡献一定会比我们多得多。所以我觉得对教育的支持力度要更大一些。虽然当时我们仅限于资助学费，佤族和哈尼族有两个孩子的学费就是我资助的，而现在还有一些更好的方法比如网络教育，通过卫星、电视、网课等，让少数民族孩子在上面学习，效果也不错。

扶“智”也是为了扶“志”，当地人要转变观念比较困难。比如我们帮他们做了一个饮水工程，从山上引水到村，后来管子或是龙头坏了，村民会说“你们的管子”坏掉了，让我们去修一下，他们并不认为这个东西是他们的。所以帮扶一定要让他们感觉到“这是自己的”，是自己的事业、产业，或者说是生存和致富的渠道，这样才能成功。观念和教育，而且一定得是广泛的教育，很重要，要让他们走出大山，体验到外面世界的发展程度。

结束对口支援工作回到上海后，我一直和接力去做对口支援的同志们说，你不到边疆，就不能真正体会到中国有多大，也不会知道中国不同地区发展水平的落差有多大。不到村上去，你不会知道我们中国某些地区的老百姓还处于这样一种和上海完全不同的生存状态。

两年的援滇工作是我一生中难得的、宝贵的财富，经过这样一段对口支援的经历，不仅回来后我在工作上更加得心应手，而且明显感觉胸怀更加广阔，对中国的国情、对中国经济社会发展的不平衡、不充分的认识也更加深刻了。

牢记帮扶使命
与援滇事业共成长

高贺通，1964 年 5 月出生。现任中共上海市杨浦区卫生健康工作党委副书记、主任、上海市杨浦区中医药发展办公室主任，一级调研员。2009 年 6 月至 2011 年 6 月为上海市第七批援滇干部，任云南省普洱市人民政府扶贫办公室党组成员、副主任。

口述：高贺通
采访：毛信慧　李　璐
整理：李　璐
时间：2020 年 4 月 10 日

1996 年，中央正式确定上海与云南开展对口帮扶，两省市的对口帮扶合作进入了新的历史阶段。上海援滇干部走进云南，与当地干部群众手拉手、肩并肩，为促进民族团结、保持边疆安定和社会稳定，谱写了历史新篇章。

时间流逝，岁月更迭。2020 年，是上海对口支援云南二十四周年，是全面打赢脱贫攻坚战的收官之年，也是全面建成小康社会目标的实现之年。不经意间我们第七批上海援滇干部离开普洱已经十个年头了，当援滇往事早已成为我人生中一段无比珍贵醇香的回忆时，与当地老百姓之间割不断的大爱，则随着岁月不断沉淀，那些“亲身经历、亲眼所见、亲耳所闻”一幕幕浮现在眼前……

回忆起在普洱工作、生活的两年间，从位于北回归线上太阳转身的墨江哈尼之乡，到《阿佤人民唱新歌》发源地的西盟边陲山寨；从奉献一片爱心救助佤族姐妹，到开展卫生帮扶培养边疆医学人才；从牵线搭桥推动沪滇合作交流，到伸出援助之手抵御云南百年旱灾；从顺利完成“三个确保”整村推进项目，到绘就沪滇对口帮扶“十二五”规划蓝图……在这片纯朴厚重的红土地上，留下的不仅仅是我们殷实的足迹，更多的还有我们的情感和无限的希冀。

用心工作，在对口帮扶中锻炼自己

普洱，地域广袤、山川秀美。记不清多少次历经普洱市思茅区至澜沧、孟连、西盟“边三县”的来回公路，这条蜿蜒公路人称思澜路，顾名思义是思茅到澜沧的公路。一路崇山峻岭，山清水秀，仿佛徜徉在绿色海洋里。路边郁郁葱葱的梯田，此起彼伏的普洱茶园，绵延不断的橡胶林，绿油油的咖啡树，还有连成一片一片的板栗、核桃、芒果、木瓜、香蕉、甘蔗、菠萝、石斛，等等，热带经济作物应有尽有。从澜沧江沿岸到大山之巅，多种多样的经济作物依次按海拔的高低和各自环境的需要或成带、或成片，错落有致，充满着生机和希望。

2009 年 6 月，我作为上海市第七批援滇干部，到普洱市开展对口帮扶工作，担任普洱市扶贫办副主任。

沪滇对口帮扶与合作交流是中央推进民族团结、维护边疆安宁、构建社会和谐的一项国家发展战略。上海市援滇挂职干部承载着各级组织的信任、上海人民的重托、云南人民的厚望，使命光荣，责任重大。因此，我始终牢记组织的重托，迅速适应情况，积极主动开展对口帮扶工作。

到云南以前，我任上海市杨浦区卫生局党委副书记、纪委书记、副局长。面对工作环境、工作内容的巨大变化，我把学习新知识、适应新工作当作开展好对口帮扶的首要任务来抓。在工作十分繁忙的情况下，挤出时间，认真学习对口帮扶政策；深入基层，向实践学习，逐步积累对口帮扶工作经验；勤学好问，向群众学习，向老领导、老同志和当地干部请教。通过认真学习，在较短的时间里，领会了对口帮扶工作精神，掌握了对口帮扶方法，为全面做好工作打好了基础。

深入基层，掌握情况是做好对口帮扶工作的前提。2009 年 6 月，我一到普洱，就驱车近 3000 公里，前后历时 17 天，到 8 个对口帮扶县、21 个乡镇、43 个帮扶点调查研究，查看项目。调研中，我头顶烈日、脚踏泥泞，翻山越岭、走村串户，体察民情、倾听民声、了解民需，与县、乡（镇）、村干部群众同吃同住、同甘共苦，做到了情况在一线掌握、问题在一线分析、办法在一线寻找、工作在一线推进、感情在一线增进、意志在一线磨练、能力在一线提

高贺通（中）到对口帮困县体察民情、倾听民声、了解民需

高。通过调查研究，熟悉普洱风土人情，掌握普洱社会经济发展情况，掌握了对口帮扶第一手资料。

从我踏入云南的第一天起，我就把驻地当家乡，把自己当作是普洱人民的一员，积极主动地开展各项工作，为普洱的经济社会发展尽自己的一份力。一是全力实施帮扶项目，加快普洱脱贫致富步伐。在市级项目方面，2009 年、2010 年共实施完成上海市对口帮扶普洱市社会事业项目 7 个，援助资金 1150 万元；完成了上海市对口帮扶普洱市国家普洱茶产品质量检测检验中心、西盟县新厂乡完小等建设项目；启动了普洱市特殊教育部门学校实训中心、墨江县景星乡中心小学等市级建设项目。在区级项目方面，2009 年杨浦区对口帮扶墨江县、西盟县 22 个自然村实施“三个确保”整村推进，投入帮扶资金 840 万元，已按要求全部于 2010 年 3 月通过验收；2010 年杨浦区对口帮扶墨江县、西盟县 23 个自然村实施“三个确保”整村推进和产业扶持项目，投入帮扶资金 940 万元。

用心领悟，在挂职锻炼中提高自己

“清如水，诚无欺”，这就是对普洱市 26 个边疆少数民族生活与性格的真实写照！十年后的今天细细回味，依旧感动、感慨和肃然。

为期两年的挂职实践，使我与普洱市的广大干部群众建立了深厚的友谊，也从他们身上学到了不少知识，积累了许多工作经验。可以说感受很多，受益匪浅。一方面，开阔了视野，增长了见识。过去在上海工作，对边疆少数民族地区的情况知道得很少。这一次挂职，给我提供了熟悉国情的大好机会，学到了过去书本上学不到的东西，这在我个人的成长历程中非常宝贵。另一方面，丰富了阅历，增长了才干。通过挂职，熟悉了基层工作情况，掌握了一些基层工作方法，提高了做好新形势下群众工作的能力。

通过挂职锻炼，我深深地体会到：各级领导充分信任、关心关怀，上海派出单位鼎力支持、无私奉献，当地干部群众密切配合、热情帮助，是实现帮扶合作工作目标的力量源泉和根本保证。增强对口帮扶的使命感、责任感，坚持以人为本的理念，立足少数民族地区实情，深入贫困农村农户，认真开展调查研究，统筹兼顾，整合资源，注重沟通，主动协调，紧紧依靠当地干部群众，用真心、动真情、办实事、求实效，全力推进“三个确保”工作和集中连片开发，合力推进社会事业帮扶，倾力扶持特殊困难对象，是沪滇对口帮扶合作任务顺利完成的必由之路。

通过加强两地沟通联系，努力架起沪滇交流合作的桥梁，有件事至今令我印象深刻。

2010 年 9 月，得到杨浦区卫生局、长海医院伸出的援助之手，患有“原因不明肌无力”的 21 岁佤族姑娘娜办终于从千里之外的云南普洱边境山寨来到上海，如愿接受申城医学专家的会诊。杨浦区医务工会又通过募捐，为娜办筹集了数万元的交通、诊疗费用。

娜办所在的西盟县勐梭镇班母村爬街佤族寨，最近十多年里连续发现有 4 人患上了严重的“肌无力症”，其中两人已不能行走。经当地卫生部门进行流行病学调查，排除传染病和地方病。患者经当地医院诊治，久治不愈，效果不明显。娜办和她的姐姐娜满也不幸患病。娜办 8 岁起发病，先是小腿肌肉无力，然后到大腿肌肉，最后累及其他肌肉，病情症状朝轻暮重；眼睑下垂，步态不稳，四肢无力。姐姐娜满则完全不能站立行走。

当时，发生在国家级贫困县西盟县的这件“疾病疑案”，不经意间传到了我的耳朵里。时任杨浦区卫生局局长金其林率有关专家专程赴佤族寨子了解病情。经与第二军医大学长海医院充分沟通并委托进行医学会诊之后，杨浦区卫生局与当地县卫生局签订医学援助协议，即由患者及家属同意，娜办来沪接受沪上著名专家医学会诊，以期获得包括针对另外在滇 3 人在内的具体治疗建议。娜办一行顺利抵沪，患者随即住进了长海医院专门准备的病房。第二天上午，医院神经内科的 4 任主任——八十高龄的涂来慧教授、七十古稀的郑惠民教授、六十花甲的丁素菊教授和现任神经内科主任管阳台教授——4 位全国知名的“重症肌无力”专家，以前所未有的“会诊组合”一同来到了娜办的床前。

长海医院相关科室同样以最快的速度给患者做全身的各种检查，B 超、心脏彩超、X 光胸片、HOTLER、基因配血……一番检查后，曾经的“重症肌无力”或是“神经源性疾病”等诊断已被初步否定了。专家们表示，娜办的全身无力不排除是由甲状腺病所引发，也有可能是因为当地人畜共住感染寄生虫病导致的肌源性疾病，尚需要做进一步病理、遗传基因等检查。

时至今日，娜办姐妹俩那怯生生的眼神，还经常浮现在我的脑海中。尽管我所做的仍然十分有限，但在力所能及的情况下，能够帮助孩子，让他们能走出大山来到上海进行系统治疗，于我已是莫大的欣慰。

此外，我利用熟悉两地情况的优势，发挥专业特长，多方牵线搭桥，主动向上海市杨浦区和云南省普洱市两地党委、政府汇报工作、交流情况。落实计划外帮扶资金 249.9 万元；积极协调普洱市及墨江县、西盟县党政代表团赴杨浦区考察访问，参观世博会，举办人力资源专题培训，进修学习等共 14 批（期）221 人次；负责联系或接待杨浦区党政代表团、卫生交流代表团及复旦大学附属华东医院、妇产科医院、中华医学会上海分会援滇医疗队等赴普洱调研、考察、支教、支卫等 13 批 101 人次；签订《杨浦区卫生系统与普洱市卫生系统对口帮扶与交流合作协议书》等计划外对口帮扶协议 2 个，引进临床新技术 1 项，为驻地干部群众联系医学专家会诊 21 人次，选派普洱市卫生系统 5 批 30 名卫生行政管理和专业技术骨干赴上海进行为期 3 个月的进修学习，联系捐赠价值 34 万元的医用高压氧舱 1 台；2010 年 9 月 6 日至 21 日在上

◀高贺通（左中）座谈调研

海，举行了《伸出援助之手，奉献一片爱心》——杨浦区卫生系统帮扶云南西盟佤族肌无力姐妹行动暨专项医疗帮扶资金捐赠签约仪式，接送佤族姐妹娜办父女一行到上海第二军医大学附属长海医院进行医学会诊和住院治疗。圆满完成 2009 年云南省（上海）生物产业推介会、2010 年上海对口支援地区特色商品迎春博览会和在上海举行的第十届中国普洱茶节有关协调、接待、会务及参展工作。此外，我还在关键时刻挺身而出，积极发挥作用。2010 年，面对普洱百年一遇特大干旱，我主动向上海市杨浦区反映灾情，积极争取抗旱项目和资金支持。经多方努力，争取到抗旱救灾专项资金 20 万元，帮助灾区建设计划外水利设施 2 个；帮扶贫困学生、残疾儿童 5 人次，向贫困家庭捐款及缴纳抗旱救灾等特殊党费 3300 元。

两年的对口帮扶经历，我深知自己的付出是极为有限的，但享有的精神财富却是无限的。我深感有机会把自己的足迹，深植山村之中、贫困之地，才真正地体会到“苟利国家生死以，岂因祸福避趋之”的真谛。

用心思考，对口帮扶工作建言献策

在普洱，时间是最奢侈的；同时，也是最易得的。说奢侈，是因为挂职时间有限，两年、24个月、730个日夜，而且再难续缘；说易得，是因为我所在挂职部门和谐、宽容的人文环境，我除了负责落实上海对口帮扶普洱市级建设项目、杨浦区对口帮扶墨江县、西盟县援建项目、考察调研扶贫开发工作或参加会议之外，领导并没有给我再多的工作任务或过高的工作强度。由此，我可以计划和安排的时间是较多的，这给了我再学习、再思考、再沉淀的机会。

两年间，我努力做一个有心的人，坚持经常到贫困山区看一看，到贫困乡村走一走，到农户家坐一坐，了解他们发愁的是什么，急需的是什么，盼望的是什么，用心来访民情、知民意；努力做一个真心的人，把贫困群众的事情看得比泰山还重，还有哪些难处需要解决，哪些工作需要改进，哪些心愿需要满足；努力做一个诚心的人，见微知著、信守承诺，诚心诚意帮助贫困群众解决实际困难，用心来惠民生、聚民心。

我坚持理论联系实际，在深入调查研究的基础上，对如何进一步做好对口帮扶工作进行了深入思考。由于多种致贫因素交叉作用，未脱贫地区贫困程度更深，脱贫难度更大；少数民族贫困人口呈区域性分布，多聚居在生产生活环境恶劣、边境沿线、行政区域交汇和产业覆盖遗漏地区。根据这个实际，我对今后的沪滇对口帮扶提出几点建议：

一是要连片开发，以整乡推进为重点。把扶贫开发、对口帮扶工作纳入乡镇经济社会发展"十二五"总体规划中，突出改善"四个基本"条件，总体谋划，分步实施，整乡推进，科学发展。二是要集中集聚，以整合资源为抓手。把中央的、省市的、社会的、世界银行的、外资的扶贫资金与项目，打破格局，统筹安排，有效整合，放大扶贫综合效应。三是要扶持产业，以农民增收为关键。农村脱贫，关键是因地制宜，注重实效，加大产业扶持力度，创新产业发展机制，实实在在增加农民经济收入，真正探索出一条"推广一项技术、发展一个产业、带动一片经济、富裕一方百姓"的产业化扶贫之路。

要说挂职两年的真实感受究竟是什么？一个字："难"，即人生旅程中一次难得的机会、一段难忘的经历、一份难舍的眷恋。这里为自己提供了看似宽松、实则井然的工作、学习和生活环境，让每一名援滇干部的收获成为自身修炼的结果。这里提供用武之地，也提供时间，令我贴近和走进最真实的中国贫困农村，静下心来进行社会观察：秀美山川的背后还有贫穷，还有贫困，对口帮扶任重而道远！

回想起最初接触对口帮扶合作交流具体工作时的无从下手，到后来制定整村推进计划、编制整乡推进规划以及帮扶资金管理、帮扶项目推进的游刃有余，这一切无不见证着我在普洱挂职期间对对口帮扶与合作交流工作理解的“化蛹”和“破茧”。

在我看来，援滇是一段终生难忘的经历，更是一泓取之不尽的精神源泉。我深知沪滇对口帮扶与合作交流工作的意义，援滇干部的使命任重道远。感谢这段充满无私大爱的岁月，让我前行的脚步更加潇洒从容。希望我们能在这条路上继续前行，因为爱是永不止息的。

难忘普洱，我人生旅程中的一所心灵驿站；难忘普洱，我记忆相册中的珍贵一页。“一份历练，感悟久远”。在普洱度过的岁月，虽已流逝在人生的长河里，但点滴堆积而来的深刻印记，业已聚沙成塔。我们会用理想和信仰还内心以安宁和平静，在人生的旅途上留下美好而坚实的足迹！

援滇岁月　重拾的不只是回忆

郑佐华，1968年2月生。现任上海市杨浦区委统战部副部长，一级调研员。2011年7月至2013年5月，为上海市第八批援滇干部，任云南省普洱市人民政府市长助理。

口述：郑佐华
采访：冯丹丹
整理：冯丹丹
时间：2020 年 3 月 26 日

云南普洱的西盟和墨江两个国家级扶贫开发重点县，是杨浦区第八批援滇干部的新家。用彩云之南的普洱山歌来直接表达，那种情感就是“每天想你无数回，想你想得掉眼泪，因为山高路又远，因为水深要架桥；我愿变成一只小鸟，飞到你的身边，因为山高路又远，因为水深要架桥”。在云南普洱，当时有约 95 万人的年人均纯收入低于 1196 元。这里还有许许多多个百姓需要关心，还有许许多多个家庭需要帮助。

倍加努力　积极投身援滇帮扶事业

时光倒退回到 2011 年，虽然任职普洱市市长助理，但我的主要工作内容和其他在普洱的 4 名沪上干部一样，要对口帮扶两个县：西盟和墨江。

当时，我们第八批援滇干部为了组织交付的这份光荣事业，克服困难，尽己所能，默默奉献。我作为普洱联络小组 4 名成员的组长，一心扑在工作上，跋山涉水、走村串寨，两个半月跑了 5000 公里山路。通过集体调研、项目勘察、专项论证，掌握了大量对口帮扶和扶贫开发的第一手情况，为做好下一步工作打下了扎实基础。在我的鼓动下，我的妻子和女儿利用暑假到西盟县，与贫困家庭的青少年开展结对帮扶，为孩子们送上精美的文具。这也是我们家庭连续十多年，通过不同形式开展的爱心志愿帮扶接力行动。

根据对口帮扶工作的要求，我们下移工作重心，在基层一线的乡村，脚踏实地地推进产业扶贫和社会事业项目。看到百姓生产生活条件有所改善，心里有说不出的高兴；他们也向我们投来感激和赞许的目光。2011 年 8 月 13 日下午，上海市党政代表团到来时，西盟县勐梭镇班母村的佤族山寨欢腾了。佤族山歌和水酒在人群中传递，淳朴、热情、豪迈，生生不息。雨过天晴，一群佤族小女孩，自发地簇拥在佤楼旁，用她们天籁般的歌声，欢迎远方的来宾。她们坚韧、乐观、热情，深深地感动着我们。我们尝试着开通微博，向以关注贫困为主题的摄影大赛投稿，向公益慈善机构咨询项目，向社会爱心人士募集资金，目的是为了让全社会更多的人关注扶贫、支持扶贫，帮助边疆山区的百姓群众尽快脱贫致富。

走进寨子　常遇热忱欣慰之事

那是我到普洱大概五个多月的时候，经常走村串寨，有时会猛然有一种欣慰的感觉。2011 年 9 月 14 日，我们来到墨江哈尼族自治县通关镇的卡房村。这个村有居民 38 户，17 户原住民和 21 户移民。我们随机走访了两户农户，一家为原住民，一家为移民。今年玉米大丰收，两家的二楼和院子里都堆满了玉米。每家猪圈都很大，养了很多猪。其中一家年出栏数近 600 头，另一家也有 120 多头。鸡也养了很多。看得出来，这儿的村民很勤劳，很能干。站在村口，看着新老居民和谐共处、共同发展，我很欣慰。

到西盟佤族自治县已是三次，第一次在各县调研对口帮扶工作时，墨江的钱勤副县长谈困难时就提到实施项目时面临劳动力不足的问题，现在的年轻人大多外出打工而不愿意回来。后来在许多村寨确实看到了年轻人很少的现象，心里就很纠结。年轻人外出打工是好事，但祖国的边疆同样需要有人建设。9 月 17 日，我第一次去 2011 年整村推进的项目点翁嘎科乡英侯村。在英侯村村口，我们见到村书记和村主任。赵书记是老书记，在村里很有影响力。村主任岩康 25 岁，村副主任岩生 21 岁，两人都是当兵转业回来，都很有干劲。听岩

郑佐华分享园区管理经验

康介绍，翁嘎科乡这几年大力支持橡胶产业发展，村里的大多数农户都有橡胶林。他家有 20 多亩，有些明后年就能开割了。我问岩康村里年轻人的事。他说现在已经有年轻人陆续从外面回来，等大多数橡胶树开割了，大多数年轻人都会回来的。到外面闯荡几年，看一看，学一学，再来建设自己的家乡，一定会更好。这让我感到很欣慰。

10 月 15 日，我们来到了孟连傣族拉祜族佤族自治县娜允镇的芒街村。孟连在傣语中是“寻找到的好地方”的意思。这次我陪几位杨浦区的领导考察，路过孟连时，和孟连的刀锋县长联系了一下，他正好要去芒街村，约我们一起去。这儿的很多干部会在休息日去村寨，一边和老百姓交流，一边布置工作。芒街村是娜允镇要重点打造的民族特色村，各方面条件都比较好。全村 650 多户人家，2000 多人，以傣族为主。中午吃饭交流时，我了解到，这村的现任书记、主任岩爱，是佤族人，担任村主任已经二十多年了，顿时生出很多感慨。一个佤族人在一个傣族寨子担任村主任二十多年，要么是佤族人“那江三木落（意为公平公正）”的精神，要么是傣族人那任人唯贤的态度，更是两者的有力结合。这一刻，看到民族和谐团结融为一体，我很欣慰。

事实上，在普洱，进寨子常常会遇到这样的欣慰事，我们上海援滇干部为能在这儿工作两年而感到欣慰。

坡永记忆　从修一条水泥小路开始

2012 年 6 月的一个凌晨，普洱的天空雷声不断，雨开始哗哗地下，为期近四个月的雨季开始了。我从梦中惊醒，猛然想起两百多里外的山村坡永。那里的百姓将如何度过这漫长的雨季？好不容易熬到早晨六点，我拨通了西盟县翁嘎科乡岩跨书记的电话，了解坡永的相关情况，并希望他能告诉我应该做些什么。

那是 2011 年的 9 月，我随西盟县的扶贫办主任李鹏程和翁嘎科乡的岩跨书记等来到这个离开县乡公路还有 10 里山路的山村。这时的雨季还未结束，只是刚好放晴了几天，三菱越野车能够穿过一段泥泞开进来。

坡永村在一座高山的中部，120 多户人家。分成四组，佤族一、二、三组在村的上头，拉祜族在村的下头，相距约一公里。整个村子除了两三幢未拆的砖墙房子外，只剩下三三两两搭在一起的简易临时木头房，用于住人和堆放粮食。

当时的场面，让我着实吓了一跳。按照我估计，老百姓至少还得在这样的木头房里住上三个月，真是能吃苦啊！岩跨书记向我介绍，这是翁嘎科乡第一个整村推进、拆除重建项目，好处是整体规划、布局合理，坏处是工作量太大、项目进展难以控制。走完所有规划范围区后，我们又在项目公示栏前停留了很久，以便更详细地了解推进情况。

根据坡永村民的生活状况和当时的总体资助水平，规划每户建造 45 平方米左右的平房，可抗六级地震，可加层，建造成本为 3.5 万元。按照上海项目的支持力度和其他方面的资金来源，每户老百姓还需自筹资金 1 万元。公示栏显示，只有很少部分村民上交了 1 万元，多数在三四千元，不少村民一分未交。在备注栏，有的还写着等卖猪后上交。我只能嘱咐李主任和岩跨多想想办法。

11 月，我又去了一次坡永。路已经干了，好走得多。坡永的项目已经动

郑佐华（左二）在项目建设现场

工，不过只有零星的几处，红砖特别紧张，买不到。当时全市的项目不少，都在抢在好干活的旱季开工。我埋怨岩跨，怎么不提前考虑，说完就后悔，其实他的压力够大了。

来年 3 月去的时候，村子的整体轮廓已经有了，部分房子就差加顶了。但我又意外发现，不少房子的前面又搭出了形形色色的简易木伙房。通过随机走访几家村民，发现木伙房是他们的生活必须场所，也是薪火传承的重要地方。当时在整体建造时未考虑到这一合理需求，需要立即补上。最后拿出的方案是，由乡里拿出几个具有民族特色的方案供村民选择，从项目经费中拨款，每个伙房提供 3000 元补助。经过我随后的沟通协调，在杨浦区合作交流办的大力支持下，从 2012 年杨浦区政府捐助项目中解决了相关资金。

2012 年的 10 月，我从一条新开的县乡公路进坡永。西盟县委县政府为了使老百姓出行方便，规划建设了一条从县城经过坡永，再到翁嘎科乡政府的公路。路虽然未完工，但好歹能走，近了不少。从最近的山坡望去，能看到拉祜族的新房，白墙蓝瓦，很是醒目，让勐梭这边未改的村子羡慕不已。进了村子，新房依山傍水、错落有致，村的主要道路、串户路全部“硬化”。佤族组的伙房外全部装上了牛头，拉祜族伙房外则按上了葫芦，民族特色鲜明，真的

郑佐华（中）和西盟坡永百姓谈未来

让人眼前一亮。村里的那几棵百年大青树更加郁郁葱葱。那天全村的老百姓几乎都出动了，那场面真是热烈！

和老百姓座谈时，大伙儿又提出要规划养猪场地，支持咖啡产业等。我们都表示支持。同时我也提出要求，希望坡永村民多走出去看看，更加努力，成为翁嘎科乡未来发展的亮点。

2013 年 6 月离开普洱前，我陪着上海市考核组回到坡永。总的来说，村民条件有改善，生活有进展，但未来坡永发展产业的路更需要让老百姓去探索。

授之以渔　建仔猪繁育点降低售价

到西盟县的调研，围绕的全是产业。我们的工作目标是，让村村寨寨都有致富项目。我所在的翁嘎科乡坡永组，是 2011 年项目和上海党政代表团捐赠项目建设的重点，也是西盟县党委、政府的建设重点。这是一个离主干道很远的寨子。我认识到，这几年，普洱老百姓有发展产业的紧迫感和强烈愿望。而我的感受是，发展产业一定要尊重老百姓的意愿，并学会引导老百姓。只有农民有积极性了，才能干好农业工作。他们提出，农村家庭要养猪，要建猪圈。一些有技术的家庭，提出要养母猪。同时，很多人提出要种咖啡。这些想法应该支持，也可以支持，因为这几年普洱咖啡的品牌不断扩大，咖啡的价格稳步提升，普洱市政府也确定咖啡产业作为今后重点主抓的方向。同时，我也建议翁嘎科乡要及早做好整个乡的咖啡产业规划，尽量做到有规模效应。

当时，生猪养殖扶持项目的操作方式大多为给每户村民每年发放800至1000元，以帮助他们购买生猪。但项目跟踪过程中，我们发现，很多村民直接杀猪吃肉，帮扶的价值得不到充分体现。我就想通过与翁嘎科乡当地干部交流，双方设想用建设繁育示范点的模式，满足当地村民的生猪需求。

2012年，上海援建资金拨款27万元，示范点承包者岩木自筹40余万元，启动了繁育示范点。示范点的主要作用是向班弄村村民提供培育出的小猪。一方面，村民每购买一头小猪的花销中，有50元来自上海援助资金；另一方面，由于免去了运输成本，示范点的猪价远远低于市场售价。

西盟县的第一个仔猪繁育示范点名声大噪，很多其他村镇都提出要求，希望仿照此种模式。

见缝插针　玉米地种1万棵坚果树

从2012年开始，西盟县的百姓便对一处特殊的田地满怀期待。在仔猪繁育示范点不远处的山地上，一大片澳大利亚坚果树正沐浴着阳光。坚果树是在玉米田里见缝插针地种植的，最终产生的收益却可能远远大于玉米。为了这个项目，我从扶助资金中“挤”出了30万元，购买树苗种植在班弄村541亩农田中。

正常情况下，即便活七年后进入丰产期，目前种植的1万棵树苗也仅能满足本地市场的需求。这就已经很好了，种植的收益和百姓的生活需要都能兼顾。2012年年初，当西盟县的扶贫办主任李鹏程拿着东奔西跑调研来的项目申请书向我描述未来的收益时，我几乎没有犹豫。我当时预估了一下，每棵树年产值800元，远高于玉米。坚果上市后，每斤售价可达20元。即使种植规模较小，也能让农民看到效益。

当时还处于试种植阶段，如果情况良好，后续可以增加种植面积。一切根据实际情况决定。我当时甚至希望，八年后，李鹏程能把一些丰产的坚果寄到上海，以此作为项目后续的跟踪。

回程之途　数十乡亲赤脚 5 公里冒雨相送

2016 年 6 月 14 日早上 8 点半，我从普洱市出发，前往下属的西盟县翁嘎科乡。不到 10 天后，便要正式结束两年的援建工作。但我那几日的主要工作并不是打包告别，而是想再去几个项目点看看推进情况。

西盟是国家级贫困县，虽然经过数年帮扶发展，但当地经济基础仍显薄弱。正因如此，我花了更多精力。2012 年，普洱得到的上海统筹帮扶资金约 5900 万元。在资金有限必须精打细算的情况下，年度扶贫项目的确定必须慎重。钱花了，要让百姓看到实惠。修一条村寨通向城镇干道的水泥小路，建造村级文化中心，让寨子里的村民不必在露天环境下操持红白事……这些小微工程，在我看来，却意义重大。

我当天的第一个目的地，是高山上一个仅有 53 头母猪的仔猪繁育点。从普洱市区出发至翁嘎科乡班弄村仔猪繁育示范点，约 400 公里。路途全程，几乎没有连续 100 米的直线道路。越野车在近乎 90 度弯道的山路间穿梭，不时能看到塌方造成的碎石土块堆在道路上。

我们这批援建干部算是幸运的。近两年，普洱市与各县之间基本都开通了二三级公路。而在此之前，泥土路几乎占据了路网的全部。曾经有一位援建干部，从县里返回时，前后遭遇塌方，不得不在车中熬过一晚。

西盟的众多小微项目中，最让援滇干部引以为傲的是自然村重建。也正因为如此，我把自己向西盟县告别的最后一站，锁定在翁嘎科乡垄坎村戈斗下组。这个仅有 57 户村民的寨子，即将盼来乔迁新居的一刻。淡灰色的瓦片屋顶，还预留出了悬挂牛图腾的位置。每户住宅面积大致为 60 平方米，建造工程还包括房屋内部装修。从 2013 年 1 月起建至 2016 年 6 月，57 幢民居住宅已经完成了主体工程建设。

相对于其他项目，重建村落所需资金较多。不过，它也是能让百姓受益最快的。在拥有 50 余个自然村的翁嘎科乡，上海帮扶的同类项目已超 34 个。截至当时，仍有诸多需要后续完善的工作。除了新建房屋外，村落中还应为每户村民配备猪圈、伙房，甚至淋浴间。这种规划，已在援滇干部中达成了普遍共识。未来，家家户户门前果树飘香、绿草茵茵，甚至还有各自的独立车库。站在村口，我还在描绘我心中憧憬的寨子模样。

不忘初心，筑梦彩云之南

沈昕，1970年11月生，民建会员。现任上海市杨浦区科学技术委员会副主任、民建上海杨浦区委副秘书长。2013年6月至2016年6月，为上海市第九批援滇干部，任云南省普洱市招商合作局副局长。

口述：沈　昕
采访：邓恢祯　吴晓伟
整理：邓恢祯
时间：2020 年 3 月 12 日

2013 年 6 月，我经组织推荐，被选拔为第九批援滇干部，作为杨浦区驻普洱联络员，担任普洱市招商合作局副局长，对口支援西盟县和墨江县，这也是对口帮扶云南近二十年来第一次选派民主党派干部挂职。在援滇期间，我主要是在扶贫帮困、捐资助学、职业教育培训、特色旅游和名贵中草药培植基地领域开展帮扶工作，2015 年被云南省扶贫开发领导小组评选为“2014 年度云南省扶贫开发工作先进个人”，2016 年被普洱市人民政府记三等功一次。

初至普洱，沉身察民情

云南省普洱市位于我国西南部，国土面积 4.5 万平方公里，是云南省最大的州市，辖一区九县，人口 257 万，少数民族占大多数。普洱历史悠久，西汉时期划属永昌郡，清雍正七年（1729 年）置普洱府，后历经迤南道、滇南道、思茅市等名称变化，2007 年改名普洱市。普洱的主要特点是：生态环境优越，地处低纬度、中海拔，气候宜人，四季如春，年平均气温 18.9℃，中心城区负氧离子浓度在每立方厘米 2000—12500 个之间，被誉为“天然氧吧”“绿海明珠”。生物种类丰富，生命生态系统完整，提供生态产品的能力强，森林覆盖

普洱村寨

率达 68.7%，拥有高等植物约 5600 种、动物约 1500 种，对维护我国生物多样性、构筑西南生态安全屏障，具有重要作用。自然资源丰富，红河、澜沧江、怒江三大水系流经普洱市，水能蕴藏量 1500 万千瓦。林木蓄积量 2.69 亿立方米，林下资源中已知药用植物达 1000 多种。境内发现金、银、铅、锌、铜等各类矿产四十余种，占云南省发现矿种的 30%。民族文化多样，普洱市除思茅区外，其余九县均为民族自治县。共有 26 个民族，少数民族文化底蕴深厚，特色鲜明，丰富多彩。依托自然生态和资源环境优势，初步形成以茶叶、咖啡、生物医药等为主的特色生物产业，及现代林业、水电业、旅游度假业、矿产五大产业集群。其中，茶叶、石斛的种植面积、产量、产值等均居云南省第一，咖啡面积、产量、产值均居全国第一。普洱近年经济增速较快，但基础薄弱、总量偏小，在云南省 16 个州市中排名靠后，农业产业化程度低、工业化水平较低、服务业落后，基础设施严重滞后。

我对口支援的西盟、墨江县长期处于贫困状态，但这不单纯是经济贫困、文化贫困的问题，由贫困所派生出的新的医疗、社会等问题也成为该地区摆脱贫困、实现经济社会持续发展的障碍。由于历史和自然条件等原因，西盟和墨江没有能得到很好的发展，陷入了贫困的泥潭。一方面贫困导致地区的教育资源和师资力量落后，下一代和其他地区同辈相比就会有更大的差距，从而使得即使接受了本土教育的人也无力改变自己的贫困地位。另一方面，由于知识水平落后和医疗资源的匮乏，本地区村民疾病多发且治愈周期长，治愈率低，多发的疾病和较长的患病周期又会浪费有限的地区资源。资源总量的降低又会使得教育投入减少。这样，教育、疾病、贫困这三者形成了一个恶性循环系统，这个系统在不断消耗已有的资源和能量。所以一味地往系统里投入资源，还是难以在根本上改变贫困地区的落后状态。

教育帮困，扶智拓思路

针对教育方面的问题，三年来，通过多方沟通协调，我们团队共计帮扶贫困学生 187 人，涉及帮扶资金 56 万元。我个人也帮扶多人。其中最让我记忆犹新，至今已经成为我们家庭一员的普子臣（男）出生于 1998 年 5 月，家住普洱市墨江县。这孩子是个孤儿，由 60 多岁的奶奶单独抚养。第一次见他的时候，感觉他非常瘦小，看上去完全不像个高一的学生。可能是这个孩子和我女儿一样大吧，我发自内心想帮他。就这样我们就结缘了。普子臣从小父母双亡，右手又有 5 级伤残，所以他的学习基础要比同龄的孩子差很多，虽然他非常努力，但常常跟不上同班同学。为此我也非常担心。回沪期间我和老母亲谈起了普子臣的情况，我说母亲您现在已经有了一个孙女，是不是再想有个孙子呢？要不您从学习上和这个小孙子结对，我来关心他的生活，我们共同把这个孩子培养长大。我给了普子臣一个二手的手机，加上了老母亲的微信，就这样一个跨越时空的忘年交，通过手机联系在一起了！“奶奶，我很努力了，但这个英文单词就是记不住。”“奶奶，是不是我比别人笨啊，您能不能教我一些好的学习方法。”“奶奶，我不太敢和别人交流，总感觉别人会看不起我。”祖孙之间的交流是有效的，孩子变阳光了，成绩上来了，身体也健康了。2017 年普子臣顺利考上了云南省林业职业技术学院，成了他们村的第一个大学生。当年墨江县全县考进大学的有 31 人。最近他们祖孙又在商量择业的大事了。

2016 年清明节小长假，我和普洱市政府副秘书长杨绍武一起驱车两个多小时赶了 100 多公里的山路到宁洱县贫困山区的一对姐妹花家里家访。

山路弯弯，景色优美，由于缺水，山边的庄稼长得不怎么好。姐妹家中刚刚在亲戚的帮助下搭建的厨房，虽然是新建的，可用的还是石棉瓦。父亲杨春伟由于工伤，根本干不了重体力活！姐姐杨忠健，在宁洱县一中读高二，年级里 256 人，排名 53 名，感觉学习物理比较吃力；妹妹杨忠羽在宁洱县勐先中学读初二，年级 165 人，排名 11。一对淳朴的夫妻，由于缺乏劳动力，全年的家庭收入不到 4000 元，知道我要去还把家中的鸡给杀了，一定要我吃。和他们一家人认真交流后，我放下给姐妹俩的助学款，准备回去，善良的妈妈还硬赶着要把家中自己做的腊肉送给我。看着这么善良的一家人，我心中百感交集，希望他们早日脱贫致富。可惜这样一别，就再也没有机会去看望他们了。在偏远山区，当你面对贫困的时候，你会感觉人类太渺小了，渺小得也许你什么都做不了。离开的时候我悄悄给她们姐妹俩留下了 4000 元作为学习及生活费，援滇结束回到上海后，每年她们的学杂费我都托当地的扶贫部门进行转交。现在这对姐妹花分别都考上了心仪的大学。

基建改造，扶贫新面貌

2014 年 5 月的一天，我陪同时任上海市杨浦区区长诸葛宇杰带领的党政代表团来到普洱市西盟佤族自治县勐梭镇秧落村博航 9 组。该村民小组是佤族聚居的小组，共有 28 户 95 人，主要以种植茶叶、甘蔗、谷物和玉米为主，2013 年年人均收入 2132 元，代表团一行慰问并了解该村群众的衣、食、住、医等情况，为特困群众岩领、岩所送去被子、大米、食用油等日常生活用品，鼓励他们发展好生产，早日脱贫致富。

慰问完特困群众后，诸葛区长把我叫到一边语重心长地说：“2013 年 11 月，习近平总书记到湖南湘西看望慰问困难群众时强调‘我们在抓扶贫的时候，切忌喊大口号，也不要定那些好高骛远的目标。’”目前杨浦区对口帮扶云南省普洱市西盟县，就要按照中央和上海市委的要求，扎扎实实做好西南少数民族贫困群众的帮扶工作，满足他们的基本需求。

带着领导的嘱咐，百姓的期盼，我在一年多的时间里先后 26 次下西盟县，与上海市合作交流办、杨浦区合作交流办、普洱市扶贫办、西盟县委县政府共

建设中的扶贫项目

同协商研究扶贫攻坚规划。2015 年上半年，西盟县扶贫规划得到了云南省政府的批准，即到 2016 年 12 月 31 日，西盟县完成 11333 户贫困群众的房屋及基础设施的改建工作。值得庆幸的是，岩领、岩所所在的村 2015 年 5 月已被纳入了改造范围。

一年多的时间里，我积极协调帮扶项目资金 2000 万元，计划外资金整合 440 万。组织实施整村推进项目 20 个，新纲要示范村项目 4 个，产业发展项目 4 个，教育项目 1 个，卫生项目 7 个，资助贫困高中生 50 人。在项目扶持上本着以农民基础设施建设为本，以农民增收为主，积极开拓创新扶贫工作思路，积极扶持农民专业合作社。扶持力所咖啡农民专业合作社，发展咖啡种植，合作社取得了“欧盟四星验证”资格；以整村推进项目为平台，在力所乡南亢村玉体村民小组建成佤族文化特色的民居住房，整合实施组内主干道路与入户道路全面“硬化”及排水沟建设，配套建设猪圈，扶持甘蔗产业发展。种植甘蔗想要产量高、糖分含量高首先要选对种植的甘蔗品种。在西盟的扶贫和乡村振兴示范点，通过与省科技厅的技术合作应用“云蔗 08-1609”“云蔗 05-51”配套全膜覆盖轻简栽培生产技术，实现示范点亩均增产 2.1 吨，较好带动了全县甘蔗高产栽培技术的应用推广。绿化组内环境，达到村庄亮化、村貌整

改造后岩领的家

洁的美丽村庄标准；以佤族民族文化为基础安排 150 万元用于秧落村博航十组发展佤族民族文化产业，为旅游业发展打下基础；拓展了产业发展思路，安排新纲要示范村项目资金 150 万元用于建设勐梭村小寨，扶持具有傣族特色的乡村农家乐，以旅游业促餐饮业发展，带动 44 户农户发展具有集民族文化、歌舞、饮食为一体的庄园民族餐饮业；积极与云南安得利农材科技有限公司协商运行管理模式，达成共识，采取“公司 + 农户”管理模式，扶持农民与公司共同发展灵芝等药材产业，拓宽了农民增收项目。

2015 年 12 月，我再次来到西盟县勐梭镇秧落村博航 9 组。这里的村民家家都住上了新房，随着种植、文化、旅游、餐饮等产业的拓展，老百姓的收入增加了，佤族兄弟笑了。

转变观念，发展出实招

2014 年，我们在墨江县以强化基层服务型党组织建设为重点，大胆探索，力推强基惠农“合作股份”，变“输血式”被动扶贫为“造血式”主动发展，全力激活村集体经济“造血”功能。积极引导各村按照“一村一品”的发展思路，依托自身资源、寻找发展途径。通过集体承包土地入股、整合闲置资产、引导农民入股等方式大力发展种养殖业、各村特色产业，并以房屋出租等方式“唤醒”沉睡的优势资源，激发村级产业发展活力，促进农民增收致富，有效消除村集体经济“空壳”现象。之后的几年里，墨江县呈现文武镇曼兴村发展橡胶产业、通关镇景坝村茶园出租、新抚镇白沙村发展养殖业、龙坝镇打东村房屋出租等“百花齐放”的喜人景象。

因为贫困，当地村民有一点“懒”。为进一步增强村民“坚韧不拔、自强不息、勇于开拓”的意识，激励村民小组之间争先创优，进而培养集体主义观念，我们探索制定了《普洱市西盟、墨江县整村推进先进集体评选办法》，实行精神奖励和物质奖励相结合的原则，奖励费用由上海市杨浦区合作交流办负责落实。工作经费供获奖的村民小组在下一年度产业项目的确定、建设和发展中，需要外出学习交流、聘请农技专家讲课、购买种苗、种畜等方面使用。《办法》从2014年1月实施以来，老百姓的“投工投劳”积极性大大提高，从中出现了很多因地制宜的施工方法和节约施工材料的合理措施，效果显著。墨江县联珠镇的产业以普洱茶种植、生产、加工为主，该镇的茶叶由于采用了不打药、全生态的种植方式，品质非常高。但由于不打药，每年头春茶采摘的时候各种虫特别多，严重影响了茶叶产量。通过农技专家的专业辅导，杨浦区合作交流办的大力支持，他们探索出一条在生态茶园中饲养镇沅瓢鸡的林下养殖方案，瓢鸡的饮食习惯非常适合在茶园里饲养，它只吃虫，不吃茶叶，鸡粪更是最好的有机肥料。就这样，新型立体种养殖产业链形成了，当年的收入直接翻番，并向全县及周边县进行推广。

扶贫的核心是发展产业。抓实产业，就是要在产业发展过程中，紧密结合当地的发展战略定位和特点、特色和优势，重点突出地科学谋划好产业发展工作。抓实产业，就是要在产业发展的具体措施上，始终立足资源优势，高起点地搞好产业发展规划并拿出具体措施，有效破解制约发展的难题，切实提高发展的质量和水平。产业发展的重点是规划，为切实帮助普洱的规划发展高起点、高标准，我通过积极协调，引进上海经纬规划设计研究院有限公司、北方工程设计研究院有限公司上海分院两家企业为当地产业发展做规划。

做好规划后，我们做了三件事情。一是开展高原的特色农业培训。针对打造国家绿色经济试验示范区培养和储备人才，普洱要发展绿色生态旅游业，人才缺口在5万人左右，其中80%以上是从事服务业的中层和基础服务人员，加强服务人员的专业技能培训刻不容缓，尤其是厨师、点心师、水电工、汽车维修工、电脑宽带维修工等。同时要加大引进复合型人才，尤其是酒店管理、旅游管理、会展策划、会计、电子商务、旅游外语、烹饪、西餐和餐饮管理等中高级人才。开展校校合作，寻求资源互补。沪滇两地职业学校按照自身优势，强强联合，积极开展校校合作，实现优势互补。普洱市的职业学校将学生最后一年的学习实践安排在上海对口的职业技术学校进行。根据需求安排教学计划和专业实习，在真正意义上实现师资和教学资源的共享。鼓励校企合作，培养实用型人才。鼓励来普洱投资的大型企业在投资前期与学校进行沟通和对接，有针对性地为企业培养实用型技术人才。这种合作针对性强，培养出来的学生适应性强，就业稳定性好。

二是搭建商业信息和特色农业交易平台。将外界的信息引入原本相对落后的地区。通过这种信息引入，打破原有固化的恶性循环模式，促进该系统的变化和适应。一方面可以帮助地区经商者和农民看到并获得更多的机会和信息；另一方面可以宣传本地区的特色农产品和农业发展，从而发展出具有自身特色的农业和商业产业。通过杨浦区合作交流办与上海市合作交流办、上海市商务委、云南省沪滇合作促进会和光明集团等部门共同的努力推进下，“云品入沪”平台于2015年正式建立使用。该平台以培育云南特色产品，发展基地和生产商，拓展销售渠道为宗旨，近年来逐步拓展到西藏、新疆、贵州、青海等地区。

三是大力宣传卫生和预防保健知识，提高村民科学文化素养。提高贫困地区人口素质、改变传统落后的思想观念是改变贫困地区的关键。提高贫困地区百姓的卫生保健意识和科学文化素养是任何理论体系下都必须做的重要工作之一。经济的发展、教育的普及、卫生习惯的养成都必须以人为中心和基础，只有提高村民的自我卫生意识和自我学习意识，才能从根本上解决贫困的问题。

贫困，究其原因是机会分配的不平均，这是个非常复杂的社会问题。为了解决这个问题，我们不应该简单地去给予他们机会，而是要帮助他们培养自己的能力，以便有一天他们可以以自己的能力来帮助自己乃至为他人创造机会；我们不应该简单地投入金钱去进行硬件建设，而是应该投入时间和心血，去改变人们的思维观念；我们的重点应该是放在人而不是物上。

惜别普洱，边疆情难忘

三年下来，西盟县共进行了 20 个整村推进项目、5 个纲要示范村项目、3 个产业项目。墨江县进行了 23 个整村推进项目、2 个纲要示范村项目、6 个产业项目。回顾三年来的工作经历，我最大的收获在于经受了艰苦生活和环境的锻炼，净化了思想，提高了精神境界。尽管我在工作中付出了许多艰辛，也曾遇到过许多意想不到的艰险，有过惊吓有过害怕，亲身体验了扶贫帮困的种种艰难和不易；家中也曾碰到过这样或者那样的困难和问题，有过牵挂和对家人的愧疚。但正因为这些，磨练了自己的意志，提高了自己的办事能力。当你踏进村民那摇摇欲坠、家徒四壁的茅草房，面对衣衫褴褛的村民那期盼的目光，你的心灵会受到震撼，什么个人得失、工作和生活的种种困难和不如意之事，相比之下都显得那么渺小和微不足道，有的只是沉甸甸的责任，唯有努力去工作，才是回应人民群众对我们殷殷期盼的唯一行动。正是在这种走村串户、访贫问苦的过程中，我的心灵得到了净化，与边疆少数民族群众的感情日益加深，工作的干劲得到了进一步激发，精神境界也得到了逐步的提高。

我当“吆喝县长”

张国权，1966 年 9 月生。现任上海市杨浦区大桥街道党工委副书记，二级调研员。2016 年至 2019 年，为上海市第十批援滇干部，先后任云南省普洱市扶贫办副主任、党组成员，楚雄彝族自治州政府副秘书长，南华县县委常委、副县长，丽江市政府副秘书长，玉龙县县委常委、副县长。

口述：张国权
采访：孙爱云　甘礼诚
整理：孙爱云　甘礼诚
时间：2020 年 1 月 16 日

梦牵魂绕他乡处

我对云南有着特别深厚的感情。

1983 年 11 月我参军，就跟随部队开拔到了云南。

2016 年，当听到上海要选派干部援滇的消息，我的心跳一下子加快了，感觉自己为云南人民尽心做事的机会来了！可是，按照援滇的要求，我已经超龄了，但这是我唯一一次机会呀，我不能放弃，我主动写信给区委组织部部长请战（这封信存在我的档案里），坚决要求在我的有生之年，到云南去为老百姓尽一点义务，做一点贡献。我在信上详细说明了我的“云南情结”，写道：“我要去云南，是凭着党性去持续扶贫和凭良心做实事的，我不需提拔，什么都不谋求，只要求我去为那里的老百姓做一点实实在在的事情。我的战友们为了那片土地的安宁，把生命都留在那里了，我去做一点贡献，那又算得了什么？”

终于，我如愿以偿，2016 年 6 月，作为上海市第十批援滇干部进驻云南。没想到刚到云南，我的身体就出现了不好的情况，我在上海时血压从来都是正常的，年轻时到云南参加过战斗，身体也是棒棒的嘛，可是刚到海拔 1500 米普洱，我的血压就上到 180，后来再到海拔 1900 米的楚雄、海拔 2400 米的丽江，我的血压无情地跟着上升。每天早上起床，头总是沉沉的、晕晕的。但是，我一点也不后悔，我选择的路必须要义无反顾地走下去，不仅不能后退，还必须要走好。

为了不影响工作，我的用药物剂量不断加大，我必须要克服困难，在脱贫攻坚的特殊战场上绝不后退，用真心行动表达我对这片红土地的真挚情怀。

情深意切真心在

我每天行走在扶贫的道路上，用脚步丈量“援滇之路”，每天都有新的发现，每次都有新的感受。我们所做的援滇工作，就是甘当“精准扶贫”的铺路石，带着上海人民的暖暖情义，把党的温暖源源不断地送到每一个“建档立卡贫困户”的门前，扎扎实实、用心用情做好对口支援和扶贫支边的各项工作。

云南省丽江市玉龙纳西族自治县是省级贫困县（2018 年 9 月，经云南省委、省政府研究，已批准退出贫困县），我要全方位了解和适应这里不同于上海的气候、地理、人文等情况。一到玉龙县，我第一时间查阅资料和深入走访了 40 个贫困村、100 多户贫困户，尽快掌握哪个村的产业没有发展方向、哪个村的基础设施比较差、哪个村缺水缺路了、谁家的劳动力没有外出务工、谁家的孩子因为贫困上不了学等等情况。既然组织上派我们是来做扶贫工作的，那我就必须要和当地干部群众一起战斗在脱贫攻坚的最前线，担当使命，职责所在，良心所在，更是实现我为云南老百姓做实事的初心。

从每年的 5 月份到 10 月份，云南山区有长达半年时间处于雨季，而这半年的时间，也正是每年推进援滇项目的重要时期。由于雨季等原因，我们将当地的塌方、泥石流、断道，甚至地震，已经看成是“家常便饭”。虽然每次出行之前，大家都互相提醒要注意安全，为出行同志的安全捏一把汗。但如果不抓紧时间、见缝插针多跑几个点，多开几次协调会，错过推进援滇项目的最佳施工期，那全年也可能就白干了。

2018 年 10 中旬，金沙江干流白格地区因山体滑坡堵塞，形成了堰塞湖，

2018年8月1日，张国权陪同时任上海市副市长翁铁慧到丽江市玉龙县职业学校调研

几天后由于下泄洪峰过境，丽江市迎来历史上最大的一次汛情，巨浪高过十多米，虽然人没有被冲走，但是巨浪吞噬了700多户房屋，田地和粮食被淹、牲畜死亡。巨大灾难面前，我的脑子飞快转动，大着嗓门“吆喝”县委组织部、武装部以最快速度组织了70名退伍军人成立突击队，第一时间赶到现场奋力抢险救灾，速度之快，感觉我比当地干部还要像当地干部。

我带领突击队连续奋战几天几夜，身躯疲惫，饥饿难当，可是在一级洪峰过境的生死考验面前，这又算得了什么？我们凭借坚持和坚守，终于打赢了这场“生死保卫战”，而我，也成了老百姓眼中的“吆喝县长”。

那好，只要工作开展得好，充分展示上海援滇干部的“精、气、神”，领导信你，干部听你，老百姓认你，我就当这个“吆喝县长”了！

“吆喝”村民往外跑

当地的傈僳族从奴隶社会一下子过渡到社会主义社会，他们以前很少接触到外面的世界，因此，思想观念都比较落后，怕见生人。有一次我们去走访，一个村民见有人要到他家里来，马上就把门关上，然后自己躲起来。

因为闭塞，傈僳族的许多村民一辈子没有走出过大山，不知道社会在进步。由于缺乏发展的内在动力，加上当地的地理环境使得经济产业发展受限，能够提供的就业岗位相当稀少。为此，我向他们宣讲和解释，让他们更新思想观念，让他们知道大山外面的世界很精彩，让一部分年轻人走出去，摆脱传统观念的束缚。

我们扶贫最直接、最短期的一个办法就是动员村民外出打工。根据当时脱贫的标准人均2950元以上就是达标，比方说一家三口人，如果家里有9000元的收入，或者家里有一头牛，那就算是脱贫了。而如果一个年轻人可以外出打工三个月的话，他每个月能赚到三四千元，三个月下来就可能有一万多元，那么全家就脱贫了。有这么一句话：打工一年，家里脱贫；打工两年，家里盖房造屋；打工三年，子女读书不愁。

我在村委会活动室里向村民们宣讲相关政策，到田间地头的村民当中去开展说服工作，极力“吆喝”年轻力壮、有劳动能力的村民外出打工。而后，我组织丽江市、玉龙县的人社部门与上海人社部门落实劳动岗位，利用村民赶集的日子设立招聘点，哪里有赶集，“劳务信息”招聘会就开到哪里。一次不行，来两次，两次不行，来三次。终于，村民开始向我们打听和咨询劳务信息了。

记得有一次“赶集”时，我发现一个村民在招聘摊位上一副迟疑和顾虑重重的样子，马上迎上前去，了解到这个村民叫李铁柱，是拉巴子村的村民，从来没有走出过大山，他上有老下有小，前些年因为搞养殖遭遇亏损，欠了3万多元的债，生活条件极差，是建档立卡的贫困户。我连夜赶到他家里鼓励和说服他，他终于决定把两个孩子托付给姐姐照看，自己带着妻子一起外出打工。

夫妻俩第一次坐上了飞机走出大山，我完全想象得出他们的激动心情。两个人一起在江苏昆山的一家企业打工，一个月下来领到了一万多元的工资，在村里干一年也挣不到这么多的钱啊，他们开心得不得了，连夜给我打电话报喜。再后来，他们还清了所有债务，在昆山租了房子，买了电瓶车，完全改变了生活观念。日子好过了，他们有新想法了，要把两个没能上学的孩子接到昆山来读书，说是自己没有文化，不能让孩子也没有文化。

李铁柱在外打工成功的消息，引起了强烈反响，当地村民跃跃欲试，就在2019年春节过后，回乡探亲的李铁柱带上同村6名贫困乡亲一起到昆山打工，让他们的生活从此发生翻天覆地的变化。

“最直接的脱贫方式就是短期外出打工”的想法做对了，我一鼓作气，组织多种形式的招聘会，请多家企业与贫困村建立扶贫协作结对共建关系，在一年半时间里成功“吆喝”了 178 名贫困户到东部沿海地区就业。由此，玉龙县成功转移建档立卡贫困户的劳动力 4306 人，分批前往经济发达的地区务工。我们劳务输出“嫁接”一下，不仅解决了西部剩余劳动力比较富余、东部发达地区用工不足的问题，还成功实现了“一人务工，全家脱贫”。他们走出了大山，走进了工厂，奔着小康生活而去。

“吆喝”消费放心买

一方水土要养一方人，产业的发展是实现脱贫致富的一个根本举措。

在海拔 2400 多米的黎明乡山坡上，主要种植一些玉米，亩产值最高不超过 1000 元。经过勘察和试验，我发现这里的高山土质很适合蓝莓的生长，马上申请帮扶资金，“吆喝”97 户村民加入种植蓝莓的队伍。预算结果，蓝莓单项收入户均可以达到 15000 元以上，平均一亩就能达到 4000 元的纯收入。

我信心百倍，有了产量就要考虑销路，要让蓝莓卖到大山外面去，让山外的人知道山里的很多东西质量是很好的。我马不停蹄联系上海的专业检测机构，为蓝莓出具“合格护身符”。

也有很多人想把云南的农产品推广出去，因为云南的农产品绝大多数是原生态的，都是“绿色环保”产品。为什么说是“绿色环保”产品呢？因为云南的海拔比较高，光照时间长，我所对口支援的地方半年是旱季，半年是雨季。山上植被很丰厚，树叶自然成为一种肥料。因为雨水多，加上昼夜温差比较大，光照时间比较长，光合作用的效果比较好。雨季时天天下雨，空气好，农作物很少有虫子咬。

我是这样想的，如果上海人民了解了云南农产品“绿色环保”的知识，又知道了黎明乡蓝莓的品质和质量标准，那么这个市场就一定能打开。果不其然，在上海对口帮扶地区特色商品展销会上，我向上海市民介绍黎明乡的蓝莓是“离天空最近的蓝莓”，在产品包装的精细化、农药残留物的绿色标识等方

张国权实地查看蓝莓种植情况

面也做得很好，上海人特别能接受，蓝莓的售卖情况一下子火爆起来。

在每一次的上海对口帮扶地区特色商品展销会上，我的“吆喝”都达到了极致，我用上海话大声叫卖丽江的火腿、雪桃、苹果等高原农特产品。上海的消费者特别喜欢到我们的摊位来，我不失时机向上海的阿姨爷叔们大声“吆喝”：“丽江外壳有点黑的核桃没吃过吧，当把核桃劈开后，本色就是有点深黑色的，这才是原生态的；外表白净的，可能是经过化学处理的。丽江的黑核桃你们放心吃啦——”

“你们看看我们的这里的玉雪红苹果，由于昼夜温差大，甜度达到正负 18 度，一般苹果不会超过正负 15 度。丽江的玉雪红苹果每箱都有玉龙县政府张贴二维码，质量有人民政府保证，放心买啊——”

“看看丽江火腿的猪脚和我们平常看到的猪脚哪里不一样？它是野猪和家猪杂交过来的，在山上放养以后脚尖很长，脚趾甲很长，你就看出来猪的品质，放心买——”

经我这么一吆喝，丽江在树枝上过夜的土鸡、经农业部鉴定为非转基因产品的黑番茄、酸酸甜甜的野生小苹果全都卖光了。因为我把真实的情况告诉了消费者，因为我愿意这么大声吆喝叫卖！结果，云南在上海农特产品短短的 5

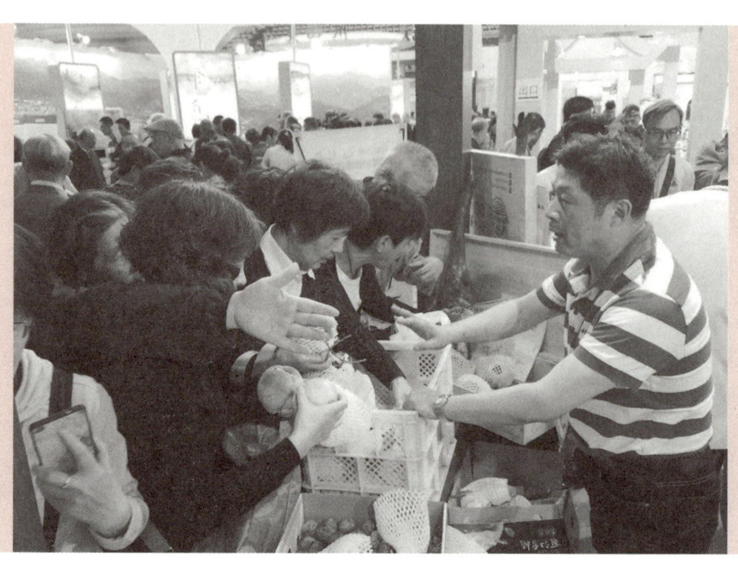

张国权（右）在展会现场叫卖丽江农产品

天展销，丽江 3 县的农特产品销售额达到 100 多万元，比云南其他 71 个县农产品销售总额还要高。上海和长三角地区的采购订单雪片一样飞过来，丽江的苹果、雪桃、小黑火腿、核桃等农产品的订单量超过了整个丽江市原有的总产量，我成了丽江产品进入上海的“网红”代言人，丽江的市委领导高兴地说：“我们丽江农特产品可以放开生产啦！”

“吆喝”孩子手拉手

近期脱贫靠打工，中期脱贫靠产业，长期脱贫靠教育。对接教育扶贫，孩子尤其需要我们去用心关爱和帮助，扶贫工作需要我们一步一个脚印地走。

我利用回上海探亲休假的时间，“吆喝”上海的学生自愿到云南边远山区去看看，参加扶贫“手拉手”活动。上海新河中学的高中生田玮涛和赵升迪，利用寒假自愿到贫穷的九河乡山村去。他们看到简陋的学校里破旧矮小的书桌，穿着单薄衣服、脚上还穿着凉鞋的小男孩，席地而坐将头深埋在杂乱堆叠的课本中写作业的小姑娘，感受到在贫困地区同龄人的学习环境和生活条件如此艰苦，毫不犹豫地将自己积攒的一万多元压岁钱，全部捐赠给了当地红十字会，专门用于帮助当地孩子的学习和生活。

回到上海后，田玮涛和赵升迪又动员同学们献爱心，向山区孩子筹集了价值 11000 多元的书籍物品，以及 10000 元现金。他们利用暑假，把同学们的捐款捐物送到九河乡山村，与当地的孩子们同吃同住，为他们举办暑期培训班，义务帮 90 多名留守儿童辅导补课，和他们一起参加学习活动。

这些上海来的学生，自己也不过是十五六岁的孩子，却有着执着的爱心，参与到援滇扶贫的工作之中。他们的爱心行动鼓舞着我，让我快马加鞭“吆喝”上海的企业、杨浦区红十字会、社会组织开展社会扶贫活动，为贫困山区的孩子捐资助学，玉龙县在一年里获得上海社会各界捐款捐物 100 多万元，通过爱心行动，使 123 户建档立卡的贫困学生直接受益。

由于丽江地区没有什么工业发展，有不少当地职校的学生毕业后面临就业难题。为了防止这些毕业生陷入贫困境地，我“吆喝”联系到长三角地区的职校，推动经济发达地区的职校招生延伸到了山区，最终长三角地区 7 所职校与丽江地区的职校实现了对接。

丽江市民族中专学校的护士专业有 3000 多名学生，毕业后除了到药房里卖药，很少有其他职业可选择。我引进上海一家境外就业服务机构进行技能扶贫协作，在民族中专学校设立“国际康养班”，开设日语课程和医疗技能服务培训，如果学生的日语和技能过关的话，就可以走出国门到日本养老院工作，每月收入 15000 元左右。培训班一下子吸引了一百多名学生报名。如果最后学生的日语没过关，我们还可以引荐他们到上海或其他沿海地区的护理院工作。这样，生活困难的学生，有了更多机会到经济发达地区工作和学习，为他们将来就业和美好生活打下了良好基础。

“吆喝”扶贫再造血

我“吆喝”的这些事情，其实都不是我分内的事情，但是我愿意当作是自己的分内事情去做，让山里的烛光和山外的月光一起守望，让城里的鲜花和城外的浪花一起盛开！

一条长江水相连两地人，一条支援路相通两地情。我在云南普洱市、楚雄州南华县、丽江市玉龙县，不是来做光鲜的挂职“临时工”，而是把云南当作自己的故乡，在脱贫攻坚的日子里，耐得住寂寞，守得了孤独，做好扶贫工作。

我们做了一些实事，当地老百姓会始终不忘。他们知道我有痛风，每次都会精心洗晒车前草草根和蒲公英送给我，让我缓解病痛。

把路踩在脚下，把重任扛在肩上，把希望带给群众。中央把对口帮扶云南的任务交给上海，交给我们，那是组织对我们的信任，是我们义不容辞的责任。

三个春夏秋冬，我走过了所有沪滇项目资金执行点，沐风栉雨、风餐露宿、砥砺前行，真心实意推进帮扶项目建设；我们走过的路、翻过的山、蹚过的河，记录着上海援滇干部不寻常的“精准扶贫”之路。

上海复星集团十几年前在玉龙县投资近50亿元开发特色小镇建设项目，由于规划问题迟迟得不到解决，项目搁浅。我主动找企业了解情况，积极协调丽江市、玉龙县相关部门，争取到支持，终于取得项目批复和落地，十几年的老问题得到了根本解决，该项目还追加投资10亿元；上海支援玉龙县项目资金2700多万元，为玉龙县成功脱贫打下了较好的基础。

2018年，玉龙县脱贫摘帽了，老百姓觉得日子越过越有盼头。

我的援滇工作虽然结束了，但心里觉得还有许多事情没有做完。不少乡村虽然已经脱贫了，但是“返贫”的风险还是存在，那么我们的“造血功能”建成了没有？“强肌计划”完善了没有？这是我们接着要考虑的问题。我最希望的就是把“吆喝”的接力棒一代一代传下去，让脱贫后的老百姓在奔小康的路上越走越稳！

援滇扶贫，智力帮扶是努力的方向

蒋勤，1973年3月生。现任上海市杨浦区新江湾城街道办事处副主任。2019年至2022年，为上海市第十一批援滇干部，任上海市援滇联络组丽江市小组组长、云南省丽江市政府副秘书长。

口述：蒋　勤
采访：马　岩　盛　皓
整理：马　岩　盛　皓
时间：2020 年 1 月 15 日

我是上海市第十一批援滇干部，担任上海市援滇干部联络组丽江市小组组长、云南省丽江市政府副秘书长，主要负责上海市在丽江援滇干部的服务管理、协助分管扶贫的副市长分管沪滇扶贫协作等工作。

沪滇往来，投桃报李之谊

对于援滇工作，我之前就有所了解，每次援边动员我都主动报名、接受挑选。我有一个好朋友，曾经对口帮扶云南普洱，我去看望过他，跟着他走了一些贫困乡村，让我对贫困乡村和对口帮扶有了初步的认识，感受到云南不少乡村的条件比较艰苦，和上海差距实在太大。

上海和云南有着很深的情谊，大概二十多年前，20 世纪 90 年代起上海已经开始帮扶云南了。我去云南时，他们给我讲了当年知青的故事，让我很感动。当时，有些知青在上海是吃不饱的，他们到了云南后，当地的老乡就把自己的粮食拿出来给他们，从那时候起两地就已经结下了深厚的感情。后来，等上海经济发展后，就开始对口帮扶云南地区，我觉得这是一种感恩和回馈，我们去云南不只是一项政治任务，更是一种感恩和报恩情怀。

深入云南，直面扶贫工作

我这次援建的地方是云南丽江。2005 年左右我去那里旅游过，感觉特别好，觉得丽江是一个远离尘世的、美丽的、充满着浪漫气息的小城。带着之前的美好印象我前往丽江，随着了解的深入却带给我三点比较大的触动。

第一个触动是没想到它的贫困范围这么广、程度这么深。出发前，我和我身边的人都觉得丽江风景秀丽、条件不错，但实际上到了当地，尤其是我们上山下乡、走村入户，进一步接触贫困的老百姓之后，完全颠覆了之前的感觉。

丽江地域面积有 2.06 万平方公里，人口 129.6 万，跟杨浦区 131 万相差不多。但是它的贫困户有将近 4.4 万户、17.6 万人，那里 50% 以上的村都是贫困村，贫困程度超出我们的想象。

所谓“两不愁三保障”即吃饱、穿暖不愁，住房、教育、卫生有保障，当地约有 18% 的老百姓，还在这五方面存在问题。

在云南很多山区，人们居住得比较分散，我们到村里面去，实际上就是到几户人家居住的一个山头上面。我们从山脚下上山要开十几公里的路，有时候山路非常危险，路的一边就是悬崖，天气不好时车都没法开上去。他们的房子非常简陋，是用一根根木材钉起来的，取暖仅仅靠一个火塘。家里除了一张床，其他什么都没有，而且被子是潮湿的。

第二个触动是没想到工作节奏会那么快、强度会那么大。原来我想云南的工作节奏会慢一些，但其实完全不是这么回事。我们到了以后就忙着上山下乡，迎接考核、回头看、巡视审计和检查，等等，既紧张又繁忙。

来到丽江这半年，我们一直是在高强度和快节奏的工作中度过的，压力很大，尤其是丽江市 2018 年东西部扶贫协作工作考核结果不是很理想，一方面原因可能是当地对考核工作重视不足，另一方面原因也可能是 2018 年刚开始考核，熟悉程度、理解程度还不是太深。2019 年我们到丽江以后，上海市、杨浦区各级领导都更加重视，叮嘱我们每项工作都力求做好、做实，补上短板。

虽然目前 2019 年考核的成绩还没有出来，但是看初步的反馈意见，从纵

蒋勤（中）在玉龙县黎明乡后菁村建档立卡户家中调研

向比我们有了非常好的进步，各项指标都是超额完成的。当然，考核结果还需要一个横向的比较。另外，通过考核工作的锻炼，不但提高了我们的业务能力，而且让我们更直观地了解了国考（国家对各省市的脱贫攻坚和东西部扶贫协作考核）、市考（上海市对各区的东西部协作考核）和省考（云南省对各州市的脱贫攻坚和东西部协作的考核）对我们工作的要求。

当时，我们小组还发生了一些事情。杨浦区到丽江一共 5 名援滇干部，我在丽江市里面工作，另外 4 名干部是在县里面，其中玉龙县的副县长朱晓君同志 2019 年 10 月底由于身体原因终止挂职返沪了。当时正面临考核，因此从 11 月到 12 月底这段时间，我全身心地扑在了玉龙县的考核工作上，跟玉龙县扶贫办的同志一起整理台账档案、督促项目进度、准备考核的各项资料，加班已是常态。

第三个触动是没有想到困难那么多，工作开展起来没有想象的那么顺利。我们面对的第一个问题是那里的地理环境很复杂。实际上丽江可以称作不是高原的高原，平均海拔在 2400 米左右，跟迪庆州就隔一条金沙江，和迪庆维西县海拔也是差不多的。我们刚去的时候普遍觉得胸闷气短，晚上睡不着觉，这个就是高原反应。其次丽江全境的海拔落差非常大，最低处 1400 米左右，而

在玉龙县扶贫办召开迎考调度会

最高处可达 5596 米。

可以说，全云南省内丽江的地理环境最复杂，山地面积占到 96% 以上，金沙江流经了丽江全境，每次下乡真正是跋山涉水。我们对口帮扶三县中面积最小的永胜县有 5500 平方公里，玉龙县是 6200 平方公里，宁蒗县是 6000 平方公里。一个县就差不多与上海一样大。我们下乡车程都是两三个小时，有时候当天都回不来。我去的玉龙县最远的一个乡村，叫宝山乡高寒村，单程将近 4 个小时，来回路上就要花掉 7 到 8 个小时。丽江各县之间没有高速，交通很不方便，大家要到丽江市开会两个半小时的车程是很正常的。

除了没有高速，山路也非常难走，雨季要特别注意，山上会掉石头、路面会湿滑。我基本上每个月到宁蒗县去，回程都能看到路上的事故。特别是在冬天，大卡车经过后刹车水会在路上结一层薄冰，其他司机看不到，但是一踩刹车，车辆就会原地打滑。玉龙县新来的副县长孙勇，12 月 19 日报到后就下乡去了，他回来跟我说路上两次原地打滑，车子 360 度打转，而下面就是金沙江，非常危险。全国的扶贫干部因为交通事故伤亡的比例很高。

除了地理、气候环境带来的挑战外，工作开展也没有想象的那么顺利。

丽江 2019 年的财政收入是 40 多亿，它的开支却达到 170 多亿，就是说它的收支比例是 1 ∶ 4，绝大多数收入都是靠转移支付。除了我们上海市以外，还有财政部、教育部和央企等多方面的帮扶。

2019 年上海对口帮扶云南 13 个州市、74 个贫困县，上海市的市级财政帮扶资金 30.85 亿，对口帮扶丽江市市级财政资金是 1.08 亿左右，杨浦区的财政支持和社会帮扶资金还没算。

上海对帮扶资金的使用要求高、程序规范，还对这些资金进行监管。但对口帮扶地区的工作思路、工作方法与我们有些不同，地方对帮扶资金有自己的考虑和想法，有些甚至超出帮扶资金的使用范围和要求。我们只能反复做工作，宣传好上海的政策和要求，坚持反复跟当地部门沟通。

千里援滇，加强团队建设

第十一批援滇干部共有 114 人，由沪滇干部联络组统一领导。上海一共对口帮扶云南 13 个州市，下设 13 个小组，每个小组有一个小组长。

我是丽江小组组长，我们小组 5 名援滇干部都是党员，经联络组临时党委批准成立了临时党支部，以党建带动团建。同时，我们建立相关的管理制度，每个月组织学习，包括开支部会议、党员会议，还有过双重组织生活。我们不但参加了当地单位的主题教育活动，临时支部也召开了专题民主生活会。

我们制定了五方面制度，包括请假制度、报销制度、学习制度、项目管理制度、廉政制度，制定这些制度主要是强化党员意识、团队意识、纪律意识，树立援滇干部的良好形象。我们 5 名干部分散在不同的县里，大家都不在一块工作生活，即便如此，还是强化一个团队的观念，强化纪律意识。通过这方面自我约束，来树立我们良好的形象。

全力援滇，落实帮扶举措

我们的主责主业是东西部扶贫合作，聚焦“两不愁三保障”，按照“中央要求、地方所需、上海所能”开展帮扶工作。

第一是资金支持。首先上海市和杨浦区每年财政上都要安排一定的帮扶资金，所有帮扶的资金都要项目化，2019 年市区两级财政对丽江市的帮扶资金达到了约 1.13 亿元，安排了市级项目 22 个、区级项目 4 个，主要支持产业发展、乡村建设、消费扶贫以及人才帮扶。此外，上海的企业、社会组织捐赠了 316.51 万元的钱和物。

第二是劳务协作。劳务协作就是帮助贫困地区劳动力转移就业。一种是就地就近转移就业，上海的帮扶资金支持在当地开发公益性岗位，2019 年实现就近就地就业 1658 人；另一种是劳动力转移就业，通过与企业合作、政策支持，把丽江当地的贫困劳动力转移输出到上海以及其他发达地区，实现一人就业、全家脱贫。2019 年实现省外转移就业 874 人，其中上海方向转移就业 126 人。

第三是智力帮扶。主要是教育、卫生和人才的帮扶。除了 5 名挂职干部外，杨浦区对帮扶三县还各派了一名医生和一名老师进行为期半年到一年的帮扶。此外，杨浦区教育局、杨浦区卫健委还每年组织多批次的医生、老师到当地开展短期的讲座、授课，开展治疗工作等。同时，我们还组织当地的老师、医生、干部到上海来培训，进行人才帮扶。

第四是产业帮扶。我们把上海的企业对接到当地去，比如复星和金茂集团，他们都在当地有比较大的房地产和文旅投资项目，2019 年投资额大约 3.8 亿。此外还有一些上海在丽江投资设立的商贸型中小企业，主要从事农产品贸易。

第五是消费扶贫。2019 年我们在这方面重点做了些工作，整个丽江销到上海的农产品共产生消费扶贫额 2900 多万。我们把当地的优质产品，通过我们挂职干部的对接销售到上海。杨浦区以区商贸集团为主，到当地选择优质的农产品，在 2019 年做了一万个消费扶贫大礼包。在 2019 年 10 月 17 日“国家扶贫日”，还组织了丽江 29 家企业到上海来参加上海对口帮扶地区农特产品展销会，丽江农产品得到了上海市民的高度认可。

除了上海光大会场主会场外，杨浦区在五角场广场设立了分会场，10 月 17 日当天还在国和路 1000 号的 4 楼专门开了一个丽江消费扶贫馆。这个消费扶贫馆是杨浦区商贸集团专门拿出来 300 平方米的场地，免费提供给丽江农特产品一个展示展销的窗口，通过线上线下相结合的方式，建立丽江的农产品进

上海市民在国和路 1000 号丽江消费扶贫馆选购丽江农特产品

入上海市场的稳定渠道，今后上海市民不出家门就能够买到丽江优质农产品，同时也为扶贫献出一份爱心。

最后一个就是携手奔小康——结对帮扶。它有三个层面的结对。一是杨浦区政府跟三个县结对，2019 年结对资金达到 400 万元；二是杨浦区政府部门和街道跟丽江各县的贫困乡进行结对。杨浦区 4 个部门（街道）与丽江市 12 个乡镇进行了结对，每个乡镇的结对资金 5—8 万元；第三是村企结对，发动杨浦区的企业与贫困村进行结对，实现了上海市 92 家企业与丽江市 128 个贫困村结对，每个村结对资金不少于 1 万元。

这些资金主要在“两不愁三保障”补短板方面下功夫。唐明祥主任（现任新江湾城街道主任，原挂职永胜县常委、副县长）以及上一批援滇干部在这方面做了很多工作。2019 年我们携手奔小康的资金，一部分是用在教育卫生帮扶方面，另一部分因地制宜设计了一些项目，来提升他们的技能，促进环境的改善，保障住房的安全。

例如玉龙县开设了一个绣娘培训班，组织当地妇女参加，既是进行产业化培训，也是根据市场化需求，帮她们把销不出去的物品卖掉。永胜县的资金主要是帮助村里面改善交通环境。宁蒗县主要是用于当地建档立卡户的危房改造。

援滇展望，关注产业智力帮扶

首先，我觉得目前我们还是一个充分调研和学习阶段。我们5名干部，以前从来都没有接触过脱贫攻坚，只是从党的十八大报告、十九大报告，以及上海市委市政府报告和杨浦区委区政府的工作报告当中，对脱贫攻坚以及对口帮扶有一些了解。

这半年我们主要还是在干中学、在学中干。我们先了解和熟悉脱贫攻坚，学习习总书记关于脱贫攻坚的一些重要论述，从而提升我们的认知，让我们充分了解扶贫工作。我们走到贫困户家里面，就会对现状有深入的了解，没有调研就没有发言权，没有充分的了解，我们不可能对今后工作有长远的想法。

第二，沪滇扶贫协作要紧紧扣着“中央要求，当地需求，上海所能”原则，到2020年我们工作的靶心和工作的重心还是以脱贫攻坚为主：一是要紧紧围绕“两不愁三保障”的总体要求，做到目标不变、靶心不散；二是紧紧围绕当地的需求，思考当地每年的脱贫攻坚的重点是什么？当地的脱贫攻坚要干哪些事？要围绕当地脱贫攻坚的实际需求和突出短板进行总体的设计；三是紧紧围绕上海所能，项目的规划和帮扶要与上海的优势和能力紧密结合。

另外，2020年脱贫攻坚完成以后，接下来是乡村振兴，要做好不同阶段、不同要求的有序衔接。2020年是“十三五”规划的收官年、“十四五”规划的谋划年，也是我们脱贫攻坚决战决胜年。消除绝对贫困以后，接下来就是要消除相对贫困，它是一个动态的、长期的过程。怎么消除相对贫困？怎么把脱贫攻坚和乡村振兴紧密结合起来？这些在我们今后的工作当中要仔细思考和谋划。

第三，根据半年来的实践，我初步觉得，我们下一步工作的方向和重点应该是产业的帮扶和智力的帮扶。

丽江产业基础非常薄弱，“一产”方面农业畜牧业有特色，但是规模小、没有知名度、缺乏市场；“二产”方面产业非常单一，主要是依靠水电等清洁载能产业。丽江地理位置比较特殊，属于川滇藏交界处，交通不便，所以第二产业发展有先天的局限；至于第三产业，发展得是不错，2019 年丽江旅游人次达到了 5000 万以上，但对地方的贡献度并不高，客户的黏性不足。

因此，丽江的产业结构和产业能级还是有些问题的，丽江市委市政府也看到了短板，正在大力调整产业结构、提升产业能级，提出了四大产业、金沙江绿色经济走廊等发展规划。对我们援滇干部来说，助力当地产业发展是一项职责，但不是单纯从上海招商引资的问题，而是要根据上海、杨浦自身的优势以及我们企业的优势，跟当地有机结合。我觉得提升产业能级是我们下一步的工作方向，重点是要把消费扶贫的大文章做好。

我们 2019 年在杨浦区建立消费扶贫馆，组织丽江当地的企业到上海来进行销售和对接，这都只是一个起步的阶段。实际上丽江当地的农产品销到上海还存在很多问题。在生产端，组织化程度非常低，农民各种各的，没有标准化产品，卖的东西大小不一，有的食品口感、品质参差不齐；在运输端，云南到上海 2800 公里，没有冷链，物流成本也非常高，目前暂时还没有实现规模化运输，难以降低成本；在销售端，丽江农特产品有特色但没有知名度和辨识度，没有稳定的市场来接纳；在价值端，目前丽江主要是初级农特产品，而且无品牌无标识，怎样提升自身的价值等环节，都存在很多问题亟待解决。

在消费扶贫方面，我们还有很多工作能做。像“卖菜书记”周灵，他自己说他在贵州只干一件事情——卖菜，但是别看简简单单两个字，要让 4 个关键环节打得通、做起来，他花了三年时间。所以在围绕产业发展方面，要思考怎样把上海的企业跟当地资源优势有机对接起来，带动更多的贫困户致富；怎样整合当地优质的产品卖到上海来，依托上海的大市场、大流通、大平台，建立起一个稳定的销售渠道。建立稳定的产业帮扶和“造血”机制，而不是简单地靠我们给资金来“输血”。“造血”是我们下一步工作的方向。

在智力帮扶方面，我觉得丽江比较缺的是教育、卫生、科技人才，包括当地干部的观念、工作方法也需要整体帮扶和调整。如何把他们培养成能够适应新的发展理念以及当地所需要的人才，需要进一步加强对接和谋划。

丽江市市委书记崔茂虎到杨浦区来对接，跟李跃旗书记提出需求，希望在产业和智力帮扶方面，杨浦区能够提供更大的支持。一是在产业“造血”功能的培养方面，二是在智力帮扶方面，我觉得是我们这一批援滇干部工作和努力的方向，也是我们可以大做文章的一个方面。

“脱贫攻坚”是一场举全国之力的攻坚战，我们能亲身参与其中，是人生中一次难得的历练机会。我们要牢记李强书记在会见2019年新一批对口支援干部代表时的嘱托，努力当好脱贫攻坚的“突击队”，搭建好密切党同人民群众联系的“连心桥”，跑好持续对口支援帮扶的“接力赛”，走好人生宝贵的“历练路”，在助力对口地区打赢脱贫攻坚战中为上海增光、为人生添彩。

那些如歌的援疆岁月

周海，1961 年 11 月生。现任政协上海市杨浦区委员会副主席。2002 年至 2005 年，为上海市第四批援疆干部。任第四批援疆干部联络组阿瓦提小组组长、中共新疆维吾尔自治区阿克苏地区阿瓦提县县委副书记。

口述：周　海
采访：叶如丹　雷雨田
整理：雷雨田
时间：2020 年 2 月 18 日

缘定新疆

1996 年 3 月，中央政治局常委会议专题研究新疆稳定工作，做出了“培养和调配一大批汉族干部去新疆工作”的决定。此后，上海历届市委、市政府都非常重视援疆工作，自 1997 年 2 月至 1999 年 6 月，上海连续三年先后向新疆派出了三批援疆干部。

对口支援是党和国家在新时期的一项重要政策，自其出台伊始，我就积极关注这方面的信息和事例，并做好能力和思想上的准备，希望能有机会参与到这项重大的活动当中。2001 年，我主动报名了杨浦区的援藏项目，但由于身体不符合要求而未通过，对此我总感到遗憾。所以第二年听说杨浦区有援疆计划，我就第一时间报名，并有幸成为杨浦对口援疆的第一人。时代给予我们每一个人发展和成长的机会，我们也需要同样以热情和行动去回馈这个时代。我相信，作为党员的使命感和责任感，会让我们在面对这样的抉择时义无反顾，积极响应党和国家的号召，立志为边疆建设贡献力量。我虽曾在部队和地方政府多机构任职，但没有边疆地区的工作经验，所以也向往有一个去边疆学习和锻炼的机会，提升工作能力，丰富人生阅历。当得知我与另外一位卫生系统的同志被选定为杨浦区对口援疆的首批干部时，欣喜之余我也还有些许顾虑。一方面，我已到了不惑之年，父母年迈，小孩刚读初中，一别三年，家里面的很多事情都不能及时照应；另一方面，自己对新疆整体的情况了解较少，对口支援地区靠近沙漠，条件艰苦，担心生活适应方面会存在困难。幸运的是，这些都没有困扰我太久，在家人的支持和大局意识的指引下，我很快便打消了顾虑，坚定了初心，也就此种下了与新疆、与阿瓦提的不解之缘。

2002 年，由金士华同志（时任闵行区副区长，援疆期间任阿克苏地区地委副书记）带队，上海向新疆派出第四批共计 51 名援疆干部，成员包括教师、医务人员和机关干部。共分为 7 个小组，我担任阿瓦提小组组长，小组有 7 个成员，分别来自杨浦、松江、奉贤和虹口。我们这批援疆干部以 40 岁上下年龄为主，专业人士较多，其中一半是医生和教师。在艰苦的援疆工作中，我们团结一心、步调一致，超额完成了援助任务，把原定 2000—3000 万的援助资金目标增加到 1 个亿，使上海在各支援省市中的排名从第九跃升至第三。在三年的时间里，我与同批援助阿瓦提的干部结下了深厚的革命情谊，他们有着无私的奉献精神，一直是我学习的榜样。时任阿瓦提县人民医院副院长和妇产科主任的彭华同志，原为杨浦区妇幼保健医院医生，到阿瓦提后，努力克服当地群众长期以来对“妇产科男医生”的偏见，以高超的医术和医者仁心，为偏远山区送去优质的医疗服务。同时，他还注重业务带教，亲自授课和示范手术，加强科研，积极开发新技术、拓展新项目，为阿瓦提县人民医院引进一批医疗设备和援助资金，大幅提高了当地的医疗水平。时任阿瓦提县第二中学副校长葛祥同志，是从安徽引进到上海的干部，在阿瓦提工作期间，不断创新工作方式方法，大力加强学校的改革和建设，为改善学生的教育环境做了大量工作。我们作为教育条线的同事，曾经一起利用援疆资金为当地学校添置了一批电化教学设备，也一起推动过其他援疆教育项目的落实。与同一批到阿瓦提的 6 位同事，不管我们在工作上是否有交集，在生活中，我们都是互帮互助的亲密战友，共同做好联络小组的各项工作。阿瓦提的夜晚使人备感孤寂，但能够与这些志同道合的朋友结识、共事，我觉得此行就没有遗憾。

初识新疆

2002年7月26日，我来到了“棉城”——新疆阿克苏地区阿瓦提县。从地图上看，阿瓦提县位于塔克拉玛干沙漠的北缘，是一个有着1.33万平方公里广阔土地，却只有30万人口的南疆小城。这座小城，与上海有近5000公里的距离，是我认识大美新疆的窗口，也是我今后三年扎根奋斗，并用一生去追忆的地方。

初识阿瓦提，它与上海迥然不同的地理环境，便带给我巨大的视觉震撼和心理冲击。阿瓦提的地形以沙漠为主，位于其境内南部的塔克拉玛干大沙漠，面积约85.9万公顷，占全区域面积的64.78%。阿瓦提当地气候最大的特点就是干旱少雨，蒸发量大，家中放一盆水，几天就能自然蒸发，寒暑变化剧烈，夏季炎热，冬季寒冷。虽然环境艰苦，阿瓦提却是远近闻名的农业大县，是地区重要的粮食、棉花和水果基地。但同时也由于工业和服务业欠发达，其经济在阿克苏地区整体上处于中下水平。来到阿瓦提，除了认识到它的路途遥远、地域广阔、气候干燥、经济落后等特点外，印象比较深刻的还有语言不通、饮食不习惯、工作方式方法不适应等。但另一方面，阿瓦提独特的自然风景和人文底蕴，却总能够深深触动人心，使人难以忘怀。在开阔的冲积平原和河谷平原上，盛产着品质优良的长绒棉和无比爽甜的木纳格葡萄，一种被当地人戏称为“没事来事”的穆塞莱思酒也是当地人酿制的，这种酒，后劲很足但味美醇香。其实来阿瓦提，能让你醉的不只是葡萄酒。金秋时节，百万亩的棉花肆无忌惮的盛开，能歌善舞的刀郎人怀抱木卡姆在葡萄架下欢跳赛乃姆，此情此景，醉的不仅是你的耳和眼，还有你的心。

初识阿瓦提，使我知道水的神韵，不只是江南所独有。阿瓦提县也有着丰富的水资源，阿克苏河、和田河、叶尔羌河三大河流，浩浩荡荡从天山、昆仑山千里奔腾而来，在阿瓦提汇聚，形成了名扬天下的塔里木河，造就了南疆绿洲的母亲河。当我第一次看到胡杨深处三河汇流的壮观场面，我感到既震撼，又陶醉。那河水跳动的野性，在胡杨的映衬下，有着另一种耐人寻味的韵律。黄浦江的江水源源不断地奔向她的极地——辽阔的大海，相比之下，塔里木河却是在走向死亡之海——塔克拉玛干大沙漠。一个奔向光明的新生，一个奔向壮美的死亡，两者都很好地诠释了生与死的道理。塔里木河，她是把生命交给了胡杨、红柳和绿洲，以另一种形态延续着自己的生命。有感于此，我似乎读懂了阿瓦提和新疆人民的伟大，也似乎明白了援疆干部身上肩负的使命和责任。同时，我也明显感觉到了海派文化和西域文化显著的区别，这种区别造就了两个地方人们性格的巨大差异；但水的文明所赋予的却是共同的顽强、执着和坚定，是对战胜恶劣自然环境、促进经济社会发展的共同愿望。

初识阿瓦提，一种历史悠久、观感独特的牧猎文化深深烙印在我的心中，构筑成我日后长久的回忆。这种文化就是“刀郎文化”，主要以原生态的歌舞和娱乐活动为主。从接触刀郎文化开始，总觉得它的骨子里透露着水的灵动，只不过是这种灵动多了些粗犷与沧桑。从红柳烤鱼和大块的红柳烤羊肉，再到刀郎木卡姆，所展现的绝不仅仅是口齿留香的美食和精美绝伦的歌舞，而是一种逐水草而居的生活习俗，是一种为生存、为生活而不懈努力的游牧文化，是一种不屈不挠、自强不息的中华精神。在阿瓦提工作期间，我高度重视刀郎文化的挖掘和保护工作，同时多方争取资金加以支持。为争取早日挖掘、开发和保护刀郎文化，一方面，我们给老艺人一定的生活补贴，雇请他们到外地演出，并整理和保存木卡姆艺术；另一方面，我们也采取多种措施鼓励年轻人学习传承，优先提供重大活动表演机会。最后这种文化被联合国教科文组织确认为非物质文化遗产，在县城中心也建成了刀郎文化广场，我的内心感到十分欣慰，也十分自豪。上海与新疆的相遇，不仅仅是一种工作上的对口援助，更是一种同根的民族对话和文化的交流交融。

融入新疆

在 20 世纪 60 年代流行的一句话是“到最艰苦的地方去，到祖国最需要的地方去”，老一辈革命家已用他们的青春和汗水践行了这个诺言。我们能有机会在这种环境中锻炼自己，去体会我们不曾想到的，却是老一辈真实走过的艰苦道路，这是我们的幸运。来到阿克苏才知道，因为 20 世纪五六十年代有一大批上海知识青年到当地支边，所以阿克苏一直有“南疆的小上海”之称。虽然上海与新疆相隔万里，但两地的友谊却源远流长，十万上海知青背井离乡，来到新疆屯垦戍边，与当地群众相融、互助，同生活、共奋斗，结下了不可割舍的亲缘，他们用青春和热血铸就了沪疆两地深厚的友谊。当地许多老职工的后代都是在上海青年教师的教育下成长的，上海人带来了信息流、物质流，也带来了不同的文化、理念和思维。在我援疆的时候，有一批上海支边青年培养的学生已经是当地县市一级的领导和各部门的业务骨干。所以阿克苏和上海有着千丝万缕的联系，当地干部群众对上海人也有一种独特的感情，真诚而敬重。而我有幸成为新一代来到阿克苏的援疆人，从出发前的揣测与憧憬，初到时的新奇与感慨，工作中的忙碌与泰然，我感受到了当地各族人民对上海援疆干部浓浓的情谊，那些真挚的感情，让我们迅速融合在一起，成了同事、朋友，成为我一生的财富。

援疆干部是中央和上海市委对口支援相关政策和工作部署的具体执行者。怎样自觉站在政治和大局的高度，真正落实好中央和上海市委赋予我们的神圣使命和政治责任；怎样克服工作和生活中遇到的各种困难，全身心投入到对口支援这项伟大的事业中去，始终是我们援疆工作的重要课题和中心任务。因此，我们援疆干部始终牢记，对待援疆工作：一要当“家里人”，不当“客人”；积极融入各民族的大家庭中，切实肩负起应有的责任，既考虑当前，又着眼长远，全力以赴完成各项工作。二要当“学生”，不当“老师”；把援疆工作作为向当地干部群众学习的好机会，不断充实自己，锻炼成长，提升本领。我们要弘扬“红柳”和“胡杨”精神，像戈壁沙漠中的红柳和胡杨那样，把根深深植入土地深处，顽强成长，形成绿荫，用实际行动回报家乡、建设新疆，为实现新疆繁荣稳定做出自己应有的贡献。

援疆期间，我积极参与上海对阿克苏地区援建项目的推进工作：一是重点抓了白玉兰工程建设，并以全疆第一名的成绩完成了阿瓦提县“两基”攻坚目标。阿瓦提的教育在地区是比较有名的，从教师水平到升学率都走在地区前列，但危房问题突出。为此，我与分管的副县长一起走遍了全县 120 多所中小学校，详细开展调查研究，制定危房改造和学校布局调整计划。同时在全县重点开展白玉兰工程建设，强调学校教育设施建设要重质量，不能只看数量。

白玉兰是上海的市花，开花早、花色洁白、朵朵向上，象征着上海勇于开拓、奋发向上的城市精神。在新疆阿克苏，“白玉兰”是上海援疆项目的名称。以2002年为例，上海援疆资金共计2800万元，其中建设项目资金达到1400万元，为阿克苏地区新建、改扩建的学校、幼儿园就有20座。一所所新建的校舍，一群群快乐学习的孩子，是我们工作价值和援疆意义的重要体现。二是在加强硬件建设的同时，也重视软件建设。针对当地人才短缺、技术力量和管理薄弱的问题，我们依托上海人才集中、各类培训资源丰富的优势，大力实施智力援助和人才培训工程。在援疆工作联络组的协调下，上海方面定期组织阿克苏地区的医护人员、政府工作人员等到沪学习，既有培训的形式，也有挂职锻炼的形式。这已经形成一种固定的制度，对提高当地党员干部和专业技术人员的能力素养具有重要的作用。三是配合开展白内障患者复明援助行动，改善当地医疗条件。由于阿克苏地区日照时间长，群众既缺乏必要的防护意识，也得不到有效药物和其他医疗条件的支持，所以白内障等眼科疾病高发。有相当一部分视残者失去了复明机会，有的因此而丧失劳动能力，拖累了整个家庭。针对这一情况，我们援疆干部发挥桥梁作用，积极联络上海的专家、医生到当地做义诊，自费购买先进的医疗设备和国外进口晶体，免费为来自贫困家庭的患者施行复明手术，为包括阿瓦提县在内的阿克苏地区的群众及其家庭带来了“光明”。同时在上海和阿克苏地区的统一指挥下，上海援建的阿瓦提县人民医院医技楼顺利落成，并有一批捐赠给阿瓦提医疗系统的诊疗设备配备到位，有力提升了当地的诊疗水平。援疆这项国家战略工程，不是停留在纸面上或者口号中，而是通过这种实实在在的项目建设成果和文化交流成果，呈现在人们面前，成为“稳疆兴疆”的一座丰碑，屹立在各族人民群众的心中。

作为分管宣传文化教育卫生的县领导，除了配合上海、自治区和阿克苏地区积极推进各类援疆项目之外，我还立足当地实际，主动开拓教育资源、加强文化建设。2004年12月，当得知著名影星成龙有意在阿克苏地区捐建一所学校的消息后，我立即与其慈善经纪人取得联系，并前往乌鲁木齐详细介绍阿瓦提的教育现状。最终，我们用真诚和务实的合作，赢得了该经纪人和成龙的认可，进而促成成龙希望小学在阿瓦提落地，为巩固和提升阿瓦提的教育水平作

2005年4月1日，与著名影星成龙一同参加成龙希望小学奠基仪式（前排右一为周海）

出了贡献。援疆期间，我们始终加大对学生的助学力度，同时也加大对师资力量的培养，逐步提高教师待遇，帮助外来教师解决生活问题。伴随这一系列的举措，阿瓦提的教育工作成果显著，学生中高考成绩稳居地区前茅，多项教学指标取得第一、第二名。教育是孩子的希望，也是地区长远发展的希望。能够参与和见证阿瓦提的教育革新，我感到极其荣幸。

援疆期间，阿瓦提的文化建设也取得了长足的进步，这主要得益于一系列面向县域内外开展的文化推介活动。首先是季节主题活动，我们在每年的不同季节，会结合播种、劳作、丰收和欢庆等不同主题，开展“阿瓦提之春”“阿瓦提之夏”“阿瓦提之秋”“阿瓦提之冬”四个系列活动，给农牧民的日常生活融入文化元素。其次是“文化三下乡”活动，我们定期组织县文工团到乡镇、到田间地头，为群众送去“弘扬党的精神，宣传党的政策”，以及其他群众喜闻乐见的相关主题文艺演出，增强民族凝聚力，丰富群众生活。最后，为宣传介绍阿瓦提的风土人情，2004年，由我牵头采写并出版了《你把雪书下给谁》一书。该书由作家陈漠创作。在写作过程中，我陪同创作团队深入农牧民家中，深入戈壁沙漠，一起吃茶水馕，一起看胡杨林，一起弹棉花，一起听头羊的铃铛声。该书是作者对边地世界的倾力书写，对人的情感的纯美表达，对多

2004年9月，在《你把雪书下给谁》新书首发式上与刀郎木卡姆老艺人合影（前排居中为周海）

民族文化的执着探求，同时也是阿瓦提向世人呈现的素朴与美好。成为反映阿瓦提本土文化的一张靓丽名片。

2004年，阿瓦提县时任县委书记因被安排到成都市金牛区挂职锻炼，经组织综合多方面情况考虑，决定由我代理阿瓦提县县委书记。由此开始的这段特殊经历，对我后来的影响是巨大的。我从一个负责分管部分工作的县领导，到全面主持地方工作，经历了许多考验和磨练。不仅有和当地干部工作方法、观念的磨合，更有对工作计划和政策把握的冲突，甚至还有廉洁自律和严格执行纪律的考验。我不停学习、思考、实践，紧密依靠群众，和班子的同志们一起谋富民的思路，求发展的道路。面对当时严峻的社会形势一手抓稳定，一手抓发展，遇事多与当地干部商量，群策群力，不搞一言堂。在这个过程当中，为人民服务的意识不断提高，党性修养得到锻炼，视野更开阔，分析和解决问题的能力、驾驭全局的能力有了巨大飞跃。同时，我也学习到当地干部丰富的工作经验、刻苦的工作态度，感受到阿瓦提人民坚忍不拔的意志和积极乐观的精神。这一年的锻炼成为我弥足珍贵的人生财富，为我回到上海后能胜任各种工作岗位打下了坚实的基础。

在我们奋力工作、不断开拓的背后，是强大的上海，是温暖如家的联络组。从到达新疆开始，联络组便反复强调管理的重要性，并要求各小组管理好自己的组员，建立完善的规章制度，包括外出请销假、重大事项汇报、学习和项目管理相关制度。如果说严格的管理是为了援疆干部端正态度、少犯错误，那么定期的学习交流，就是为了提升本领、加快融入。学习的形式包括大组学习和小组学习。大组学习，每季度由联络组召集，内容包括当地领导介绍地区情况、走访部队和工矿企业、多种形式的爱国主义教育（如听取先进事迹报告，参观重大国防工程，了解兵团建设情况），以及节假日组织到新疆各地参观考察。小组学习，一般每月进行，主要传达学习联络组会议精神和有关工作任务要求，以及在少数民族地区开展工作的注意事项。除此以外，联络组每年还会协调安排干部体检，在节假日走访援疆干部原单位领导并反映援建工作情况，同时走访慰问援建干部家庭，帮助解决生活困难。这些有力的举措大幅减轻了援疆干部的顾虑，既帮助我们快速融入新疆，也让我们可以安心在祖国的边疆忘我工作，书写无悔的人生华章。

援疆，并不是一个简单的物质支援，也是一个互助互学互进的阶段，更是一个灵魂接受洗礼的过程。援疆期间，我看到，在那样艰苦的环境下，一批批当地的干部，为了国家利益，为了人民群众利益，默默奉献，无怨无悔，他们的精神深深打动了我。当地干部收入并不高，但是他们从不计较，努力工作，把无私的爱奉献给了祖国的这片大好河山。虽然物质是贫乏的，但他们的精神没有萎靡，他们的理想没有动摇，他们的步伐没有停止。在新疆，干部们把自己称为 36524 部队。意思是一年 365 天，每天 24 小时不休息，把所有的时间和精力投入工作。他们是那样说的，也是那样做的。在几乎没有节假日的艰苦岗位上，他们对群众有求必应，每天都奋斗在工作的第一线和维稳的最前沿。他们深知，当干部就是服务、奉献和牺牲。我所在县的领导班子成员，大部分是交流干部，是外地来支援的干部，家至少都在几百里以外，一两个月不回家是常事。我从他们身上学习到了许许多多的优秀品质，那种“先天下之忧而忧，后天下之乐而乐”的高贵气节，就是我们共产党人一面不倒的光辉旗帜；那种顽强拼搏的胡杨精神，培育了一代代的新疆各个民族的党员干部。这些在我的人生中时刻给予我无穷的力量。

难忘新疆

援疆结束时，我用四句话概括了自己的体会：人生在奉献中得以充实，才干在实践中得以增长，意志在磨练中得以坚强，精神在奋斗中得以升华。援疆过程中，我时常勉励自己要努力为阿瓦提的发展和稳定，以及民族的大团结做些实实在在的事情。我始终用平常心和平等心，去沟通、去交流，交朋友、结兄弟。援疆为我提供了充分施展才能的舞台，使我在边疆艰苦、复杂的环境中经受摔打，磨练意志，增长才干，不断提升思想觉悟、知识水平、工作能力和领导艺术。如果说，我今天取得了一些进步，这无疑都离不开各个时期组织对我的厚爱和培养，尤其是援疆这不短不长的三年，是我综合能力提高最快的时期，也是我党性修养得到锻炼最快的难得机遇。援疆是一份弥足珍贵的幸福和殊荣，是一笔不可估量的宝贵财富。对于我来说，在阿瓦提县经历的一切，无论是得与失、喜与忧，还是感与悟，都是可以收获一生的。它让我领略到不同民族的文化，不同地域的风情；它让我学会用不同的视角看待、思考问题，并以不同的方式方法解决问题。我为我在人生的旅途中经历如此灿烂的风景而感到自豪。

援疆工作是我们丰富阅历、强壮筋骨、开阔胸襟、升华灵魂的难得机会，也是我们感受光荣与梦想，领悟人生激越与舒缓的宽阔舞台。对我们来说，援疆舍弃的是小我亲情、友情，得到的是我们人生中的第二故乡和新的情感宝库，还有如胡杨一般“生千年不死，死千年不倒，倒千年不朽”的精神。这些真挚的情感和顽强的精神，鼓舞着我们在人生道路上不断自我突破、开拓进取。其实，所有奉献，不是用来索取回报的。援疆干部一批接一批，走了又来，来了又干，他们用真心、用真情、用智慧和汗水、用来自先进地区的成功经验、用对这片土地的挚爱、用对新疆人民由衷的敬佩，谱写了一个又一个可歌可泣的壮丽篇章，为边疆的跨越式发展和长治久安起到了积极的作用，做出了巨大的贡献。作为援疆干部，我们要珍惜每一次对外援助和锻炼的机会，同时多主动学习，提升领导能力和生存技能。

时光飞逝，一转眼已经离开阿瓦提、离开新疆 15 年。从新疆回来后，由

2002 年 12 月，周海走访慰问当地牧民

于路途遥远，所以一直很遗憾没有充裕的时间再回去看看。不知道阿瓦提一望无际的白棉花是否依旧盛开，不知道塔里木河充沛的河水是否依旧奔流不息，不知道淳朴善良的刀郎部落和阿瓦提人民是否依旧载歌载舞，不知道曾经一起奋斗过的战友是否忙碌抑或安好。在时光的年轮中，那一张张熟悉的、鲜活的面孔始终镌刻在我的脑海里，他们有阿瓦提县时任的广电局局长、教育局局长和医院院长，他们在县城兢兢业业，任劳任怨，贯彻上级的要求不折不扣，抓工作有思路有魄力，成绩斐然。他们作为地方干部工作压力大，常年驻村，确保了政治稳定，却也把最好的岁月留在了这片土地。苍天之下，荒漠之上，是令人魂牵梦萦的阿瓦提，我想再回去，去看望他们，对他们说一声：辛苦了！

站在多年以后的此时此刻，当我回想起自己走过的路，这一段援疆经历无疑是人生中最难忘的、最精彩的。援疆期间，我和时任阿瓦提县艺术中心主任陈艺合作了一首歌，并由他谱曲演唱，每每想起那动人的旋律，我的心都在默默倾诉：《我会再来》。

曾听说新疆美丽无比，
于是我来到这美丽的地方，

戈壁滩上的胡杨向我招手，
塔里木的河水为我歌唱。
酒醒的时候留下友谊，
留下我援疆时美丽的梦想，
穆塞莱思葡萄酒让我心醉，
朋友啊阿达西我会再来。
哎！阿达西，阿达西，
亲爱的朋友。
巴郎巴郎小巴郎哎，
弹起你的热瓦甫哎，
古丽古丽姑娘们哎，
跳起你的赛乃姆哎，
让我心醉，让我心醉，
让我情也醉。
哎！阿达西，阿达西，
亲爱的朋友。
瓜果飘香迎宾客哎，
纺织姑娘把歌唱哎，
丰收人们跳起舞哎，
穆塞莱思干一杯哎，
留下友情，留下眷恋，
我会再来。

难忘多浪河　情系阿瓦提

邓远见，1970年9月生，现任中共上海市杨浦区长白新村街道党工委书记、人大工委主任。2005年7月至2008年7月，任中共新疆维吾尔自治区阿克苏地区阿瓦提县县委副书记、上海市第五批援疆干部阿瓦提联络小组组长。

口述：邓远见
采访：陆晓燕　魏　媛
整理：魏　媛
时间：2020 年 3 月 13 日

离开阿瓦提已经十多年了，但那喧闹的市集、宁静的小河、望不到边的棉田、不知疲倦的手鼓仿佛就在眼前。戈壁村落和纵横阡陌总牵着心、系着情，人在上海，梦却常回到那大漠边陲小城。时常西望，似乎那样就能看到古朴素雅的多浪部落、苍茫寥落的胡杨丛林。我清楚地记得，那是 2005 年 7 月 25 日，第五批援疆干部一行 56 人在上海展览中心集结，上海市领导做了简明扼要的动员后，随着“出发”一声令下，胸戴大红花、手捧鲜花的我们向送行的领导、亲人挥手告别，毅然登上即将开往机场的大巴，望着窗外熟悉的街景，簇拥的人群、欢送的横幅，泪水悄悄地溢满双眼。那是一个激动的时刻，因为我感到责任重大、使命光荣；那是一个难舍的时刻，因为孩子年幼、家庭重担将要由妻子一人承担；那是一个有点忐忑的时刻，因为我想象不出将要工作三年的阿克苏阿瓦提到底是个什么模样。

棉花地挥汗如雨，融入阿瓦提

车辆行驶在阿克苏到阿瓦提县的公路上，路旁两侧的白杨高大挺拔，农田和戈壁一马平川没有多少起伏，一个个村庄在树木掩映中时隐时现，塞外江南的美誉果然名不虚传。

阿瓦提县距阿克苏市只有 70 多公里，是全国优质棉生产基地、著名的中国棉城、长绒棉之乡、穆塞莱思（一种西域葡萄酒）之乡，历史悠久、古韵深厚。为了尽快熟悉了解阿瓦提县的情况，我们的工作从深入调研开始。在县委、县政府的大力支持下，我带领其他 8 名援疆干部，用 2 个月的时间走遍阿瓦提的每一个村镇，初步掌握了阿瓦提在生产、生活、教育、医疗等民生领域亟待解决的问题，形成了一万字的调研报告，经县委、县政府和地区联络组审核确认，形成了三年援疆项目总体规划。

大约是在 10 月份，阿瓦提县开展“三同”活动，就是由县领导带领有关部门和党员干部，深入到对口帮扶点、对口联系户，与群众同吃、同住、同劳动，做好事、办实事、解难事。我的帮扶点是距离县城 10 公里的拜什艾日克镇的巴木托拉克村二组。

那天下午，在当地发改委主任、招商局局长等陪同下，我和 8 名上海援疆干部赶到联系户吐鲁洪的棉田，帮助他家采摘棉花。深秋季节的阿瓦提，已经下过几场雪，大部分农户棉花已经收摘完毕。吐鲁洪大叔 70 多岁了，体形清瘦，蓄着一把银白色的胡须，脸庞黝黑，布满皱纹，一看就是一个长期操劳的老人。他一家 5 口，有 12 亩棉田，儿子长期生病，劳动力只有他和儿媳两人，所以还剩不少棉花需要采摘。在吐鲁洪大叔的安排下，我们每人拿到一个蛇皮袋子，或提在手上或挂到脖子上。虽然以前从未摘过棉花，但闻着那淡雅的清香，触摸着洁白柔软的棉桃，我迫不及待地挥舞起双手，全神贯注地采摘起来。棉花是当地农民最主要的收入来源，盛开的棉花被托举在棉枝上，只需用手轻轻一抽，就能采摘下来。麻烦的是有不少棉花没完全盛开，有的只露出一条白缝，像咧嘴微笑时露出的牙。我双手按住棉桃，将其掰开，把深藏腹中的棉花剥出来。劳动近 4 个小时，终于把 2 亩多棉花全部采摘完。我还记得，吐鲁洪大叔和我们一一握手，不停地说着“热合买提”（维吾尔语：谢谢）表示感谢。我和他以维吾尔族拥抱的方式告别，并约定来年再帮他摘棉花。汗水挥洒在阿瓦提土地上那一刻，我真真切切地感到“我就是阿瓦提人”。

当天晚上，村里安排我们住村会计麦合木提家。麦合木提早就等在院子门口，热情地把我们迎进院子，他的妻子手持铜壶，给我们倒水洗手。这是维吾尔族的待客礼节，要连续搓洗三遍，洗手后，手上的水滴不能随处乱洒，否则会被当成不懂礼貌和没有修养的行为。主人陪着我们参观他家宽敞的庭院。前院有一架葡萄、几株桃树和一些我叫不上名字的花草；后院是果园，植有杏树、桑树、梨树等；在果园与前院的结合部，是羊等牲畜圈，旁边停放着摩托车和架子车。穿过宽敞的廊檐，就是他家的住室兼客厅。在麦合木提的招呼下，我们在炕上一一落座。炕上铺着毛毡，墙上挂着色彩艳丽的挂毯。主人在我们面前铺上餐布，摆上羊肉、鸡腿、抓饭和瓜果。麦合木提先为我端上一杯满满的穆塞莱思，我把它敬给一个长者，那是麦合木提的父亲，老人一饮而尽，晚餐正式开始。维吾尔族是热爱歌舞的民族，而阿瓦提的木卡姆（新疆地区的一种歌舞套曲）尤其出名，为了助兴，麦合木提和他的邻居朋友弹起热瓦甫（维吾尔族的一种弹弦乐器），跳起麦西来甫（维吾尔族人民集取乐、品行教育、聚餐为一体的民间娱乐活动）。在主人的盛情相邀下，我们也起身下炕在空地上翩翩起舞。虽然只能依样比画，但大家十分开心。热闹了一晚，简单收拾后，我们就睡在麦合木提家的大炕上。虽然是第一次住在维吾尔族同胞家中，但那一夜我睡得很香、很踏实。

“白玉兰”花开边陲，援建惠民生

阿瓦提县是“不戴帽”的贫困县，财政十分困难，在全地区排名倒数。如何用好资金、做好项目，对于促进发展、加强团结、维护稳定极其重要。进疆之初，联络组就把上海援疆资金的主要投向确定在“四个基本”上，即基本生产、基本生活、基本医疗、基本教育领域。结合2个月走访、近50场调研座谈会、反复听取县委、县政府意见，我们逐步理清了工作思路：将惠及广大农牧民作为目标，把改变贫困村里房屋破旧杂乱、村民住土打垒、吃饭睡觉和家畜混杂的窘况作为首要任务。经过多方论证，我们采取了整村推进的援建方案，以上海市市花白玉兰为名，将整村推进的重点扶贫项目命名为“白玉兰”示范村建设。

为把示范村建设成为符合新农村建设要求、有地方民族特色、有推广价值

◀ 邓远见（前排右二）与当地干部研究白玉兰村建设规划

的新农村，我们严把选址、规划、招标、施工和资金关，按照每户一套抗震安居房、一个果园、一座沼气池、一亩菜地的“四个一”标准进行集中改造、整村推进，确保项目完成后，旧的贫困村变成有院有圈有园的“白玉兰”新村。同时，推进村庄内部主要道路硬化，完善水利、管道铺设等基础设施，我们还想方设法促进当地农牧民增收，实现生产发展、生活改善、村容整洁。令人欣慰的是，在结束援疆任务之前，乌鲁却勒镇、多浪乡、巴格托拉格乡三个“白玉兰”示范村建设全部完成并投入使用，胡杨林边的旧村庄换上了“新颜”。

当时的阿瓦提医疗条件还是比较落后的。参与上海“银龄”行动的杜医生和我说，上海来阿瓦提支医的老专家不少，骨科、产科、五官科都有，但因阿瓦提县人民医院没有无菌室，一些简单的外科手术也不能做，他们空有一身本领却使不上力。为了破解这个难题，我立即向联络组汇报争取，同时成立专家组进行前期论证。在地委副书记、联络组组长吴成同志的关心下，通过多渠道筹措资金，对阿瓦提县洁净层流手术室项目进行了立项、招标、建设。在当时这个无菌手术室成为南疆各地州县级卫生院的“最好标准”，依托上海援助医生和专家的力量，很多原来不能做的手术都可以在县医院做了，很多周边地区的农牧民慕名而来。

上海援建阿瓦提县广电播控中心落成、开播仪式

阿瓦提县下辖8个乡镇、3个改制农场。农场改制为企业后，卫生院成为历史遗留问题：只有名称，没有医疗场所和人员编制。丰收一场位于阿瓦提县城以东，以农业为主，兼营牧业，有11个行政村，人口总数15000人，当地农牧民看病就医十分困难。要解决这个问题，首先得考虑资金从什么地方来。我马上向杨浦区合作交流办请求援助部分资金，在得到批准同意后又与农场企业方面协商，通过不懈沟通，终于商定方案：杨浦区负责建设资金，企业负责建设用地，在农场的荒地上建一座卫生院，满足丰收一场区域农牧民基本医疗、预防保健和健康需要。基础建设也许不是最困难的事情，关键是要有医务人员，我又带着阿瓦提县卫生局干部跑地区卫生局，争取到政策、编制的支持，确保该卫生院能正常运转起来。就这样，阿瓦提杨浦卫生院在荒地上建了起来，每每看到拔地而起的"白玉兰"小白楼，看到农牧民能够就近看病，顿时觉得再辛苦也值得。

在上海收看广播电视节目是一件再正常不过的事情，可是对于当时阿瓦提边远地区的农牧民而言却并不容易。当地电视节目采用模拟磁盘录像机预先录制节目，再用录像机播出，全程人工操作，不停倒带、换带，导致经常出现故障，图像变形、声音失真。为了满足阿瓦提人民群众对广播电视的需求，将当地特色民族文化和自然风光传播出去，我们阿瓦提联络小组邀请专家实地考察指导、编制可行性研究报告、协调县财政资金与上海援助资金配套、开展报建审批和安装调试……经过半年的努力，阿瓦提县广播电视台硬盘自动播出系统、数控演播室项目如期竣工。2007 年 4 月 26 日，数控演播室正式开播，也是从那时开始，阿瓦提实现了电视信号采集从模拟向数字化转变的质的跨越，当地农牧民终于能看到更为清晰的电视画面了。

三年里，上海资金援建“白玉兰”示范村 3 个、村级阵地 48 个、学校和幼儿园 11 所、卫生院 2 所、机井 330 眼、车辆 7 台、电视硬盘自动播出系统 1 套……这些数字的背后，是上海人民对新疆人民、阿瓦提人民的深厚情谊。全体援疆干部扎根边疆、默默付出，把祖国大家庭的温暖送到了边疆人民的心坎上，有效改善了阿瓦提县广大农牧民的生产生活。现在看来，这可以说是精准扶贫工程的早期探索，“白玉兰”在边疆绽放，是对第五批援疆干部辛勤付出的最好回报。

重规范优化运作，机制见长效

作为阿瓦提县上海援疆项目建设的第一责任人，我深知援建工作时间紧、任务重、环节多、涉及面广，在资金管理、项目建设等方面很容易出现漏洞。因此，援建项目开展之初，我们就跨前一步，一方面确保项目建设的科学性，对项目的必要性、合理性和可行性进行反复论证；另一方面，建立完善的援建项目管理制度，坚持项目跟着规划走、资金跟着项目走的原则，在项目建设过程中，对项目资金拨付进行逐级审核把关，严格遵守“国家规定”“上海标准”的项目资金支付方式。

为保障项目顺利实施，我们成立阿瓦提县上海援疆项目建设领导小组，我主持制定了《阿瓦提县上海援疆项目建设招投标管理办法》《阿瓦提县上海援建项目竣工审计暂行办法》等制度，严格实行公开招投标，严格落实项目竣工审计，努力把援建项目建成“阳光工程”。如何落实？说到底就是抓住一个“严”字。严把项目设计关，严格申报计划，做到不漏项、不扩大建设规模；严把建设进度关，实行“一员、一表、一会”制度，每个项目由一名援疆干部

上海援建的阿瓦提幼教中心

担任联络员，每月填报一次项目进度统计表，每月召开一次项目推进例会，协调解决项目实施过程中的难点问题；严把资金使用关，设立援建项目资金专户，按项目建设质量和进度分批拨付资金；严把工程质量关，牢固树立质量第一的观念，实行责任制和责任追究制，严格质量监管，所做努力就是要把援建项目建成“放心工程”。

三年中，我们以规范程序、明确责任、确保质量为重点，大力推进各项目顺利竣工，对口支援资金和项目为当地增强自我发展能力，实现区域经济较快发展发挥了积极作用。同时，我们规范了援疆资金的管理使用，强化了援疆项目的建设管理、质量管理和安全管理，确保了资金安全、项目优质、干部优秀。这些探索与实践，初步建立了一整套行之有效的制度和机制，为今后的援助项目建设工作留下借鉴。

尽努力不负韶华，淬炼守初心

风雨兼程、殚精竭虑，援疆干部将韶华与真情留在这片神奇的土地上。援疆干部远离家乡、远离亲人，又面临家庭、工作环境等多重困难挑战，作为阿瓦提县援疆联络小组组长，能否做好思想工作确保大家安心边疆、心无旁骛，关系到工作成败与否。经过深入思考，我们确定了“以目标引导人、以制度约束人、以压力锻炼人、以感情凝聚人”的思路，把加强团队建设放在更加突出的位置切实抓紧抓好。我们定期举行小组会餐、周末讲评会，为相互交流、谈心搭建了一个良好平台。我们还成立了“援疆干部之家”，通过组织学习桥牌、太极拳、刀郎木卡姆健身操等形式多样的文体活动，增进彼此间的情谊。

小组内援疆同志们都有一个共同的认知，学习教育不能松。我们将每周五下午作为“集体学习日”，坚持小组集体学习与个人自学相结合，成员也根据自己的兴趣爱好、业务特点及个人需要，自主选择确定学习专题，充分利用业余时间加强自学。一直都说“三年援疆，终身受益”，别的不说，看看组内成员的学习成果就明白了。团队中很多人都利用这三年时间攻读在职学位，我也在 2006 年顺利完成硕士论文，取得复旦大学法律硕士学位。

三年中，我们严格要求自己，坚持从我做起、从小事做起、从小节上注意，清清白白做人，踏踏实实做事。因为我们深知一个团结和谐的援疆团队才能形成凝聚力，一个务实奉献的援疆团队才能不辱使命，一个廉洁自律的援疆团队才能赢得尊重。我们 9 名援疆干部严格遵守联络组“三条禁令”：不酗酒、不学车驾车、不出入歌舞娱乐场所。“三条禁令”通俗易懂、很接地气，看似简单却真正树立起上海援疆干部的良好形象。我们这支队伍是公认的最团结、最讲学习、最能战斗的团队。

耐得住寂寞、挡得住诱惑、经得起考验、负得起责任，这是援疆实践给予我最大的收获，坚定了我的人生信念，这份坚持让我受益至今。一批又一批，援疆干部们在传递着爱心接力棒，用心付出、不负韶华。一段援疆路，一世新疆情。援疆工作已经过去了许多年，我却一直把新疆视为我的第二故乡。午夜梦回，我常常仿佛又回到了那白水之城、塞外江南，忘不了穆塞莱思的甜蜜香醇，忘不了胡杨林里的千年守望，忘不了棉田地里的挥汗如雨，忘不了葡萄架下的深情厚谊。三年的辛勤耕耘，三年的真情投入，一辈子有一次是幸运。如果能带给阿瓦提一些变化，留下一份记忆，对我来说就是幸福。

援疆的日子　温暖铭记的时光

邝文华，1974年8月生。现任上海理工大学附属中学党支部书记、副校长。2005年7月至2008年7月，为上海市第五批援疆干部。任新疆维吾尔自治区阿克苏地区阿瓦提县文化体育广播电视局副局长。

口述：邝文华
采访：杨艳芳 杨来娣
整理：杨艳芳
时间：2020 年 3 月 12 日

我想去新疆，一睹“梦里游历千百回”的神秘西域风情，但那只是未来的旅游计划；却未曾想到自己的第一次新疆之行是以上海市第五批援疆干部的身份，我知道这不是普通的旅行，这是一次荣光之旅，更是一次责任之旅！

2005 年的 7 月 25 日，盛夏的上海阳光柔和了许多，空气之中少了些嘈杂，多了些宁静！也许我这趟门要出得太远太久，全家人送我下了楼，面对两鬓已有些霜白的父母，忽然眼眶有些发热……在领导的陪伴下，来到了上海市展览会中心友谊会堂，这里已是鲜花和彩旗的海洋，上海市委、市政府将为我们即将启程进疆的 56 位“援友”举行隆重的欢送仪式。在我们戴上大红花手捧鲜花的刹那，离家时有些伤感的心情一下子激动起来。是啊，肩负着上海市委、市政府的重任，肩负 1600 万上海人民的重托，我们又将开始一段新的人生征程。

一路朝西，朝西，再朝西。飞机越黄河、穿玉门、跨走廊，终于到了新疆上空。透过舷窗，西域苍茫广袤的大地尽现眼底，蜿蜒起伏的天山山脉，隐约可见的皑皑白雪……你不由感叹祖国河山之大，一种自豪之情油然心起，一个激动的声音自心底大声响起：美丽的新疆，我来了！

宁静的阿瓦提　热情的穆塞莱思

阿瓦提县城恬淡宁静，没有遮天的高楼，不多的人和车，这是最初的印象。从上海到阿瓦提，需辗转七个小时的飞机，抵达阿克苏市后，向南还有约一小时的车程到阿瓦提。路况很好，柏油马路的两边是鳞次栉比、笔直入云的新疆杨和小白杨，未开的棉花在杨树身后大片铺开，犹如一张绿毯，沟渠上几株红柳点缀其中，煞是好看。原以为南疆是一片沙漠荒滩，眼前所见分明就是塞外江南啊！

阿瓦提县城不大，麻雀虽小，五脏俱全，超市、银行、书店、网吧、步行街的茶酒吧等，基本的生活娱乐需要一应俱全。小城中的几个广场让人印象深刻。最大的叫刀郎文化广场，面积很大，在上海也少有。广场中有水池喷泉、健身器材、休憩小椅等，平日是散步休闲的好去处，一到节假日便成了各族群众“万人麦西来甫”的狂欢之地。广场纵轴线上方三条彩带交绕而成的巨型雕塑立于其中，飘逸、刚劲，寓意阿瓦提人打造三河交汇处之“中国棉城”的信心和决心吧。我最喜欢的是幼教中心旁的小广场，种满了梨树，一到春天，满园满树洁白的梨花，徜徉在弯曲的小路间，休憩抑或读书，实在是享受。

总之，小城宽阔平坦的街道，人们悠然淡定的神情，静谧古朴的民居，热闹的巴扎，慈祥淳朴的维吾尔族大爷，欢笑嬉戏的小巴郎，能捕捉到的种种，都成了我喜欢小城的理由。

新疆人的热情，是和穆塞莱思（一种西域葡萄酒）联系在一起的。我虽不能喝酒，但我喜欢热情的维吾尔族人。

没有阿瓦提人不知道穆塞莱思，就如同没有上海人不知道东方明珠，没有法国人不知道埃菲尔铁塔。尤其到了乡镇的农户家中，一碗醇美的穆塞莱思是他们对远道而来客人的尊敬和热情，碰上不饮酒的人，他们会和你如数家珍般道尽其千般好处，直说到你动心喝下为止。

初接手的工作　全新的考验

在文广局工作的这段日子，我想说的更多的是感谢。

平心而论，我没干过“广电”，从事文化工作的时间也不长。我只能在学习中摸索，在摸索中前进。在这个过程中自然会遇到一些困难，但在文广局领导干部关心支持下，都一一化解。

到阿瓦提的前半年，根据阿瓦提文广局领导的安排，我分管文体工作。为尽快进入角色，一方面我认真学习国家文化方面的政策文件，仔细阅读文广局几年来的工作计划及总结，独立完成了阿瓦提县五年来边疆文化长廊建设的工作总结，并起草了新一轮的五年规划；另一方面在局领导的安排下，赴乌鲁木齐参加了新疆维吾尔自治区新闻出版局举办的相关业务培训。同时，在文体中心各位同事的协助下，逐步熟悉了国家关于文化市场的条例条规。2006年休假返疆后，根据需要，局领导安排我分管新闻外宣工作。新闻中心的工作对我而言就是一个全新的领域，仅在进疆前到东方卫视学习了几天。媒体工作的特殊性决定了几天的学习只能是了解性的接触，拿新闻来说，大致知晓了一般的运作流程，但其中所包含的种种细节以及涉及的业务管理非几天学习所能掌握。当时压力非常大，但只能硬着头皮上。为尽快适应对我来说全新的工作领域，我一方面找来相关业务书籍自学，另一方面遇到具体问题及时向地区电视台台长朱疆老师请教沟通交流，也向身边的领导同事虚心求教，并在2006年7月赴哈密参加业务方面的学习研讨会，这些都为我迅速投入到分管工作中打下了良好的基础。

如果谈工作中最大的感触，我认为于我而言是主动学习，虚心求教，获取经验。作为青年援疆干部，不可否认，自己有勇往直前的激情，但同样存在经验不足的缺憾，因此学习理应成为我这代干部亘古永恒的行为，在不断学习中获得思考，获取超越的动力，为达成目标储备能量。那三年，我除了认真参加联络大组的集训，也积极参加阿瓦提联络小组定期组织的各类学习活动，尤其作为在阿瓦提参加党员先进性教育的援疆干部，在组长的安排下，参加了阿瓦提县委组织部的学习交流活动。在学习中，不仅剖析了思想，发现了不足，更在重温中，对“三个代表”重要思想的时代背景、实践基础、科学内涵等有了更为深刻的认识，作为年轻干部，在政治信念上更加坚定了。而业务学习对我来说意义也很重大，业务知识的扎实与否决定着工作能否顺利、有效地开展。

我也将其作为自己工作学习的重点来进行。

异域他乡　道不尽的援疆兄弟情

远在异域他乡，接受了太多的温暖，我一直铭记在心。作为援疆干部，工作重要职责之一是全力协助联络组做好上海市委、市政府批准以及个人争取来的援建项目。进疆之初，与我一同援疆，任阿瓦提县委副书记的邓远见同志找到我，要求我尽快对阿瓦提的广电设备运作情况进行充分、认真的调研，希望通过优质的广电信号，让阿瓦提边远地区的农牧民能收看到清晰的广播电视节目，在有效宣传党的方针、政策之时，也能丰富老百姓积极健康的业余文化生活，同时更能把阿瓦提刀郎文化之乡的麦西来甫艺术精髓传播四方。

带着重任，到文广局上班第一天，我便着手开始了调研工作。从电视台的播控中心、演播室，到新闻中心、发射塔，了解越多，心情越沉重，我没想到县域总面积 1.33 万平方公里、总人口超两千万的阿瓦提县广电设备如此落后，也深深感受到东西部之间的差距，更明晰了身上一份沉甸甸的责任。通过一周实地查看、座谈交流的充分调研，我很快形成了阿瓦提广播电视台硬盘自动播出系统、数控演播室的项目申建初步报告，并递交给了邓远见副书记。

2005 年 8 月的一天，距离我们进疆整整半个月，突然接到正在县人民医院吊水的邓书记的电话，他因水土不服而感冒发烧着，却通知我一起到附近几个乡镇考察广播电视站情况。我小心翼翼问："邓书记，你寒热还没退，身体吃得消吗？"他回我说"没问题"。其实从对话中我已明显感觉到他的虚弱，但我了解他的个性，他是想尽快帮助我落实项目计划，再劝也没用。驱车到医院接到他后即刻出发。从阿瓦提镇，一路到阿依巴格乡，再到乌鲁却勒镇。崎岖不平的路面，满天的灰尘黄土，每到一处，邓书记除了认真听取乡镇负责人的情况介绍外，还深入到老百姓家中，查看电视节目的信号实时转播状况……也就是那一周，我们几乎跑遍了阿瓦提的乡镇，第一手资料也收集完成，为项目报告的最终出台打下了坚实的基础。

最大的收获 项目推进

援疆三年，如果说有些许成功，那就是尽己之力在项目工作的推进中做了一些事情。作为一名援疆干部，援疆项目建设是我们在疆工作的重中之重。我以高度的责任感参与到自己所负责的项目建设中，按照上海方面的要求，严格程序与管理。2007年，是援疆项目实施的关键年，按照预定计划，大部分项目要在年底前竣工。在邓远见副书记的直接领导下，我负责联络杨浦的三个援疆项目。

项目的逐步推进中，我注意找准位置，以甘当小学生的思想，与本地干部合作交流，以本地干部在艰苦的环境中无私奉献的精神为动力，自觉做到“到位不越位、参与不干预、干事不添事”。主要做了以下四个方面的工作：

一是阿瓦提县的援建项目。在当时，我国13亿人口中有8亿多是农民。农村的医疗卫生状况和农民的健康水平在一定程度上决定着我国的整体医疗卫生状况的好坏和全民健康水平的高低，由于区域发展不平衡，地处西北边缘的新疆，尤其南疆贫困落后地区的农村卫生工作还存在不少困难和问题。特别是一些贫困地区乡镇卫生机构基础设施简陋，如我负责联络援建的阿瓦提县丰收

杨浦区党政代表团慰问座谈会暨援助项目对接仪式

◀阿瓦提县丰收一场上海杨浦卫生院落成典礼

一场卫生院就比较典型。阿瓦提县丰收一场属于农业企业，下辖 11 个行政村，9000 余居民。该场仅有一所集医疗、预防、保健服务为一体的综合性的卫生院，始建于 1975 年，1985 年扩建成 220 平方米的土木结构平房，之后由于资金短缺导致长期失修，土地碱化，地基下陷，当时已成危房，不能使用。2001 年企业改制后，该卫生院一直无固定的办公场所，现在场部租用一间 70 平方米左右的房屋为临时门诊，如此现状给 9000 余居民的医疗就诊带来极大不便，造成广大农牧民群众缺乏基本的医疗保障，因病致贫，因病返贫问题突出。虽然国家也在积极改善农村公共卫生方面的工作，但卫生院因原属于农村牧场，企业改制后社会公益性服务上划当地政府，却又未能列入国家乡镇卫生院的项目建设当中，给当地农牧民看病就医带来极大困难。为解决丰收一场辖区内农牧民看病就医困难，做好预防保健工作，我们向上海方面提出了《新疆阿瓦提县丰收一场上海杨浦卫生院项目建议书》，利用杨浦援建资金在丰收一场新建一所卫生院，来改善农牧民的看病问题。

同时，作为支持阿瓦提幼教事业的项目，在坚持少数民族和汉族幼儿合园办学的原则下，我们还多次到阿瓦提县唯一的一所示范幼儿园考察。该园占地面积 4384 平方米，共有 11 个班级，在园幼儿 520 人，教职工 47 人。该园拥有高素质的教师队伍，优美整洁的教学环境，管理科学规范，成为阿瓦提县幼儿教育的龙头。但当时教学硬件情况与标准相比较，还存在很大不足，唱游室、保健室、隔离室等配套教学用房非常紧张，严重制约该园规模的发展。而且随着社会经济的不断发展，人们越来越重视幼儿教育，县城人口迅速增加，入园幼儿数量直线上升，预计二三年内，将达到800人左右，按照《幼儿园工作规程》，园内现有的校舍已远远不能满足需求。若不增建校舍，将致使部分幼儿不能正常入园接受良好的学前教育。因此，我向上海方面申请援助，利用援建资金，在阿瓦提县幼教中心活动场南面建综合楼1栋（包括多功能厅、餐厅和办公室），在活动场北面建教学楼1栋，保留原有风格，建筑面积2500平方米。

令我欣慰的是，援疆结束离开时，我所负责联络的丰收一场上海杨浦卫生院、丰收三场鲁泰上海白玉兰卫生院已全面竣工并通过验收，拜什力克上海杨浦白玉兰幼儿园也已完工接受验收。

二是文广局的硬盘播项目。阿瓦提县广播电视台当时有广播发射机4台，其中两台1000瓦发射机担负着全县广播宣传、自办节目及转播中央、新疆人民广播电台的重要任务；两台300瓦广播发射机全天19小时转播中央和新疆人民广播电台节目。两台300瓦电视发射机担负着全县22万各族人民看电视的大事。广播覆盖率100%，电视覆盖率98%。

当时广播设备涉及维吾尔语和汉语节目，采用前期磁带录音、后期人工手动播出的方式进行。播出采用模拟磁带录像机先期录制节目，到播出前端用录像机播出的方式进行。

节目播出时因需人工同时操作、监视，遇广告时不停倒带、换带导致常出故障。尤其阿瓦提电视新闻或其他专题节目播出时，因设备落后，人像变形、图像质量差的情况时有发生，县领导为此提出过批评，老百姓反映亦很强烈。究其原因，主要是模拟播出需要几道程序，先用模拟带录制，再检看，然后通过模拟录像机播放，造成图像及声音失真很大。同时，阿瓦提地处形势复杂的南疆，一旦有情况发生，新闻媒体部门作为目前最广泛、有效的传播手段，也很可能被不法分子利用。为让广大老百姓能接收到清晰的电视信号，从安全播

◀ 上海援助阿瓦提县电视台硬盘自动播出系统落成

出的角度、播出的性质及地位考虑，实现硬盘自动播出迫在眉睫。因此，我在充分考察的基础上，向上海方面提出了《阿瓦提县广播电视台硬盘播出系统项目建议书》，申请到援疆资金 50 万元，县配套资金 9.97 万，用以购置网络视频硬盘自动播出服务器等，以促进该县广播电视事业的发展。

经过局领导及全体干部职工近两个月的共同努力，硬盘自动播项目于 2007 年 4 月 26 日正式建成并剪彩开播。特别感谢文广局的领导、干部职工，正是因为他们的倾力支持，使得该项目成为第五批援疆项目中的代表性项目，得到了上海市委、协作办及联络大组的高度肯定。

三是先后争取资金援助文广局办公设备。我在工作中了解到文广局办公条件及设备非常受限，因此，我开始向上海方面努力争取资金援助以购置办公设备，其中包括一辆公务用车、七台电脑、一台传真机、两部数码相机、两台摄像机、一台打印机等，极大改善了县文广局办公环境和办公条件。同时为开阔干部职工的视野，接受全新的工作理念，积极牵线搭桥，努力争取资金，2007 年 4 月选派 6 名骨干人员赴上海参观考察学习，带回了先进的管理经验，促进了上海与阿瓦提县行业间的交流，为推动阿瓦提县文广各项工作的顺利开展奠定了坚实的基础。

四是阿瓦提援疆项目的资料收集和小组的信息上报工作。根据分工，小组项目资料收集及小组动态信息上报由我负责。为确保资料及时归档不遗失，我给每个项目建立专用档案袋，并将需归档的资料名列成栏目下发到每位小组成员手中。三年以来，除文字类资料外，个人独立完成了二十多个援疆项目所涉及的建设前、施工中、建成后等不同阶段的图片资料的拍摄整理收集。同时还特别感谢新闻中心的同志，因为他们的不辞辛苦，随叫随到，才使得我们援疆项目的动态影像资料得以完整记录、保存。

援疆的遗憾

援疆时，如果说有遗憾，莫过于在母亲仙逝西行之时，作为儿子却因为工作而不能立于病榻前尽孝，以至于远在湖南老家的妈妈临终前未能见上一年中也难得一见的儿子最后一面。作为家中唯一的儿子，自大学毕业后便远离父母，独自在上海工作生活，与家人的团聚仅限于每年春节的十多天休假。2005年7月在征得母亲的理解后，成为上海市第五批援疆干部，赴疆开始三年的工作学习。2006年3月母亲查出患有肝癌，且是晚期。我请示了联络组领导后准备回老家，母亲得知我要回湖南照顾她后，跟我说她现在感觉还好，且有我姐在身边照顾，要我现在别回，等她觉得难受时自然会叫我到她身边……当然，母亲最后没有拗过我的执意，无言默许。回到家中，看到骨瘦如柴的母亲，在近二十天里我尽心陪伴治疗，母亲气色居然有了改观。见身体舒服些许，母亲便叫我返疆，我自小便知道母亲的倔强和要强，几番劝说后，加之援疆项目的确很紧，我妥协了，返回了新疆。回来后，两天与母亲通一次电话，每次我都会仔细感觉母亲的说话气力，觉得母亲在好起来，心中稍感释然。直到2006年的8月30日傍晚，我接到姐姐电话，说母亲走了，没有痛苦，很安详……那一刻，我突然发现自己很傻，肝癌又怎可能好起来呢，母亲是为了不影响我，在巨大的痛苦中用善意的谎言安慰我啊！那一刻，我平生以来第一次泪如泉涌……

三年援疆岁月，一辈子阿瓦提情。今天，再次将记忆之门打开，却不得不感慨时光流逝之快，昨天的一切还历历在目时，一晃，回沪已是十余年。这些年，我时时怀念着香甜醇美的穆塞莱思，想念着苍劲有力的刀郎木卡姆，思念着沧桑遒劲的原始胡杨，更想念阿瓦提文广局的全体同事们，在他们的帮助照顾下，我克服了入疆时的种种不适应，顺利投入到全新的工作中，并在阿瓦提完成了中共预备党员的转正……感悟太多太多，都珍藏在心间，是我一辈子刻骨铭心的宝贵回忆！

筑梦南疆映丹心

俞丹秋，1973 年 9 月生。现任上海市杨浦区商务委员会副主任。2008 年 7 月至 2011 年 2 月，为上海市第六批援疆干部，任新疆维吾尔自治区阿克苏地区阿瓦提县招商局副局长。

口述：俞丹秋
采访：施　雷　李彬辉
整理：李彬辉
时间：2020 年 3 月 2 日

好男儿当走四方

我的老家在浙江，而成长和学习的地方却在上海。大学里我学的是物理，而内心却又喜欢文科。我常常在学习之余看着历史文献，幻想着自己是一名考古学家，在野外发现了惊羡世界的前朝遗存。大学毕业后在上海参加了工作，第一站是五角场街道办事处，后又转去做统战工作。近十年的工作，波澜不兴，我在上海有了一个温馨的家，过上了幸福的小康生活。

2008 年，上海组织第六批援疆干部对口支援阿克苏地区。我第一反应就是要报名参加，随后又冷静了下来。问了自己两个问题：一是从发达地区前往贫困和少数民族地区，生活习俗、工作条件、语言学习上的问题我能否克服？二是一去三年，家庭怎么办？家人是否支持？回家后开了家庭会议，我妻子非常支持我，好男儿志在四方，这是我们共有的认识。熟悉中国历史的人都知道，历朝历代的政治、军事精英们建功立业的地方，往往都是在苦寒边远的塞外之地。在“花柳繁华地，温柔富贵乡”的上海，是少有这种历练机会的。

2008 年 7 月，我和另外 60 名援疆干部在总领队黄剑钢的带领下，踏上了前往新疆阿克苏地区的征途，在那里，我们将要接过前五批援疆干部肩上的重担和优良传统，更要把自己的感情和能量无私地抛洒在援疆的第二故乡。巍巍天山、高高的托木尔峰将见证我们未来三年的工作和生活。

热情的阿瓦提县

我们搭乘的飞机落在了乌鲁木齐机场，在乌鲁木齐组工大厦的欢迎会上，我们欣赏了热情的新疆歌舞，品尝了新疆美食，刚刚落足在这片西部土地上，就感受到家的温馨和少数民族的热情。

第二天，我们抵达阿克苏，当地领导送给我们反映上海知青屯垦的长篇小说《天涯长路》。走在阿克苏的城区里，随处可见上海的援疆成果，有“急救中心”，有迎宾路上的“上海图书馆”，还有西大街的“博物馆”。原以为是“西出阳关无故人”，没想到却是“莫愁前路无知己”。

我们阿瓦提组一共有 9 名援疆干部，当我们来到阿瓦提，就受到了当地各族群众的热烈欢迎。走进为我们准备的宿舍，样样家具齐备，甚至鞋柜上还摆着三支鞋油，这里的人不是亲人却胜似亲人！我的内心热流涌动，肩上承载的是沉沉的援疆使命，恨不得立刻投入工作。

阿瓦提县位于阿克苏河、叶尔羌河和喀什噶尔河的冲积平原上，是天山南麓塔克拉玛干大沙漠北缘的一个绿洲小县。东北与阿克苏市接壤，西南与巴楚县交界，西与柯坪县毗邻，南与墨玉县、洛浦县相连。东西宽约 100 公里，南北长约 150 公里，总面积 1.33 万平方公里，全县 5 乡 3 镇 4 个农牧团场，居住着维吾尔族、汉族、回族等 15 个民族 21 万多人。辖区多沙漠荒漠，可耕地上种植着棉花、红枣等农作物，是上海市对口援疆阿克苏地区最偏远的一个县级单位。

阿瓦提县还是胡杨和葡萄的故乡，有鲜明的地域色彩。大漠戈壁，胡杨林傍叶尔羌河古道繁衍生长，秋天叶子变成了鲜黄色，映衬着蓝天白云，是一幅赏心悦目的塞外风景画。

治国理政如烹饪

分给我的宿舍我总是细心打扫，时间久了，就感觉室内缺少点什么。后来发现，是缺少烟火气呀。家怎么能不生火做饭呢？于是我开始尝试做饭，从最简单的做起，切几片肉，加入一点榨菜丝，放进水里煮一煮，放盐和味精调味，再拿一包方便面做主食，就是一顿带点南方风味的饭了。后来就逐渐升级，在父母、爱人的遥控下操作，渐渐熟练了，又买了几本菜谱研究，加以创新，融会阿瓦提本地的饮食风格，所做的饭菜丰富美味起来。于是常常邀请同伴来做客，大家吃到带有上海风味的饭菜，思乡情绪得到了缓解，甭提多高兴了。

执政理国，往小里说，其实也是在做菜。要做好阿瓦提县招商引资这一块大蛋糕，不懂得高明的“烹饪学”原理，怎么能做好呢？

为了使阿瓦提县经济有一个较大的跃升，我先后参与了国能生物发电厂项目、振中塑料制品及滴灌肥生产项目、天韵红枣深加工项目、河南新野5万锭精梳棉纺项目的接洽、服务工作。先后走访鲁泰丰收棉业有限公司、华孚恒丰公司、塔河林果保险库建设项目、京棉纺织项目。

其中，国能生物发电厂项目于2008年11月6日正式并网发电。项目投产后，年消耗棉花秸秆约10万吨，年发电量8000万度，年节约标准煤5万多吨，每年还可为阿瓦提当地农民增加收入1000万元。该项目属国家大力提倡的环保项目，符合我国发展循环经济的大政方针，在改善生态环境，促进农民增收方面起到了积极的作用。

新疆鲁泰丰收棉业公司的1.3万锭棉纺扩建项目2008年投产，该项目兼有技术改革内容，特别是国外自动络筒机的引进，在南疆地区尚属独家。此设备的使用，能有效提高纺纱工效和棉纱质量。项目投产后，公司年产值可提高20%、效益提高30%。标志着阿瓦提县棉纺工业发展迈上一个新台阶，对阿瓦提县打造南疆轻纺城、增加工业经济总量、加快全县经济建设步伐具有积极的推动作用。

2009年通过招商引资，引进了河南新野纺织股份有限公司，在阿克苏注册阿克苏新发棉业有限责任公司，在阿瓦提县新建5万纱锭棉纺项目，总投资1亿元人民币，建设规模为5万锭精梳棉纺，棉纺生产设备主要有国内较为先进的清梳联、高速并条机、PXZ精梳机、粗纱机、细纱机等和日本村田自动络筒机，该进口自动络筒机自动化程度很高，生产成纱质量较好，具有自动接线打结、消除有害纱疵等功能。同时配备了当时国际先进的测试仪（HVI）、单纤维测试系统等高档次棉纺质量检测仪器。2010 年 7 月正式投产，主要生产 32 支—100 支精梳纱线，年生产棉纱 4000 吨，年产值 1.5 亿元，实现年税利 1000 万元左右，解决了 300 余人的就业问题。

有一次下乡时，途经大漠，看到落日下沙漠的壮阔、静谧和安详，我不禁停车立在一个大沙包上远远欣赏着“大漠孤烟直，长河落日圆”的景象。正当流连忘返之际，地平线上突然出现了一片黄色，接着是铺天盖地的黑风暴在远处的大漠缓缓移动。这次经历让我感受到了西部环境的险恶，也告诫我外出工作一定要注意天象。

援疆期间，我还积极推动阿瓦提县工业品、农产品参与乌洽会、西交会、夏投会等大型贸易洽谈会，为阿瓦提县的招商引资餐桌上添加色香味俱佳的诱人佳肴。

维护稳定促发展　阿瓦提，为了你的和平发展愿献出一切

援建了安居房哎，盖起了新学堂
喜看那高楼一幢幢，架起了金色桥梁
播下白玉兰的真情，洒下一路芬芳
要让水韵明珠的梦想，展开腾飞的翅膀
哎
援疆兄弟，心在大漠飞翔
心系金色胡杨
情牵欢腾的多浪
援疆兄弟，胸中有朝阳
待到边疆赛江南，举杯把歌唱
援疆兄弟——

这是我最爱唱的一首歌，《援疆兄弟》这首歌，最能表达我们援疆干部建

设新疆，保卫新疆的决心和豪情。2009年，我和阿瓦提招商局的同志们领着县里相关单位和5家企业代表十多人参加第十八届乌洽会，我们阿瓦提代表团团结协作，取得了丰硕的成果，成功签订了5个项目。同时广泛宣传阿瓦提，积极与有意投资的客商联系洽谈，达到了宣传阿瓦提、扩大阿瓦提知名度的效果，为阿瓦提的经济发展再献一道大餐。

那段时期虽然很艰辛，但看着安宁的街道上人们的笑脸，我在心里说：阿瓦提，为了你的安宁和平我愿献出自己的一切。

难舍南疆故乡情

三年的援疆工作转瞬即逝，我即将要踏上返沪的归途，临行之际，我却有些舍不得离开这片热土了。三年了，我发自肺腑地爱上了这片土地，对我来说，阿瓦提不仅仅是我生活、学习、战斗的地方，更是我的第二故乡。我写下一篇短文《我爱南疆》，用来表达我对这片土地的诚挚感情：

我爱南疆。天山的巍峨，塔克拉玛干沙漠的浩瀚，叶尔羌河胡杨的风骨，塔河滚滚不息的激情，既各具神韵，又交相辉映，构成了一道粗犷瑰丽的西域风景。置身其中，饱览这些美景，感悟沧桑变化，就如同走进一幅厚重的历史画卷。丝绸古道、楼兰古国、千佛古洞纷纷打开尘封已久的记忆，尽情展示昔日的辉煌。多么神奇的一片土地啊，来到这里的我已深深地陶醉在奇诡神妙的南疆魅力中。

我爱南疆。在这片热土上辛勤耕耘的人们，用自己朴实无华的言行谱写出一曲曲动人的篇章。你们用自己坚强的身躯，挡住了“三股势力”的侵袭，使东方明珠始终熠熠生辉；你们用自己勤劳的双手，奉献出优质的棉花、瓜果和石油，使申城百姓衣食住行质量不断提高；你们用自己美妙的舞姿，传递着民族团结的祝福，使海派文化真正领略多浪文化的奔放、豪迈。作为一名援疆干部，我由衷地为能与你们并肩战斗而自豪。

我爱南疆。难忘葡萄架下，同老乡品着穆塞莱思，吃着羊肉抓饭，跳着麦西来甫，载歌载舞的热闹场景。难忘宽敞明亮的宿舍，设施齐全的家具，畅通无阻的网线为我提供家一般的温暖。难忘家乡领导来疆探望时饱含关爱的眼神。更难忘朝夕相处，相互扶持的小组兄弟。这一幕幕场景，就像甘甜的美酒，我要把它小心翼翼地珍藏起来，细细品味。

我爱南疆，因为她是我的第二故乡。这里有我工作、生活的足迹，这里有我的亲密战友，这里更有我的一片真情，尽管即将分别，然而我的思念却如同沙漠中的红柳早已深深地在故乡的土壤中扎下根来。

我爱南疆，愿南疆在新一轮对口支援的春风下，更加繁荣安定，再创辉煌！

用情、用智、用力、用心
“四用”深藏援疆情

蒋争春，1968 年 10 月生。现任上海市杨浦区社会主义学院常务副院长。2010 年至 2013 年，为上海市第七批援疆干部，任援疆泽普分指挥部指挥长、中共新疆维吾尔自治区喀什地区泽普县县委副书记。

口述：蒋争春
采访：张　伟　龙　晨
整理：张　伟
时间：2020 年 3 月 25 日

在我投入援疆工作的那一年，也就是 2010 年。上海的援疆工作已经开展了十三年，但是这年 8 月开始的新一轮援疆工作与以往有一些不同。在这次的援疆行动中，我们对标新的地区，援建的资金投入更高、人员输出更多。统计以往的援疆支出可以发现，过去的总计支出为一个多亿，尚未到达两亿数值。但是在新一轮援疆行动中，以泽普县为例，我们每年投入的援疆资金就有一个多亿，一个亿是什么概念呢？ 2011 年泽普县的财政收入也就一个亿多一点点。而且这个数额每年还会有 6% 至 8% 的增长，另外除了政府投入资金之外，还有来自社会各界的捐助。到 2013 年我们这一批援疆工作告一段落时，上海援建泽普县的总金额将近六个亿，这个资金支持力度是前所未有的。

除了资金投入力度大以外，这次援疆工作在人员输出上考虑得也更为周到。按照规划，在新一轮援疆工作中，上海市每两个区对口一个县。支援泽普县的为杨浦和闵行两个区。援疆团队由三支队伍构成，分别是党政干部、教师和医生队伍。党政干部的数额比较少，只有 5 名同志，杨浦 3 名，闵行 2 名。另外两支队伍中，教师队伍全员来自杨浦，医生则全都来自闵行。在援疆时长上，党政干部的援疆时间为三年半，除了教师和医生队伍里的领队，其他人员基本是一年半更换一次。杨浦区的教师队伍，每批大约5—7人。我们的教师不仅担任学校的教学和教务工作，还根据援疆工作的形势和要求，进行一些家访活动。

可以说，新一轮援疆中，我们付出了很大的人力与物力，这也奠定了我们援疆行动取得成功的基础。

援建泽普要做到三个“好”

在新一轮援疆工作中，上海对口援建喀什地区的四个县。喀什地区是少数民族最为集中的地区之一，汉族人口仅占总人口的6.86%。在叶城县、莎车县、泽普县和巴楚县四个县中，我参与援建的是泽普县。在新疆喀什这个地区，有河的地方才会有绿洲，有水的地方才会有人居住。泽普县就位于叶尔羌河的上游、喀什地区的中部，县域面积为980余平方公里。这是一个历史悠久的地方，自古就是丝绸之路南道上的重要驿站，在3000多年前就孕育发展出良好的农业。

在四个县里，泽普县的经济情况是比较好的。这里的居民多种植红枣、核桃、马铃薯等经济作物，还生产木雕和玫瑰花枕头等民族工艺品。在工业上，泽普还是塔里木油田塔西南勘探开发公司的定点区域，建设了泽普石化厂。尽管如此，我们去的时候，大多数泽普居民居住的还是土坯房，经济条件十分落后。在人口结构上，相对于其他几个县，泽普县内汉族人口相对比例还是较高的，约为16.94%。这些汉族人口主要集中在县城。

作为泽普县委副书记，我一直在思考，到底怎样才能把这项工作做好。援疆是一项系统性工程，结合具体实践，我总结出以下三点：

第一是要用好资金。我们此次援疆的资金是非常充足的，如何用好资金是一项技术性工作，要把钱花对地方，花到刀刃上。从整体上来说，我们以当地急需发展的安居富民、社会事业、产业发展、基层政权及阵地建设、人力资源、规划编制等领域为投资重点，保证了钱尽其用、用则见效。

第二是做好项目。在援建泽普的过程中，一个个项目是我们实际工作的抓手，我们试图通过项目打通泽普各领域发展的堵点，为泽普后续的发展多铺一段路、多助一些力。以杨浦区支援泽普为例，2011 年至 2013 年 11 月，杨浦对口支援泽普县共计完成项目 62 个，总投入资金 3.659 亿元。其中市级项目 33 个，投入市级资金 3.55 亿元。项目涉及安居富民工程、社会事业、产业发展等，以教育、卫生为重点，兼顾民生建设、文化交流。说到底，援建并不是把钱给到位就算成功了，而是要通过项目，让资金持续运转起来，要让当地百姓在我们离开之后，仍然能够依靠这些项目创造经济价值，这样才能真正盘活当地经济、改善人民生活。

第三是带好队伍。南疆距离上海五千多公里，气候和上海天壤之别，干燥、紫外线强烈，那里又是少数民族聚集的地方，所以很多时候我们和当地人语言不通，生活习惯也不一样。大家刚过去时都很不适应，有些同志甚至出现失眠、流鼻血、嗓子发炎、厌食等症状。作为援疆泽普分指挥部的指挥长，就必须要对所有的干部成员负责，为他们疏导情绪，卸下心理包袱。任何干部出问题，我都没办法向组织交代，向他们的家人交代。

援建泽普要做到“物质文明、精神文明”两手抓

“仓廪实而知礼节，衣食足而知荣辱”，物质文明和精神文明两个方面，两手都要抓，两手都要硬。我们在泽普工作的时候，不仅关注当地百姓的衣食住行、经济发展，努力提高他们的生活水平，也没有忽略大力培育当地的精神文明建设，在丰富百姓生活、满足人民娱乐需要等方面下了一番功夫。在这方面，杨浦和闵行两个区都做了很多事情。

杨浦区主要出资支持了泽普县城市规划展示馆的建设，建成了阿克塔木乡上阿扎塔木村篮球场，为泽普县十乡添置了阅报宣传栏等。闵行区则于 2011 年组织优秀文化项目和人才到泽普实地考察，协助泽普推进文化建设。他们在当地开展文艺创作，挖掘泽普本地的优秀文化元素，推广普及了泽普文化。与此同时，基于泽普本身拥有的风光和人文风情，闵行在当地开展了摄影采风活动，出版摄影作品图片册，开展专题片拍摄活动，制作系列专题片，对外宣传泽普县经济、社会各方面快速发展的良好态势，这对泽普旅游业的发展颇有助力。

杨浦、闵行两区对泽普县的文化支持活动，最终由单向输出转变为两地文化的相互交流。2010 年 4 月中旬，泽普县党政主要领导率文工团来到闵行区访问并进行答谢演出。2011 年，泽普县也组团赴杨浦区举办招商推介活动和文艺演出。

两地的文化交流活动，既有利于两方人民培植和深化感情，也有助于泽普走出喀什、走出新疆，以更响的名片面向全国，从而吸引更多的关注，获取更多面的发展机会。这是精神文明发展对物质文明促进作用的彰显，也是以人为本理念的彰显。

援建泽普达成了“五个唯一”的成就

在泽普工作的三年半时间里，我们可以说是想尽了各种办法为当地创收创增，我们的工作是扎实到位的，所以也取得了一些成绩，可以用五个唯一来概括。

唯一一个建立了规划研究院的县。之所以想到在当地成立规划研究院，是因为当初上海市政府对新一轮的援疆工作有一个总体思路，那就是“民生为本，产业为重，规划为先，人才支撑”。从这个总体思路中就可以看出规划和人才的重要性，而当地又很缺规划人才，所以授人以鱼不如授人以渔，我们就邀请上海东方建筑设计研究院，在泽普县建立分院，更好地为当地建设提供规划服务。在后来的援疆工作中，上海东方建筑设计研究院为援建泽普做了很多切实的工作，他们承接了泽普县布依鲁克乡新农村建设规划和阿克塔木乡概念规划等项目。2013 年援疆工作结束以后，上海东方建筑设计研究院分院在泽普仍然正常运转，这是一项很宝贵的援建成果，有了规划研究院，他们往后的城镇建设就有了依托和抓手。

唯一一个按照小城镇规划，从总体上进行安居工程建设推进的县。安居富民工程是整个新一轮援疆工作的重点之一。南疆的经济发展水平比较差，居民的居住条件比较恶劣，住的大多是土坯房、危房。中央也提出，我们的援疆工作要在安居富民这方面加大投入，改善南疆人民的居住水平，让人民住得安心、舒心。对于泽普县来说，住房问题是民生的一大难题，也是我们要重点

上海规划顾问组专家现场指导泽普援建规划

攻克的难题。在这项任务上，上海东方建筑设计研究院做出了很大贡献。泽普县是唯一一个按照小城镇规划，从总体上进行安居工程建设推进的县。其他几个县都是在老房子基础上，进行比较简单的改建或是扩建。而我们在泽普县委、县政府的重视和支持下，按照小城镇规模建设，给大部分居民建成了两层楼的小别墅。对个别条件比较差的乡村，我们也是打下两层地基，先暂时盖上一层，这样等以后有机会了，他们经济条件允许了，就可以把第二层重新加盖上。安居富民工程在实施中存在一定程度的难度，为了更好推进这项工作，同时也是为了起到示范效应，我们采用了试点制。最初的试点在泽普县八乡进行，八乡建成之后，效果非常好，百姓很满意。其他几个县也争相过来参观，表示非常羡慕，并开始进行模仿。但要全面推进泽普的安居富民建设标准还是很有难度的，泽普县之所以能够成功，和它本身优于其他县域的经济条件，以及县里、乡里的资金投入是离不开的。我们的工作标准当然要定得高，但是不能脱离客观条件。

除了建筑建设标准高以外，我们的安居工程还有另外一个特点，那就是它是一项整体推进的工程。我们不仅考虑了居民的居住院落，还考虑到了其他配套设施，比如乡政府的建设、幼儿园的建设、村民活动室和卫生室的建设等。

在此基础上，我们在动工建设时，全盘启动，总体推进。最终，我们帮助泽普新建安居富民房3828户，建设牲畜棚圈32个，中心家禽养殖基地12个，生猪养殖基地104个，其他的公共基础设施建设也按照规划有序进行着，极大改变了泽普县的面貌。

唯一一个用委托管理模式接管学校的县。在援疆队伍中，教师队伍成员全部来自杨浦区，我们挑起了支援泽普教育的重大任务。喀什地区四县的教育资源匮乏，办学条件普遍简陋，高中阶段的入学率尚未达到50%。我们到达泽普后，一开始只负责对口支援泽普二中，后来又根据当地政府的要求，把泽普五中的任务接了下来。和援建二中不一样，我们对五中的援建是以委托管理的方式进行的。一般援建都采取派出几名老师、副校长参加学校工作的方式，而委托管理则要求我们对学校的整体发展模式和发展方向负责，要在对学校的规划建设中起到关键的指引作用。可以说，这种模式是我们在给自己增压力、压担子，但它也确实更有利于当地教育的发展。

参照上海委托管理中小学薄弱学校的成功经验，我们积极协调上海市杨浦区教育局和泽普县政府开展共建共管泽普五中工作，选派由校长、教师组成的优秀团队到五中开展教学管理工作，全方位帮助提升五中的师资队伍建设和教学管理水平。2012年，首批上海共建共管泽普五中团队的5名教师进入学校，分别担任校长、校长助理、德育室主任、文科和理科教研室主任，协助五中完成了师资队伍管理、校园文化建设、教研教学工作等一系列任务。

我们的委托管理模式是很受欢迎的，这一模式一经公布，就在喀什地区引起了很大的轰动。除了泽普本县学生争相到五中学习以外，喀什地区的其他县的学生也想方设法地要到五中来。少数民族地区的人民对教育是非常重视的，他们深知教育能改变未来。改善当地的教育资源环境，不仅仅有利于提高当地的平均文化水平，也是产出人才、推动经济循环发展的必须，因此这也是我们援疆工作的一大重点。

唯一一个建成5A级景区的县。我们在产业援疆方面动足了脑筋，由于泽普地区有一些比较有利的自然环境，所以我们就想要建成一个景区，这样能够为当地带来不少收入，还有利于调整产业模式。为了建成这个景区，我们调动

杨浦区、泽普县共建共管泽普五中揭牌仪式

了很多财力和人力资源。我们找到上海社会科学院承接这个项目，又得益于当时上海市分管援疆工作的赵雯副市长和国家旅游局的支持和帮助，终于建成了金湖杨国家森林公园这个国家 5A 级景区。景区位于泽普县城西南 40 公里的戈壁深处，三面环水，有约 1.8 万亩天然的胡杨林。金湖杨国家森林公园是南疆地区的第一个 5A 级景区，我们把景区建设和安居富民紧密结合，积极指导农业和旅游、文化和农俗相结合的发展之路，使部分农民实现了从农业向服务业的初步转型。2013 年，泽普县接待旅游者达 49.72 万人次。

唯一一个被评为“先进基层党组织”的援疆党支部。2010 年 6 月份奔赴南疆之前，我们对口喀什四个县的分指挥部，全部建立了临时党支部，以便更好地在当地开展服务工作。2012 年 6 月，上海市开展先进基层党组织的评选活动时，泽普的援疆临时党支部被评为“上海创优争先先进基层党组织”。据了解，在当年的这项评选工作中，我们是唯一一家被评为先进基层党组织的外援单位。以往的评选名额只有 100 个，2012 年度有 101 个，我们就是那第 101 个。这是对我们在泽普工作的极大肯定，我们的援疆队伍成员都感到非常骄傲。

这“五个唯一”既是我们在泽普工作的具体成就，也是对我们的精神嘉

泽普的援疆临时党支部被评为“上海创优争先先进基层党组织”

奖。泽普的整体工作离不开方方面面领导的支持，我们在泽普工作的三年半时间里，上海市、杨浦区四套班子的各级领导都多次到泽普看望和慰问我们，比如时任上海市委书记的俞正声，时任上海市委副书记、市长的韩正，还有杨雄、刘云耕、冯国勤等领导，杨浦区的陈寅书记、诸葛宇杰区长、魏伟明主任和马效华主席等。除此之外，我们的工作还得益于援疆干部家属和上海社会各界的支持。2011 年 2 月 5 日，在中央电视台新闻联播“新春走基层 · 援疆纪行——对口支援规划先行，调整产业优先民生”中介绍了上海开展对口援疆规划、转变当地发展思路的有关情况，其中重点介绍了我们在泽普县的规划探索。这是对我们工作的莫大肯定，正是因为有了这些支持，我们才能取得这样一个比较好的结果，同时领导的关注和媒体的报道，也有利于社会各界更多、更好地了解援疆工作，这对开展这项工作是大有裨益的。

援建泽普的四点体会

在这次援疆中，我作为援建泽普的一员，在开展工作和与当地百姓交流中感受颇深，有很多思考和想法，总结起来是四句话，这四句话不单单是感性总结，也是做好援疆工作的必须。

首先是用情。我们的援疆工作说到底是做“人”的工作，为百姓做事，为百姓纾解困难和心结，所以要想把援疆工作做好，就必须要带着感情去和当地百姓沟通，要用真情去对待各族人民群众。获得当地人民的理解和支持，这是做好援疆工作的前提。

第二是要用智。南疆条件比不上内地，更比不上沿海，我们援疆的难度是很大的。对于南疆又是首轮援建，会遇到哪些实际的问题尚不清楚，需要摸索和积累经验。而且当地各级干部、各族群众对援疆的认识不一，开展援疆工作的基础和条件不一，为了解决这些难题，就势必要充分发挥援疆团队和当地干部群众的智慧，并把大家的智慧巧妙地凝聚起来，这样才能把项目做好，把援疆目标达成。

第三是要用力。我们这次援疆投入的资金数额大，援疆项目多，帮扶力度大，涉及经济、教育、医疗卫生、社会民生各个方面，要把这些事情一件一件有条不紊地处理好，就不能不花费足够的时间和精力，否则是做不好事情，甚至做不成事情的。

最后是要用心。要事无巨细地用心去做事，把项目做实，把民心暖住，要保证我们自己援疆干部队伍的安定、团结，把大事小事都照看好了，不能生纰漏，不能靠事后找补。

做到以上这四点，就一定能不负中央重托，把援疆工作做好。我也相信，今后的援疆干部，会比我们这一批做得更好！

丹心一片连山海
问道求真砺征程

高云翔，1969年9月生。现任杨浦区政府办公室副主任、合作交流办副主任。2013年7月至2016年6月，为上海市首批援黔干部，任中共贵州省遵义市道真仡佬族苗族自治县县委副书记、县人民政府副县长。

口述：高云翔
采访：张玮贤 施恩贤
整理：施恩贤
时间：2020 年 2 月 26 日

上海是党的“诞生之地”，遵义是党的“转折之城”。在那“备战、备荒，为人民”“好人、好马，上三线”的建设年代，数万优秀上海儿女听从党的召唤，告别亲人，离开都市，背负行囊，来到遵义这片红色的土地。从此，凤凰山下有了上海路，湘江河畔有了圣洁的玉兰花、葱郁的梧桐树，有了从街头巷尾飘出的吴侬软语、上海乡音……

黄浦江芙蓉江江江相连，杨浦情道真情情情相依。2013 年 2 月，国务院办公厅下发文件，明确上海市对口帮扶遵义市，上海市委、市政府将脱贫攻坚，对口帮扶遵义市的湄潭、正安和道真三县的重任交付杨浦。跨越东西部的又一次握手，再次将两地人民的情感更加紧密地联系在一起。同年 7 月 13 日，我有幸作为上海市首批 10 名援黔干部中的一员，带着上海组织的重托，带着杨浦人民的深情，带着历史情感的传承，来到了千里之外的贵州省遵义市，开始了为期三年的工作生涯。

入乡随俗，以“三同”促“三融”

起初我对遵义和当地干部群众都不大了解，他们也对上海和上海干部很陌

高云翔（右一）下乡调研和当地干部一起在山顶上吃午餐

生。工作中，尽管当地群众很热情，但他们从不对我们提要求。我觉得，彼此之间的距离有些远。同时，孤独与寂寞，生活习惯的不适应，停水停电等意外事件的发生，加上遵义干部“五加二”“白加黑”的工作节奏、“无辣不成菜”的饮食习惯和几乎都是当地方言的语言环境，给长期在上海生活和工作的我带来一定的挑战。心态决定状态，要想立起来，先要融进去，既然来到道真县，道真就是我的第二故乡，首先应该入乡随俗。万事开头难，再大的困难，也要踩在脚下，辣子吃不惯，一口一口试着吃，当地方言听不懂，一句一句辩着听，“五加二”“白加黑”的工作状态，一步一步去适应。后来下乡调研，偶尔在农户家中用餐，也能随着大家一起吃着辣子蘸水，来上一碗山里老乡自酿的土烧，渐渐地我发现，随着自己皮肤变得更黑，无辣不下饭成了在道真生活的新常态，当地干部对我从初来时礼节性的客套，变成了心与心的交融，不少人都和我成了好朋友。同生活、同工作、同学习，快速拉近了彼此的距离，促进了自己与35万道真干部群众生活上的融入、工作上的融合、情感上的融洽，从心灵深处赢得了他们对上海干部的接纳、认同和信赖。

严谨务实，用"精细"求"精准"

由于东西部发展的差异，道真当地的工作，在思维的战略性、决策的科学性、执行的计划性、操作的规范性、推进的效率性、监管的严格性等方面，与上海相比还存在着较大的差距。为了能让上海的对口帮扶工作最大限度地达到精准扶贫的效果，我着力从三方面入手开展工作。

一是项目立项求科学。到了道真后，我与道真县委办公室、扶贫办的同志们一起走遍了全县的 14 个乡镇、83 个村、25 个科办局，深入了解当地在减贫摘帽进程中所面临的困难，并按照资金的配额，和县扶贫办一道，认真筛选申报的项目内容，所有申报的上海项目基本都是依照 7∶2∶1 的比例构成（即：我和大家一起通过调研，筛选确立的项目占全部项目的 70%；县领导班子现场办公，希望得到上海支持的项目占 20%；县扶贫办掌握，需要上海项目帮助解决困难的项目占 10%），较为科学地契合了"当地所需，上海所能"的工作实际，妥善解决了在项目编制过程中，可能会因意见不一带来的潜在矛盾，为上海对口帮扶项目立项的科学性、合理性、实用性提供了有力的支撑。在会同道真县扶贫办、相关职能部门、乡镇，深入全县科局、乡镇开展实地调研，共同研究确定项目立项，严格实施强化过程监管，规范制作项目台账的基础上，根据沪遵两地对口帮扶工作的年度计划，2013—2016 年，在道真安排的上海市、杨浦区两级对口帮扶项目涵盖新农村建设、社会事业、产业发展、民生改善四大类，项目数共有 42 个，总资金额为 4360 万元。通过对口帮扶项目的实施，极大地改善了道真贫困区域群众的生产生活条件，促进了干部群众观念的转变，推动了全县经济社会又好又快发展，为道真推进脱贫攻坚注入了强劲动力。

二是过程监管严把关。与全县每年到位的扶贫资金总量相比，每年到道真县的上海项目的资金量并不算大，但在当地干部眼中，上海项目管理的每一步都是最严格，最规范的。为了将每一个上海项目真正建设成为当地的示范工程、民心工程，我牵头成立上海对口帮扶项目建设领导小组，强化对上海实施项目事前、事中、事后的协调推进，跟踪监管，确保了每一项上海项目在当地的顺利实施。

三是智力帮扶显成效。扶贫先扶智，自 2014 年 3 月起，杨浦区充分发挥区内的教育资源优势，按照“输血”和“造血”并重的原则，通过加强领导，多方协作，拓宽渠道，开启了以点面结合、三年一轮、滚动推进，着力在学校管理、师资队伍建设、教育教学、教育科研和教育信息化等方面援助道真的智力帮扶新征程。2013 年 2 月，杨浦区在区内选定了教学质量好、知名度高的上海鞍山实验中学与道真玉溪中学结对共建为姐妹学校，在学校的课程建设、师资队伍培训、管理干部培育等方面，不断强化人才队伍内涵建设的合作与交流，对玉溪中学开展三年一轮的周期式“共建共管”。杨浦区教育局先后选派了政治素质高、业务能力强的 3 名校长和 10 名老师来到玉溪中学开展“支教帮带”工作。在县教育局和玉溪中学的努力下，他们一方面充分利用杨浦在遵义三县中小学不同学科支教老师的资源优势，采取“请进来”的形式，多次邀请杨浦在遵义的支教团队来到玉溪中学开展教学研讨，送课下乡，为乡镇学校的老师传授教学经验；另一方面以“走出去”的形式，4 次组织玉溪中学 41 名教学骨干，远赴上海鞍山实验中学、延吉中学、包头中学、辽阳中学、铁岭中学等学校开展互帮互学、教学相长活动。在此基础上，杨浦区还安排专项资金，为 29 名道真县的中小学校长、骨干教师开展了短期培训。同时根据道真全县学校建设的实际情况和相应需求，先后安排了 4 批由杨浦区优秀中学校长、上海市特级教师、学科带头人、骨干教师组成的支教讲师团来到道真，在玉溪中学、道真中学、民族小学开展了 15 场次的示范教学、授课点评、教学研讨、专题讲座等教学科研活动，并在上海、杨浦对口援建道真的项目资金中，安排了教育类项目资金 1394.6 万元，用于道真教学设施的改善，先后在河口乡竹林塘小学、旧城镇长坝小学、三桥镇三会小学、玉溪中学、玉溪小学、三江镇云峰小学新建或改建教学楼、学校厕所、留守儿童食堂、教师和住校学生宿舍、图书室、活动室和运动场等，帮助道真中等职业技术学校新建了计算机实训基地，并严格按照上海中小学校的建设标准，在玉溪中学、道真中学新建了 2 间录播教室。分别得到了时任上海市政协主席吴志明、市委副书记应勇的充分肯定和积极评价。除此之外，三年中，先后有上海烟草集团、上海上筑装饰有限公司、上海财经大学志愿者、同济大学专家教授、上海市静安区教育专家来到道真，通过捐资、捐物、捐建教学设施、义务讲学等形式，开展支教助学的社会帮扶行动，累计总金额达250余万元，88名道真困难家庭学生得到了来自上海中原护理院、杨浦区机关、部门、企事业单位和爱心人士的爱心结对帮扶。社会帮扶的有力推进，进一步改善了道真的教育教学环境，提升了全县的教学管理水平，为道真困难家庭的孩子们“治穷窝、拔穷根”树立了信心，点燃了梦想，带来了希望。

倾情倾力，解“水困”赠“厚礼”

2016年3月22日，在我即将结束援黔工作，再过三个多月就要回到上海的时候，洛龙古镇丁氏坝社区书记谢艳前坐两个小时的车来到道真县委，将两双（一蓝，一红）毛线保暖鞋和一袋洛龙米粑转交给我。她告诉我，乡亲们为了感谢上海干部为他们修建了融消防、人饮、灌溉“三合一”功能的消防池，特地委托她送来的。保暖鞋是丁氏坝社区的一个老阿妈一针一线为我和远在上海的爱人钩织的，米粑也是她在自家的灶头上亲手制作的。老太太非常淳朴，她怕我觉得她的礼物不行，连她的名字都不肯让我知道。“金杯银杯不如百姓的口碑，金奖银奖换不来百姓的夸奖”，我深知两双保暖鞋不仅是道真乡亲们对我在道真三年工作的认同和肯定，更是对我们首批10名上海援黔同志至高无上的敬意和褒奖！带着一份感动，一份虔诚，我收下了这份在我心中分量最重、情感最深的无价之宝，并将它伴随着三年的道真情一起珍藏在心中，去温暖我今后的人生！

要给老百姓缓解水困，修建“消防池”，是我刚到道真不久就立下的愿望。2013年7月15日我初抵道真县时，道真已经经历了60多天的高温少雨天气，这是几十年不遇的特大干旱，使得整个黔北大地的山山水水处于一种焦灼的状态。全县大面积缺水，群众饮水十分困难，这和在上海时听到的“天无三日晴”的贵州简直是天壤之别。有一天下班回宿舍的路上，巧遇时任道真县县委副书记的贺佳卿同志，他说道真已经近两个月没有下雨了，连续的高温使得县里几个低海拔乡镇农户的庄稼受损严重，地里尚未灌浆的玉米已经干枯，叶子

高云翔（中）调研人畜饮水工程

用火一点就着，几乎绝收，因干旱给全县造成的损失已达1.4亿元。想起白天透过办公室的窗口，看到不远处山上的玉米因连续干旱造成的一片枯黄，作为一名道真干部，我的心情非常沉重。

后来我们去了灾情较为严重的乡镇，一边担起抗旱救灾重任，一边为解决当地饮水问题做调研，吃住在乡镇，白天深入村组指挥抗旱救灾工作，晚上研究抗旱救灾工作存在的问题，布置第二天工作。洛龙镇就是其中灾情较为严重的一个，这地方属于喀斯特地貌，存不住雨水。当地百姓用水都是用细软管从附近的山泉眼引水，要在平时日常生活是足够的，但遇到消防、大旱等需要大量用水的时候就力不从心了。考察中，看到因无水扑救而被烧成灰烬的木楼废墟，很是扼腕痛惜。在历经多次深入调研的基础上，由我牵头县扶贫办会同洛龙镇政府负责实施，利用中建三局（沪）等5家上海企业联合捐资的45万元资金，在洛龙镇丁氏坝社区背面的山坡上修建具有消防、人饮、灌溉“三合一”功能、容量为400立方米的引水消防池。水从2公里外的山顶泉眼中引来，由于有高度差，水压特别大，不仅消除了古镇连续两年火灾不断却无水救援的消防窘境，而且为全镇居民提供了洁净的饮用水源，还能灌溉周边数百亩的果林，也为古镇的旅游开发创造条件。除此之外，我们还在桃源乡桃源村建了一个 500 立方米的人饮工程，解决了当地 320 户、1000 余村民的人畜饮水问题。

偶遇王喜，聚“众力”喜“成才”

在道真的援黔资金中，教育项目的资金占据了三分之一。上海的要求是“教育为先”，这与遵义，特别是道真的传统非常贴切。道真因汉代学者尹道真而得名，历来是贵州全省“穷县办大教育”的典范，每年考上名校的寒门学子非常多。但路难行、缺师资是制约当地学校发展的最大瓶颈，最难为的还是那些山里的娃娃们，无论春夏秋冬，娃娃们每天早上五点不到起床，一个人走四个小时的山路，九点赶到学校上课，到了下午三点放学，又要再走四个小时才能回到家中，一个个七八岁的娃娃，每天这样来回多不容易啊！三年中，要说最有意义的事便是为道真的教育事业出了力，最感欣慰的是看到教育改变了娃娃们的命运。

王喜是玉溪镇东郊的一个农民家庭的孩子，2014 年就读于道真民族中学。父母均有下肢四级残疾，主要收入靠政府低保和父母在县城附近的石粉厂打工所得。2014 年 4 月 22 日下午，厄运再次降临到王喜的身上，王喜的父亲王小华在打工的厂区内不幸触电死亡，给其家庭带来了灾难性的打击。但父亲的意外去世并未影响到王喜的学习成绩。一次我下乡调研，与王喜的班主任周绍伦相遇，据其介绍，王喜同学性格开朗，好学上进，各科成绩发展均衡，是班里的学习委员，其综合成绩在全年级 22 个班级 1380 名同学中排名前 7 位，她的理想目标是考入复旦大学。王喜家里最多的是她红彤彤的奖状，被她母亲整整齐齐地贴在墙上。像王喜这样品学兼优的好学生，如果得不到社会和好心人的资助，她可能被迫放弃学业，实在令人可惜。我暗暗下定决心，无论如何都要想方设法为王喜在上海联系一家助学单位，帮助她解决学习和生活上遇到的困难，帮助她实现未来的梦想。

“2013 年杨浦区十佳‘好儿女’”称号获得者、上海中原护理院马明素院长在得知王喜的情况后，表示要动员院内的力量来帮助王喜摆脱学习和生活上的困境，他们商定以护理院职工每年捐资的形式，资助王喜全部的学习和

高云翔（左一）在民族中学学生王喜家家访

生活费用，不同阶段的标准分别为：初中阶段每学年一万元，高中阶段每学年一万五千元，大学期间根据学校所在的地区和缴纳费用全额资助其完成学业，并草拟了结对助学协议书发给我共同完善。马明素的善心获得了全院上下的积极响应，在王喜父亲去世后的两个月，“喜圆梦”结对助学协议便正式签订。

2018年，王喜以总分655分（总分750分）的成绩，被南京大学录取。中原护理院还特意邀请王喜到上海，给她举办了欢迎会，欢迎她“回家”。如今“喜圆梦”行动还在继续，很欣慰自己的一点努力和上海中原护理院真情的相助，将彻底改变王喜的命运和人生轨迹。黄浦江芙蓉江江水相连，杨浦情道真情情深似海。

遵道从真，砺“三年”成“一生”

如果有人问我，在贵州、在遵义、在道真的工作和生活，最大的感受和收获是什么？我会毫不犹豫地告诉他，对我一生而言，来贵州工作是机遇，来遵义工作是幸运，而来道真工作则是幸福和财富！三年的援黔经历，既是磨练意志、砥砺品质的难得机遇，更是一段可遇不可求的潜心学习、借鉴比较、冷静思考、沉淀积累的过程。作为首批上海援黔干部中的一员，在外的形象重于生命，三年的道真工作，让我更加深刻地明白身上被赋予的使命和肩上所承担的责任；更加深刻地认识了自信自立、自强自励、自警自省、慎独慎思，慎言慎行的重要意义；更加深刻地体会到必须清晰地找准自己的定位，全方位地把握好做人、做事和生活的尺度，做人要谦虚谨慎，工作要真抓实干，生活要低调务实，真正做到指导不教导、请示不依赖、掌握不干预，上不越位、下不欠位、精准到位；更加深刻感悟到了必须始终坚守清正廉洁的底线；更加懂得了感恩，懂得了珍惜，懂得了做人应积极进取，懂得了生活要知足常乐。

崇道尚真、遵道从真、与道共真、弘道传真、体道归真、重道明真、乐道近真、惟道至真、天道诸真……对我的一生而言，虽说在道真工作、学习和生活只有短短的三年，却让我在这片红色的土地上接受了最深刻的党性教育，最直接的国情教育和最生动的民族团结教育，在实践和思考中，锤炼了党性，砥砺了品格，增长了才干，升华了情感，书写了一段生命中最美、最真、最难忘的精彩篇章！

三年道真人，一生道真情。

“卖菜”的苦与甜

周灵，1975 年 11 月生。现任中共上海市杨浦区五角场街道党工委副书记、办事处主任。2016 年 7 月至 2019 年 7 月，为上海市第二批援黔干部，任中共贵州省遵义市道真仡佬族苗族自治县县委副书记。

口述：周　灵
采访：余伟亮　邓睿沁
整理：余伟亮
时间：2020 年 3 月 23 日

贵州遵义道真自治县是全国仅有的两个仡佬族苗族自治县之一，属国家新阶段扶贫开发工作重点县，总人口约 35 万，贫困人口 6.2 万。到遵义之前，我一听到道真仡佬族苗族自治县，满脑子都是吊脚楼、木寨子和少数民族的画面。到了道真县城，看着宽阔的马路、干净的街区，我的第一个感觉是：“这哪里是贫困县?”然而随着调研的深入，等到我下农村、进农家，才了解情况。道真自治县位于贵州省最北部，是云贵高原向四川盆地过渡的斜坡地带，平地在这里异常珍贵。平原“坝子”都集中在县城，资金也汇聚在这里，而道真 6 万多建档立卡的贫困人口，大多散落于 2157 平方公里的崇山峻岭。山间角落，越往里越往上，群众的生存条件越艰苦。

我刚去的时候，有人就说：“你挂职而已，不用那么认真”。但我有自己的考虑，一是千里之外，我不仅代表自己，更多的是代表杨浦干部，代表上海干部的格局、能力和素养，“认真”是上海干部的特质和标记。二是我肩负使命，责任重大，要么不做，要做就要做好。要用有限的时间，给道真的发展掘一口源源涌流的“泉”。

我初到道真时，虽然怀着满腔热情想做好脱贫工作，但当时我对于脱贫攻坚的概念还停留在以前的观念中，到底需要我们援黔干部做什么？给他们找一点捐款？出资建设基础设施？还是找企业捐一点物资？后来我发现那些外来的赠予式的扶贫只解决一时，解决不了长期性、根本性的问题。国家其实已经在脱贫攻坚方面投入了巨量的资金，重点用于贫困地区的水、电、道路、房屋、通讯等基础建设，并取得了明显的效果，贵州的公路已是“村村通”“组组通”。然而在本质上老百姓的思想观念还没有根本转变，要脱贫，需要为他们提供长期稳定的增收渠道。

赚到的第一桶金

随着深入乡间地头的次数增多，我发现了贫困户所在的道真农村中的困境——自给自足的小农经济制约了产业发展的道路。一共有三大问题制约道真农村产业发展：一是农户组织化程度不高，品种散、小、乱；二是销售渠道不畅，种出来没人收；三是技术水平落后，没有田间管理，基本靠“天”收。后来一次偶然的机会，让我走上带领贫困户种菜卖菜的增收致富路。2017年2月，因为暖冬，道真花椰菜上市时间正好与甘肃主产区发生冲突，导致大面积滞销。道真县委书记刘东明打电话给我，我正好回上海休假体检，临危受命急需寻找销售渠道，开拓上海市场。因为上海批发价格和道真持平，事情没有办成，我当时很不甘心，同时在想是不是卖给超市，价格能高一点？我意识到道真蔬菜量少、质优，要拓展销路，批发不是最好的选择，走终端市场才是出路。打了二三十次电话，几经周折，最终通过上海杨浦区永辉超市的推介，辗转联系到了贵州永辉超市，再通过贵州永辉，终于联系上了重庆永辉超市。我在上海、道真、重庆之间来来回回跑了近十趟，最后用真诚打动了永辉超市华西区负责人：“先给你们2000万元的供货额度试试看。”自此，我的“卖菜大业”开始起步。

在卖菜事业的起点，有收获的幸福，也有一路的艰辛，卖菜远非“采摘下来，送过去就完了”那样简单。去往重庆的山路蜿蜒曲折，我至今还记得，第一次看着9.6米长的大卡车把10吨蔬菜送往重庆时的那一幕，心里百感交集。2017年5月15日，第一车菜按计划抵达，一周以后，我打电话询问时发现问题很严重：菜出去以后就再也没人管，也没人问怎么收款。我联系超市负责人了解情况，超市负责人先是夸奖了菜口感不错，但紧接着就是一系列的问题：有较大损耗，没经过分拣，大小不均，部分有了黄斑霉斑……如果当时我不问，很可能这第一单也是最后一单。

卖菜的过程中经历了很多艰难，在产销对接时，才发现影响销量的源头不在于销售渠道，而是在于生产端没种好，种出来的菜虽然绿色生态、吃口好，但缺点也一样明显：卖相差、标准不一、无品牌标识。农民的观念根深蒂固，“我这里就是纯天然的东西，这所有的菜不管它长得好看不好看，长得大大小小都是好的，要卖就要帮我都卖掉。”以前他们种的菜都是自己吃的，吃不了的，有少量的拿去卖；现在要让他们知道市场需要什么，他们就应该提供什么。扶贫先扶智，管事先管人，我们扶贫干部要把农民的观念，从原来的自给自足转变到现在的为市场提供标准化产品上，按“市场需要什么就种什么、什么赚钱就生产什么”的思路走。

倒逼出的一套标准

蔬菜种出来，卖出去只是万里长征的开始。刚开始我们还能靠打感情牌销售掉一部分，长期来看还是要靠品质标准打天下。道真蔬菜口感质量很好，但没有规模和价格优势。山区没有工业，土壤和水质都是上等，道真土壤富含硒、锶等微量元素，蔬菜灌溉引流的是天然山泉，当地干部开玩笑：“我们这儿蔬菜喝的水比大城市里人喝的水都好。”不过，农地被大山切割成细碎小块，难以规模化种植，产地和消费市场隔着千山万水，物流成本远高于山东、甘肃等蔬菜主产区。

怎么才能让道真蔬菜扬长避短？过去总想着走批发市场，想方设法压低价格。道真的菜要运到上海，仅运费加包装和损耗，成本就在每斤 0.9 元左右，传统的大众菜如白菜、莲花白等，远销只会倒贴。因此，销往上海市场只能走精品路线，种植经济附加值高的蔬菜，这就需要对蔬菜品种进行调整，明确道真果蔬的定位，解决量小成本高的问题，从产地直通超市，把所有流通环节的增殖部分都留在农户手里。

要想卖高价，就要“讲故事”。要让道真菜风行天下，必须要制定市场化标准操作流程，在生产环节上实行以销促产，在流通环节上统一产品标准、统一品牌标识，在产品安全认证上做“干净菜”的追溯系统。过去都说自己的菜好，好在哪儿？为什么好？口说无凭。现在有了二维码追溯系统，消费者扫一扫每个果蔬上的二维码，就能追溯源头，道真的“干净菜”“放心菜”便有了客观认证。

我们还将金融领域的“网红”——区块链技术应用于养鸡。在三桥镇“步步鸡”养殖基地，将物联网、大数据新技术与传统养殖业相结合，每只小鸡脚上都套有脚环，脚环上印有二维码，手机一扫便可全程追踪每只鸡行走的步数和轨迹，鸡是不是真正散养一目了然。通过实时监控设备，鸡行走的步数还可用于分析鸡的健康状况，如果这只鸡之前每天都走六七千步，今天只走了六百步，这样的异常数据就会引起养殖户的注意。通过扶贫扶智，大幅增加农业附加值，农户做的还是他们擅长的养鸡、种菜，通过现代技术的加持，能获得更多溢价，获得更高收益。

对农户的技能培训也必不可少。以前培训是由县里统一组织，车子拉到县城，然后上个 7 天课，不管底下听得懂听不懂，上面人在讲，底下人玩手机，农户基本上也是给面子来参加培训，形式大于内容，效果甚微。后来，我主动设计方案，亲自开班动员，安排 2 天理论培训，2 天基地现场教学，剩余 3 天组织学员到重庆、成都考察市场，上课时上缴手机，下课后建立微信群，极大增强了学员的互动，同时通过直观感受，让学员了解到什么叫产品、什么叫品牌，别人成功的原因在哪里。这种形式非常有效地帮助了农户转变思想，让农户真正融入市场经济。

在流通环节，我请来上海的知名企业帮忙，为道真果蔬设计商标。从分拣、包装、预冷、装车等一系列都要严格按照标准来。邀请一批批蔬菜专家前来指导，一次次安排当地骨干农户走进上海农科院、上海农产品中心批发市场、西郊国际、重庆永辉超市考察学习，持续提升种植、流通专业化水平，从田间到超市实现一条龙运营。

记得 2017 年，道真县第一次尝试销售蜜本南瓜，几吨南瓜用专车从道真

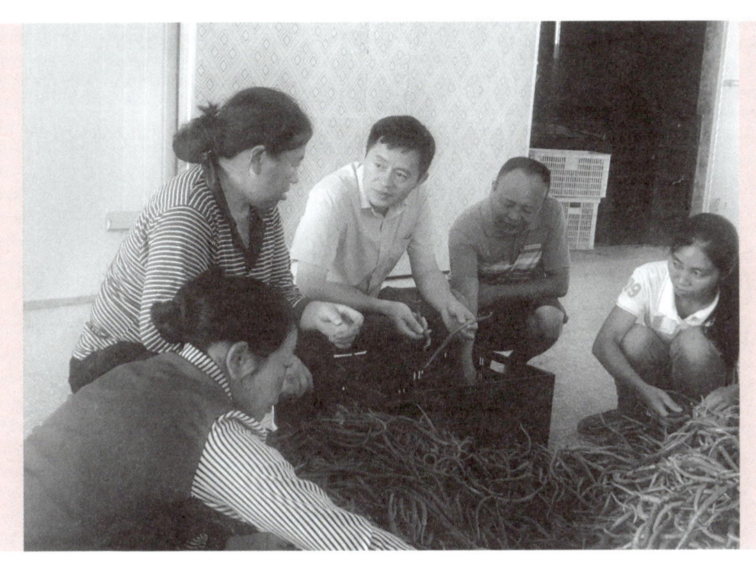

◀ 在阳溪社区冷链物流中心，周灵（左三）指导农户采摘的要领

运到上海，南瓜质量很好，但因为第一次尝试，南瓜的标准、分拣、运输、品控等环节问题层出不穷。问题来了，就要直面问题：标准化有问题，就专门立项，做农产品标准化项目，从南瓜开始，再逐步到其他品种；分拣有问题，就建立分拣中心，培训贫困户成为合格的分拣员，不仅让农户通过种南瓜挣钱，更通过分拣工作获得收入；运输有问题，就购买冷链车，或用专车集单，减少损耗；品控有问题，就加大农户职业培训力度，从道真到上海来学习好的方法。问题反复出现，就不断地解决问题，我们要打出道真蔬菜的品牌，就必须要保证标准和品质，因为以前大家没做过，很多地方还不完善，包括我自己，来道真之前也是五谷不分，所以就更需要带头学习、带头指导，分拣、包装、预冷、装车等一系列环节都要严格按照标准来。

还是 2017 年，一批原本要供应上海市场的道真花菜突然遭遇霜冻天气出现了变色情况。我当机立断做了两件事情：第一，有变色情况的花菜一颗也不能供应上海，保证道真蔬菜的高品质口碑；第二，发动全县之力尽可能找到有品质保障的花菜装满发货，保证道真做生意的信誉。然而农户们一开始并不理解。部分农户不愿意只把好的花菜给我们，因为好的拿掉了，变色的花菜就完全卖不出去了。我带队挨家挨户去做农户的思想工作，告诉农户如果这一单把好的和坏的混合起来给顾客，那么今后他们就再也不会买我们的花菜了；但如果只把好的花菜给顾客，表面上是损失了一点，但是今后的优质客户会源源不断，损失可以补回来。正是这种严谨、较劲的态度，道真蔬菜的品牌才能在市场上一点点打开局面。

市场发展与精准扶贫

现在很多人对扶贫的印象还停留在希望工程那个山区的大眼睛女孩身上，其实贫困地区已经并非如此落后，他们只是找不到“造血”的路径。一般人通常认为帮扶资金应该投入到基础设施建设上，效果明显。而我将帮扶资金中的80%用在了蔬菜产业，这是需要承担一定风险的。不同于建一栋楼、建一个设施那样可感可观，投到产业里的钱是看不见的。但我觉得值得。我要做的不是“输血”，而是“造血”。

贫困户的特点是无思路、无资金、无技术、无任何抗风险能力，往往是最难被市场吸纳的劳动力。于是我以阳溪镇利民蔬菜合作社为试点，进行了重新改组。过去也有合作社，但一般是少数种植大户合作经营，跟普通农户没什么关系，更没法带动贫困户。我大胆改革了阳溪社区利民蔬菜合作社，合作社作为阳溪社区居委会下属股份制合作企业，由社区集体控股，贫困户以扶贫小额信用贷款“特惠贷”入股分红。合作社生产经营利润的50%用于贫困户分红，20%用于集体经济提留，剩余三成五五对开，分别用于市场化运作和再生产投入。合作社通过土地流转鼓励贫困户参与标准化种植，与贫困户签订保底收购订单，并利用对口帮扶资金配套建设蔬菜冻库、包装流水线、农产品质检中心等产业配套设施。当时贫困户们反复确认：“种出来东西没人收怎么办？卖不出去怎么办？拿不到钱怎么办？”我们的回答是：“菜怎么卖你们不用考虑，我们一手交钱一手交货。”有了集体的担保，农户一算账，觉得收入不错，于是这种模式一下子在7个镇13个村推广开了。

张学翠一家五口，丈夫在外地打工，女儿上初中，公公婆婆都已80多岁。她本人因为一次意外导致背部残疾，做不了重体力活。由于在家附近找不到工作，她曾远赴广东，在一家生产鞋面的小工厂打工四年。贫困户家庭抗风险能

周灵走访一家贫困户

力极低，户均两亩多的土地是他们最重要的生产资料。面对村镇干部的种植动员，他们很难被说服：那些只谈预期而看不见眼前收入的事，实在太不可信了。生活经验让他们对外人画的“大饼”心怀警惕，张学翠家里老人是吃过亏的，但合作社的保底收购方式让她动了心，观望了三个月，张学翠家拿出两亩地，跟着合作社种植辣椒。如今她家的收入包含三块：土地流转费用、卖菜的收入、她在冷链物流中心做分拣员的工资。这样，她每月收入有2000元左右，比在广东打工挣得多。

走零售的路线，不仅让蔬菜增值，中间的分拣和包装环节还能为农户创造就业机会。在分拣中心的工作人员里，和张学翠一样的贫困户还有很多。我们充分利用优惠保底政策，通过村集体合作社带领农户在市场的检验中学会技术和经营，适应市场经济。我们的村合作社就好比救生圈，先带着贫困户游一段，等他们学会了，把救生圈拿掉，他们就能自己游。

从种菜到“树人”

对于道真自治县来说，我或许只是一个匆匆过客，三年援黔如白驹过隙，要真正完成一桩事情，时间很紧张。我觉得扶贫其实是考验两个结对地区间的磨合与互动，最核心也最艰难的部分，是要改变贫困户的思维和技能。蔬菜产业扶贫不在于多卖一车菜，而是通过一车菜转变老百姓的观念。我们扶贫要改进做法，在扶贫项目内容和方向上改进，是要带着他们做，而不是帮他们做。哪怕将来有企业离开或者扶贫干部离开都没关系，因为老百姓可以自己继续做下去。因此我把扶贫的目标定位为第一年“卖菜”，第二年“种菜”，第三年“建模”，通过构建“1+14+83”的产业发展模式，在县级层面成立一个国有公司牵头，负责统筹协调全县蔬菜信息和销售；在 14 个乡镇成立分公司组织销售，抽派具有营销意识的人员负责对接渠道、指导生产；在 83 个村培育集体经济，组成生产车间，专门负责生产。按照“县统筹，镇对接，村生产”的思路，固化产业架构，培养产业队伍，组织贫困户专心种菜。一旦我回沪之后，道真县还能继续依靠产业创造收益。

扶贫的关键在于培育致富带头人，需要有人来挑起产业扶贫的头，在农村的这片广袤土地上扎扎实实沉下去。我不可能直面所有贫困户，我说话他们不一定理解，我的建议他们也不一定听，我的想法和思路都要依靠当地干部来传递，所以我通过带领和培养农村干部，以集体经济组织为抓手，由干部再来带动普通农户和贫困户。集体经济可以层层整合资源，令销售这样的环节更具效率，但同时面临着管理和激励问题，成功的背后，是无数当地干部的勤劳付出。于是我提出一个乡村振兴“千百十计划”，为道真培育 1000 名职业农民、100 名农业技术骨干和蔬菜经纪人，建设 10 个千亩以上的标准化基地，解决全县产、供、销流程均缺乏本土人才的瓶颈问题。用一年时间，把队伍培养起来，把成熟的经验固化下来，让蔬菜产销的全产业链模式惠及道真的每一亩土地、每一户农户。

我们杨浦区对口遵义市三个县，这么大的地方，钱投下去就像石头扔进海里，花 1000 万来修路，只能做几条村镇小道，但一车车蔬菜卖出去了，一个产业就起来了，贫困户能从一颗颗蔬菜上找到钱，有进账。一定要把有限的资金用在刀刃上，聚焦重点，让扶贫效应最大化。在脱贫攻坚政策的“窗口期”，要充分利用好优惠政策，建立一套科学有效的现代农业产供销发展体系，尽可能多地把贫困户吸纳进来，增强“造血”能力才是最终目标。三年来，我和当

◀ 周灵（右）正在利民合作社的蔬菜基地里与干部交流

地干部一起指导农户从选一颗种子开始，从播种到起垄、施肥、采收、分类、包装、冷藏、物流，再到最后上架，全过程都是我带着他们干，我在离开道真前，将全产业链的各环节标准制定成册，下发给农户，比如像“果蔬采摘以后茎梗要留多少厘米”等细节都确立一个标准，农户能够按照这种标准操作，适应市场需求。到目前为止，他们还是按照标准在做，这是可复制、可推广的精准扶贫机制。

三年的援黔经历让我深知，脱贫攻坚是一场硬仗，一刻也不能停顿、放松。增强贫困地区“造血”功能，提高产业扶贫的持续有效性和巩固脱贫成果是当前工作的重中之重，全国上下都应该凝心聚力，努力克服疫情影响，集中力量完成目标。回到上海以后，在基层治理的岗位上，我也将继续发扬脱贫攻坚不怕苦的精神，坚定信心，顽强奋斗，坚持防疫抗疫与复工复产两手抓，继续关心对口帮扶地区发展，为贫困地区产业发展、市场拓展，提供项目、技术和品牌追溯等各方面的精准帮扶，为确保脱贫攻坚取得全胜贡献力量。

对症下药开脱贫良方
因地制宜做大山园丁

李国文，1977 年 10 月生。现任上海杨浦科技创新（集团）有限公司副总经理。2018 年至 2021 年，为上海市第二批援黔干部，任中共贵州省遵义市正安县县委常委、副县长。

口述：李国文
采访：马平川　瞿仕杰
整理：马平川
时间：2020 年 1 月 17 日

赶上了脱贫攻坚这场伟大的战争，并亲自去参与它、见证它。相信若干年后，回忆起这段工作，我都会觉得无比荣耀和自豪。

结缘遵义正安：把他乡当故乡，把挂职当本职

贵州遵义，是西南地区承接南北、连接东西、通江达海的重要交通枢纽。85 年前，中国共产党在这里召开了遵义会议。遵义会议挽救了党、挽救了红军、挽救了中国革命，是中国共产党历史上一个生死攸关的转折点。可以说遵义是一个转折之城，是一个红色之城，是一个革命之城。

2018 年 8 月，我作为上海援黔干部的一员，来到了遵义。这一批援黔干部，我称之为“接二连三”。因为我们去时属于第二批增派。从 2019 年 8 月开始，我们又正式转入了第三批援黔干部队伍。从上海到遵义，从党的诞生之地来到了党的转折之城，我感到上海和遵义之间红色血脉相连，我为能够来到遵义参与脱贫攻坚工作感到由衷的欣慰。

来到遵义后，我被派到遵义市唯一的一个深度贫困县——正安县，也是当时遵义地区唯一没有脱贫的县（2020 年 3 月已脱贫），担任县委常委、副县

长。正安县位于遵义东北部，有“黔北门户”之称。坐落在大娄山脉东麓，属喀斯特地貌区，境内平均海拔高度 1200 米，一定程度上限制了当地经济发展。全县 2595 平方公里，户籍人口共有 65 万，其中 20 万左右的青壮年常年在外务工。加上当地称之为“大户”“能人”的企业、企业家特别匮乏，使得正安县产业基础整体非常薄弱。县内的众多乡镇，依然处于深度贫困当中，当时全县共有 17 个贫困乡镇、90 个贫困村。2014 年以来，全县建档立卡贫困人口达到 3 万多户、12 万多人。

初到正安时，县城整齐的规划和现代化的建筑与我想象中贫困县低矮杂乱的县城风貌截然不同。事实上这样的反差有两个原因，一是当时正安县脱贫攻坚的工作已经开展了一段时间，展现出来的是脱贫攻坚所取得的显著成果。二是当地的土地资源非常有限，所以建筑不太考虑容积率，楼房都盖得相当高。再加上绿化工程做得不错，县城人口较多，使得整个县城看上去比较繁华。

可以说，正安县城的繁华背后是脱贫攻坚已经取得了一定成果的展现，但彻底实现脱贫仍是一场硬仗。

来到正安县，我和每一个挂职干部一样，都面临着如何适应工作岗位这个全新的课题。按照分工，我协管东西部扶贫协作工作。工作中我主要做到两点，第一点是以作为求地位。就是要做出业绩、做出成绩，赢得当地党委、政府、广大干部群众的信任。让他们觉得“上海来的干部是不一样的”。作为上海市委、市政府派出去的干部，就代表着上海市委、市政府的干部素质、能力水平，代表着要把东部先进的经验、理念，传播到西部地区去，就意味着我们要有更强的使命担当，付出比别人更多的努力和奋斗。第二点是把他乡当故乡。三年遵义人，一生遵义情。要把自己真正当作遵义人，决不能抱着“走过场”的心态虚度三年。

组团式产业扶贫：打造全生命周期扶贫模式

过去的扶贫思路往往是认为贫困县有产品没市场，只要帮助他们打开、扩大市场，提高产品的销量，把产品卖出去就能脱贫致富了。在这个扶贫 1.0 版的基础上，我聚焦深化供给侧结构性改革的扶贫 2.0 版，从源头上为贫困县探

李国文（右）调研村民采收方竹笋

索“适合市场的产品”。围绕“唱好三出戏”——产得出、运得出、销得出来做文章，打造全生命周期扶贫模式，首先就从“产得出”这一环节开始做。

方竹生长于贵州省北部的大娄山脉，这种竹子外圆内方。方竹笋经山泉滋润、鲜甜无渣，正安当地人称之为“笋中之王”。发展方竹产业，我主要是看中了它的三个特征：一是产量供应足，正安县一年年产量能达到 1.5 万吨；二是易实现标准化；三是能够弥补上海市场唯独没有秋笋的空缺，实现精准供需。

刚开始探索打造方竹笋作为鲜笋产品的产业链时，我们发现方竹鲜笋超过 24 小时就会纤维化、木化。当地因为始终无法解决保鲜运输技术上的难题，以往都是就近销售，从未将方竹笋运出过大山。虽然我们尝试通过冷链车运往上海，但是到上海笋就坏掉了。为了从源头上解决这个问题，我们找来上海的冷链专家对保鲜技术进行探索，通过反复实验后才得知方竹笋需要有预冷的过程。运上车之前，第一件事是要将方竹笋放入冷库，在零下 18 摄氏度的条件下预冷 24 小时，再通过冷链车运输，就能够保鲜 3 到 4 天。这样技术上的问题得到了解决。

2019 年 9 月，首批 10 吨标准化、市场化的方竹鲜笋从正安县分拣冷库中心出发，进入上海市场，分发到上蔬永辉、世纪联华、大润发等大型商超141家门店和柜台，并同步上线到食行生鲜、淘菜猫等电商平台，线上线下联动销售，一下打破了上海市场长期没有秋笋的状况，销路非常好，第二批、第三批方竹鲜笋的订单情况也十分可观。

除了鲜笋，方竹笋在当地还有笋干和保鲜笋两种加工方法。为了延长方竹笋的产业链，打造更具多样性和竞争力的产品，我又开始探索符合市场化标准的笋干制品。

在调研中，我了解到以往当地制作笋干的方法是使用煤炭熏制，但是这种方法会导致产品含硫量超标，加工出来的笋干不符合食品安全标准。为了克服这个困扰当地最主要的问题，生产出含硫量不超标的笋干，我发动了自己的“朋友圈”，看看是否能利用上自己原来在杨浦区做园区招商工作时积累的资源。我想到之前接触过的一家上海企业，使用国外技术研发出一种柔性烘干设备，用来将铁皮石斛加工成一种叫枫斗的中药材。“既然能烘干石斛，能不能烘干方竹笋呢？”我立马与这家企业的负责人沟通，介绍了基本情况，询问他们是否能够帮助提供可行性实验。一听是支持对口扶贫工作，对方十分愿意提供能力范围内的技术渠道。于是我将这种设备引入到当地，尝试用来加工方竹笋，发现可以制作出含硫量不超标的笋干，但是这种设备的维护成本较高，负担较大。于是我又开始琢磨是否还有其他的办法。

无心插柳柳成荫，有一次我去方竹笋的主要产地正安县宝山村的大山里调研，看到了当地的一种烤烟房。由于烟草加工一度是当地的一项主要产业，为了产业发展，当地之前引进了由中国烟草进行技术改良的烤烟房。这种烤烟房的最大设计特点是燃料和烤房不直接接触，烤房内只有热量，同时通过多个传感器对温度和湿度进行精确控制。我看到这个烤烟房后，就同宝山村的书记徐斌聊起来，我问他：“烟叶的含硫量超标吗？”“肯定不超标，超标了卖不出去的。”那么，能烘干烟叶，为什么不能烘方竹笋呢？创新不过是比别人多了一层思考，多往前跨了一步。经过各方面的技术革新，现在方竹笋干已经完全可以实现标准化的生产加工，作为商品进入流通市场。

通过引导上海的科技企业、供应链公司、电商平台和大型商超等组团式参与扶贫，建立市场化、可持续的、全产业链的“造血”机制，我们正在力争打造东西部扶贫协作的特色模式。截至 2019 年 9 月 20 日，正安县已向上海销售 585 吨方竹鲜笋、笋干、保鲜笋等产品，总价值 1151 万，有效带动全县 7 个乡镇，5400 户共 24095 人脱贫致富。

产业扶贫联动消费扶贫：脱贫路上“闻鸡起舞”

“产得出、运得出”解决了，最后一出戏就是“销得出、怎么唱”，更是至关重要的一环。消费扶贫是从 2019 年开始强调的概念，简单说就是将贵州的特色农产品卖到上海市场去，但想要在上海大竞争的市场中站稳脚跟，享有一席之地，就要打造可持续的、有长久竞争力的产品，让消费者为产品本身买单，而不仅仅是因为献爱心而去消费。

打造怎样的具有竞争力的产品投入上海市场呢？我们在当地展开了深入调研。整个贵州的地貌特色是“八山一水一田”，平地非常少，当地人将高山里的平地称之为“坝”，500 亩以上的坝区正安县只有 11 个，发展规模化的种植业较为困难；而当地的“一水”因为高原地势，水流湍急，也无法利用其形成规模化的养殖。所以只能在“八山”上做文章，正安县的森林覆盖率超过农田两倍，山中林下土做金，大力发展林下经济是很科学合理的选择。不少人将农业简单理解成种植业，但其实养殖业也占很大一部分。农业现代化的一个很重要标志就是养殖业的产值超过种植业，所以我们发展林下经济重点是发展林下养殖。

林下养殖养什么呢？起初考虑养猪，但林下养猪范围广、污染大，会对森林生态造成破坏，行不通。经多次调研后我们决定：养鸡！首先养鸡的污染相对较小，一部分鸡粪可以通过鸡棚里专门的发酵床进行处理，另一部分鸡粪在鸡活动时散落在外，对森林也有好处。另外鸡在外活动时会刨掉杂草，降低了火灾风险，起到了护林的作用。同时我们也充分考虑到了销路的问题，上海市场对于高品质的鸡需求很大，一般偏好体型小的母鸡用来炖汤，而西南市场偏好体型大的公鸡用来炒，这样我们就可以充分利用两个市场的需求错位来有针对性地发展当地的养鸡产业。

李国文在上海帮扶地区特色商品展销会上展示林下鸡

决定发展林下养鸡后，我们经过多方协调，牵线搭桥，引入了上海的农业龙头企业——上海圣华副食品有限公司。这是一家集鸡苗孵化、肉禽养殖、屠宰加工、产品配送、销售于一体的综合型企业，在上海拥有年屠宰量 1000 万羽的现代化屠宰场，具有完善的家禽产业链及成熟的销售网络。听说是上海的大企业来养鸡，刚开始时县里并没有特别的感觉。认为养鸡不就是随便撒把玉米的事嘛，山区老太太都能养。我解释说，养鸡和科学养鸡不一样，当养殖形成规模后，就需要科学的管理，需要一家企业，而不是一个农业合作社来经营，有的养鸡企业，市值已近 2000 亿了。

我们和圣华商定，在正安县谢坝乡先建好 25 个标准化养殖大棚，作为试验区，养给当地村民看，这下彻底颠覆了村民对于养鸡的传统思维和看法。拿鸡苗来说，圣华的价格比当地便宜三分之一，这就是规模效应。同样是养到四斤的肉质鸡，圣华只需四个月，当地至少需要半年以上。这就叫科学养鸡。

圣华目前在谢坝乡的养殖点，更类似“直营店模式”，起到示范、引领和培训的作用。采用“龙头公司 + 合作社 + 贫困户”模式，让大量有组织的合作社采用类似“加盟”的模式，参与林下养鸡，让乡里 500 多户贫困户都能受益，户均增收 1000 元左右。除了到养殖基地打工，村民还能承包养殖基地，给企业代养，也可以领取鸡苗和饲料回家养殖。

林下鸡进沪这件事目前进行得非常顺利，各项数据喜人。2019 年 9 月，在我们上海援黔干部的协调努力下，拿到了贵州省第一份也是目前唯一一张活禽进沪许可备案，意味着遵义地区的林下鸡可以直接点对点地运进上海，在上海当地进行屠宰、加工和包装，满足了上海市场对于冷藏鸡的偏好，提高了林下鸡的同类竞争力。在发展林下养鸡的过程中，我们还实现了对于鸡品种的保护，丰富了上海市民的饭桌子，鼓了遵义地区贫困户的钱袋子，两地人民都过上好日子。

从 2019 年 10 月第一车鸡运到上海，目前已经有 25000 羽林下鸡销往上海市场，销售额达到了三百多万。我们也顺势推出了“半亩鸡”品牌，意为半亩地放养一只鸡，主打其生态好、品质高的特色。我们通过圣华打开销售渠道，同时也搭建新的渠道，杨浦区商贸集团现在已经开放了 13 个菜市场，为林下鸡开设消费扶贫专柜，还同京东到家、东方购物已经形成或正在沟通合作意向，后期我们还将进入第一食品的南京东路店和五角场万达店。根据订单估算，上海每年对半亩鸡的需求量将在 100 万羽以上，届时平均一天一车鸡运到上海，销售额会超过 1 个亿。2019 年 11 月，第十次沪遵扶贫协作联席会议召开期间，在遵义市委书记、市长和上海市合作交流办党组书记、主任等领导的见证下，正安县和上海圣华集团签署了战略合作协议，共同打造黔北家禽生产交易新高地。2020 年，我们计划在当地建设现代化的孵化屠宰场、饲料厂、交易中心，将育雏、屠宰、加工、包装、销售本地化，实现上海市场和西南市场的齐头并进，把更长的产业链留在遵义。

思想脱贫：日子有奔头，生活有动力

经过一年多的探索和努力，在“组团式产业扶贫”“产业扶贫联动消费扶贫”上，我觉得渐入佳境，林下鸡、方竹笋、野木瓜的产业发展都走出了关键的一步。未来在茶产业、吉他产业等正安县重点发展的产业，我们都有布局和进一步的推进计划。但要从根源上脱贫，最根本的还是解决思想问题，不少未脱贫的村民，除了一些不可控的客观原因，最主要的原因还是克服不了思想上的惰性。如何帮助村民从思想上脱贫？需要让他们看到真正的利好，看到活生生的勤劳致富的典型，激发贫困人口自我发展的内生动力，变“要我脱贫”为“我要脱贫”。

林下鸡养殖基地刚刚建成的时候，企业找来一对夫妻养鸡，一个人每月4500元的薪资，两个人9000元在当地已经算比较可观的水平了，但是这对夫妻没坚持多久就不做了。因为他们觉得不自由。育雏是个很辛苦的过程，就像养小孩，没法离开人，他们觉得受不了这个苦。但是另外有一对谢良红夫妇，就决定来养殖基地试一试。他们也是乡里的建档立卡贫困户，两人都是40多岁，因为要照顾上了年纪的父母无法外出打工，两个儿子一个读大学，一个读大专，开销大。家里原先靠种植烤烟谋生，但2018年后谢坝乡种植烤烟的土地板结，需要改良土壤，调整产业结构，家里的增收渠道就断了。

养鸡的过程十分辛苦，为了保证鸡棚内的温度维持在30摄氏度左右，要时常给鸡棚里的炉子加煤，看到小鸡过度拥挤要及时疏散，还要耐心给小鸡挨个烫爪子、烫嘴防止打架。为了让更多的村民学到科学的养殖技术，圣华集团还专门选派了一批技术员来到乡里，其中原籍正安县的汤治也在其中。汤治年轻的时候去上海打工，做了15年养鸡的工作，现在已经是企业里十分权威的技术员了。沪遵东西部扶贫协作让他能够带着先进的技术回乡，他也十分乐意并积极参与到这项工作中来。在技术员的帮助下，谢良红夫妇学到不少养鸡技术，给鸡打疫苗、喂疫苗、看病，现在已经能够独立养殖相当数量的鸡苗了，每月9000元的收入，上海企业按月到点发工资，还缴纳社保、医保，谢良红夫妇的家庭状况改善了不少，脸上也有了笑模样。亲眼看到谢良红夫妇的变化，不少村民都动了心，纷纷去找他们了解情况。现在很多人愿意和我们合作。

2019年5月，上海市委书记李强率领代表团，来到遵义并考察了正安县的对口支援工作。在谢坝乡听取了我的扶贫工作开展情况汇报，察看了由杨浦区投入帮扶资金和技术支持援建的冷水鱼养殖、温室大棚项目。最后，李强书记提了几点要求：一要在生产链的改造升级上多动脑筋，不断提高农业现代化、产品标准化水平；二要找准产业发展主攻方向，打响当地农产品品牌；三

2019 年，李国文在上海帮扶地区特色商品展销会上接受解放日报采访

要加快畅通销售链，多层次多渠道开展消费扶贫。

5 个月后的 10 月 17 日，我率当地企业家，带着特色产品赴沪参加上海帮扶地区特色商品展销会，解放日报、上观新闻对我们进行了直播报道，正安特色产品通过一线媒体展现在上海人民及全国人民眼前。

85 年前，遵义会议在这片红色的土地上召开，作为红军的后代，我们不忘初心、不负韶华。这是一个伟大的时刻，我们只争朝夕；这是一场艰难的战争，我辈躬身入局。接力奔跑，仍需加劲冲刺；千年追寻，圆梦就在今朝。我相信，在第三批援黔干部的手中，沪遵扶贫协作一定会进入一个新的时期。

传承帮扶接力棒
续写转折新篇章

尼冰，1975 年 3 月生，现任上海市杨浦区副区长。2019 年 7 月起，为上海市第三批援黔干部联络组组长，任中共贵州省遵义市委常委、副市长。

口述：尼　冰
采访：洪笑飞
整理：洪笑飞
时间：2020 年 3 月

2019 年 7 月，上海市向贵州省遵义市派出第三批援黔干部。受组织的信任与重托，我担任第三批援黔干部联络组组长并挂职遵义市委常委、副市长，主要负责东西部对口交流工作，并肩负援黔队伍管理职责。第三批援黔干部共 21 人，主要来自杨浦、普陀、奉贤三区，也有两名同志来自市直部门（市商务委）和市属国企（临港集团）。7 月 10 日，正式启程前的一个礼拜，中央政治局委员、市委书记李强同志，时任上海市市长应勇同志等市领导接见了全体援建干部，并对我们提出了努力当好脱贫攻坚的“突击队”，搭建好密切党同人民群众联系的“连心桥”，跑好持续对口支援帮扶的“接力赛”，走好人生宝贵的“历练路”的期望和嘱托。“突击队、连心桥、接力赛、历练路”十二字成为我们援建干部共同的身份标识，也是我们全力践行的行动指南。

上海与遵义的帮扶情缘，缘自 2013 年，党中央明确由上海市对口帮扶遵义市。由此，上海成为遵义这个革命老区脱贫攻坚战场上的坚强战友。现在，接力棒传到了我们的手上，如何接好这一棒，跑好这一程，造福这一方，是历史赋予我们的使命。

印象遵义

十几年前，我曾因公到访过遵义，印象中当时的遵义似乎与古时民谚“天无三日晴，地无三尺平，人无三分银”仍有几分相似。十几年过去了，如今的遵义发展到什么地步了？虽然出发前，我私下做了不少功课，也了解到遵义近年的发展是一年一变样，但直到再次踏上这片红色热土，才切身体会到脱贫攻坚给这座城市带来的巨大蜕变。

山海情深——上海印记

上海与遵义，一个地处长江出海口，是党的诞生之地，中国经济的桥头堡，一直领风气之先；一个位居长江上游，是党的转折之城，历史上深受贫困之痛，如今正奋力赶超。两座城市地理上相隔甚远，却渊源至深、相交至久，历史的车轮很早就把两座对中国革命历史有着巨大影响的城市紧紧缠绕在一起了。

初到遵义，我们全体援黔干部第一时间赴遵义会址纪念馆瞻仰。我一见到遵义会址的那座历经沧桑的小红楼，便有天然的亲近感。这是一座中西合璧、砖木结构的两层楼建筑，看上去与石库门风格十分接近。后来听介绍才知道，这座楼原来的主人是黔军师长柏辉章，而他就是请了曾在上海工作的大哥专程赴上海带来了建筑图纸，借鉴的是当时十里洋场的建筑风格，并结合了黔北民居的要素建造而成。

从遵义会址返回，要经过一条市区主干道——上海路。我们都知道上海有一条遵义路，却不知遵义的这条上海路曾经是这座城市的荣光。上海路的诞生，与三线建设密不可分，“三线建设”让遵义这座城市萦绕着一种上海情怀、上海情缘。我们至今仍能在遵义的街头听到带着遵义味的上海乡音。

红绿相宜——遵义色彩

遵义，是一座红色与绿色交织形成的城市，红得深邃，绿得鲜亮。红色是遵义的基因。遵义会议会址、娄山关、苟坝会议会址等大大小小 586 处红色遗址遍布城市，成为遵义骄傲的勋章。2015 年习近平总书记考察遵义时提出“传承红色基因，讲好遵义故事”的指示，也提出了“政策好不好，要看乡亲们是哭还是笑”的论断。红色是遵义的底色。红色的赤水河，不仅酝酿出闻名遐迩的茅台美酒，也见证了被毛主席誉为“军事生涯最得意之笔”的“四渡赤水”经典战役。红色的丹霞地貌，被列入世界自然遗产名录，每年吸引游客流连驻足。红色的辣椒，是遵义特色农产品的代表，常年种植面积已经突破200万亩，位居中国地级城市种植面积第一，年加工规模位居全国第一，出口80多个国家和地区。

绿色是遵义的肌体。遵义市地形地貌以山地丘陵为主，占全市土地面积的93.6%，盆地及河谷坝子仅占6.3%。全市森林覆盖率超60%，整个城市都是在绿色的包围与映衬之下。绿色生态是遵义发展的资源禀赋。十几年前初探遵义和这次深扎红城的印象对比，使我深深感到：不发展，留下的是穷山恶水；坏发展，带来的是荒山污水；只有好发展，才能保住并受益于青山绿水。这些年，正是因为遵义始终坚持践行了总书记“绿水青山就是金山银山”的理念，始终坚持遵循科学发展、绿色发展，才得以获得这样的成绩，还同时使山更青、水更绿、天更蓝，而这鲜亮的绿色又将是遵义未来发展最可持续的优势。

战天斗地——遵义精神

遵义的发展是广大干部群众长期拼搏奋斗的结果，很好诠释了“团结奋进、拼搏创新、苦干实干、后发赶超”的新时代贵州精神。在遵义，“五加二”“白加黑”是常态，开会连轴转，周末加班干是家常便饭。我原本以为这里的干部会心有怨气，但事实上他们告诉我：遵义对标上海这样的发达地区，差距太大了，如果不以勤补拙，弱鸟先飞，怎么实现后发赶超？足见遵义干部心气高，斗志足。

遵义，不愧是一个战斗的城市。而如今在脱贫攻坚战的大背景下，也处处是战时的氛围。这一点，看看对工作的表述方式就知道了：工作的组织架构叫“指挥部”“突击队”，工作的任务叫“春季攻势”“夏秋决战”，工作的协调叫“调度”，工作的压力是立“军令状”，事后的问责考核称之为“军法处置”。过去我在上海工作时对脱贫攻坚战的感觉并不强烈，到了遵义后深深感受到脱贫攻坚战的战斗属性，也深深被遵义干部群众长期保持着的“敢教日月换新天”的决心、“咬定青山不放松”的韧劲、“不破楼兰终不还”的拼劲所感染。

日新月异——遵义发展

来到遵义刚下新舟机场，大巴行驶在机场高速上，来到市政府所在的新蒲新区，处处能感受到遵义这座城市令人吃惊的发展速度，但当我真正走进大山深处，才了解这座城市的全貌，愈发感叹脱贫攻坚给这座城市带来的空前巨变：经济持续较快增长，2019 年实现 GDP 总量 3483 亿元，较 2013 年的 1584 亿元增长了 120%，增速高于全国、高于全省；人民生活显著提高，2019 年农村居民可支配收入 13565 元，较 2013 年的 6849 元将近翻了一番；基础设施突飞猛进，遵义、茅台机场先后通航，高速高铁穿山越岭，县县通高速，村村通油路；易地搬迁全面完成，19.77 万贫困人口搬进新居开始了新生活；城市品质大幅提升，高标准的青少年活动中心、城乡规划展览馆、科技馆、大剧院、美术馆、文化馆、奥体中心等城市公共文化设施先后建成投入使用。

受疫情影响，2020 年援黔干部返遵时间延后。3 月 3 日，我还在机场候机准备返回遵义的时候，前方就传来了捷报：遵义市仅剩的一个深度贫困县正安县脱贫摘帽，这标志着有 8 个贫困县、871 个贫困村、92.22 万建档立卡贫困人口的遵义，彻底撕掉了绝对贫困的标签，成为贵州省率先实现全面脱贫的地级市。

闻此喜讯，心情久久不能平复。我们有幸成为这一历史性时刻的见证者，更有幸能够成为推动这一历程的建设者。飞机轰鸣升空，犹如在奏响庆功乐，也如现今的遵义，挣脱贫困束缚，飞向更好的未来。

使命在肩——“交支票，不交责任”

推动沪遵扶贫协作项目落地生效是我们援黔干部最重要的一项职责。2013 至 2020 年 8 年间，沪遵扶贫协作累计实施 651 个项目，涉及资金 14.42 亿元，其中：2019 年有 104 个项目涉及资金 3.35 亿元，2020 年有 84 个项目涉及资金 4.14 亿元。上海市委、市政府领导要求我们一定要把援建项目当作头等大事来抓，确保能落地、出效益、可持续、稳带贫。

万事开头难——平稳交接迅速融入

上海的援建干部，都是经过组织上精挑细选的，普遍工作热情高、综合素质好、专业能力强。我们第三批援黔干部，平均年龄 38 岁，最年轻的是 90 后，都是单位的骨干力量，但毕竟之前是在都市里工作生活，西部、山区、扶贫这三个关键词还是让我们体会到很不一样的感受：

西部地区对我们来讲，因地域差异有不少地方需要去适应，首当其冲的是两个方面：一个是语言交流方面。刚来的时候，应该是出于照顾我们外来同志，当地的同志一般会讲有当地特色的普通话或者是语速较慢的本地话。但工作中一到开会，往往基本就是当地话为主了，一场会议下来听得云里雾里。语言交流是工作开展的前提，大家都努力去适应习惯，现在基本可以与当地的干部群众无障碍沟通交流，有的同志还能讲两句以假乱真的本地话。第二个是饮食习惯方面。在遵义，辣是五味之首，遵义人无辣不欢，连青菜、米饭里都要放辣椒。对我们这些上海来的同志而言，一开始实在难以接受。因为饮食不习惯，有的同志一个月体重下降了十多斤。入乡就要随俗，现在大部分同志的吃辣功力突飞猛进，回上海吃家乡菜都不自觉地要加点辣味了。

山区给我们最大的感受就是“行路难”。首先是地域辽阔，对口帮扶的 9 县（市）中面积最小的余庆县面积约 1630 平方公里，最大的桐梓县 3190 平方公里，几乎是半个上海的区域。其次是山路难行，车子总在山高林深中盘旋，五脏六腑翻江倒海的颠簸，你才能体会车子行驶在水泥平地上的幸福。习惯了平原地区四平八稳的同志们都没有经受过这样的考验。普陀区挂职习水县副县长的刘玮同志，第一次下县调研时还很奇怪，为什么当地干部都喜欢坐副驾驶，没有多在意的他还是按照习惯坐在了后排。经过两个多小时的山路颠簸，晕晕乎乎到达目的地后一下车就吐了。经过一段时间的“脱敏”，山路的考验已不在话下，车上了解情况、补充体力，一下车马上就能投入工作。再次是环境多变。山区早晚多雾，高速上经常还有“团雾”出现，能见度低，行车需十分谨慎。东边日出西边雨的情况也很普遍，往往隔着一座山，一边是暴雨如注，一边是万里晴空。特殊的喀斯特地貌导致山体滑坡较多，需要时刻绷紧安全这根弦。

就扶贫工作而言，我们过去接触的很少，没有具体的概念。对农业农村、项目建设等领域，同志们普遍也都需要从零开始学习上手，但是形势又不允许

◀尼冰（左一）在正安县谢坝乡调研白芨种植项目情况

我们有太多的“热身”时间，必须“招之能来，来之能战，战之能胜”，从到岗那天起就要上场实战，担任具体职务推动工作。因此同志们普遍自我加压、自我提升，经过一段时间的深入学习、调研走访，同志们从过去的“五谷不分”“概念不清”，到现在不仅“一达标、两不愁、三保障、四不摘、五个一批”等扶贫概念了然于胸，而且从陌生领域的门外汉变成三农工作、项目建设等领域的行家里手，开会时经常讨论热烈，连地里适合种几季，种什么效益好，牛、鸡的品种来源、养殖周期等都时有交锋，可以说越来越像农村干部了。

就位实战——抓好项目扛起责任

项目谋划要与当地发展实际相结合。因为考核需要，沪遵扶贫协作项目原则上要当年立项、当年实施、当年竣工完成。一个项目，从申报再到立项批复、组织实施，只有一年不到的时间是很紧迫的。加上大多数项目普遍是在山地实施，施工难度大，条件艰苦，又增添了难度。为了保证项目的落地出成效，我们提出“五个要”：

一是要会算账。主要是两本账：一本是经济账。要考虑项目的投入产出效益与持续带动能力，尽量把蛋糕做大。另一本是“链贫账”。所有项目必须要与贫困户有直接的链接，要严格按照国家有关规定确保每个项目至少要有5%

的保底分红收益。不能搞标准拔高，也不能出现“大炮打蚊子”的情况。对不符合“链贫”要求的项目坚决予以调整。

二是要抓进度。贵州省是全国气候最潮湿的地区之一，阴雨天多。遵义市地处黔北大娄山山脉，受海拔、天气等原因影响，项目有效施工时间不足 8 个月（比如，海拔较高的桐梓县黄莲乡，每年 10 月以后地面开始结冰，进入到雨雪冰冻天气，项目无法施工）。为了抓项目资金推进，今年实施了“挂图作战”，采取双周工作调度机制，包括我在内的每一位援黔干部，办公室墙上都挂着一张作战图，桌上都放着一张推进表，确保项目如期推进，资金及时拨付。2020 年，受突如其来的疫情影响，项目复工复产被延误。我在上海期间积极向上海市领导建言争取，促成上海市合作交流办打破常规，预先向遵义发了资金项目核准的预告函。项目实施准备较往年提前 1 个多月。

三是要保质量。每一个项目的背后都是贫困群众对美好生活的期盼。我们所有援黔干部在项目建设过程中都扮演了监理的角色，每一个项目定期都要走访了解情况，深入一线协调解决问题，注重质量把关，山路再难也要走下去，困难再多也要克服，尽量保证每一个项目都经得起历史和百姓的检验。

四是要讲程序。根据沪遵两地有关要求，参照中央专项扶贫资金管理模式，原则上东西部扶贫协作项目由县级申报、评审，完善项目库入库相关程序后，经遵义市领导小组组织市级评审再报上海市领导小组最终审定。过去因为前期论证不充分、考虑不到位、精准性不够等原因，会出现个别项目批复后申报主体提出调项甚至是终止实施的情况，也有项目先建后补的情况。我们通过反复强调与沟通，推动固化程序观念，一旦项目经过申报程序确定以后原则上一律不准变更终止，先建后补程序倒置的项目一律不得申报，确保了项目申报的严肃性与科学性。

五是要守规矩。上海干部是公认讲规矩的。当地干部相对来讲风格上就粗放一些，碰到原则性问题需要我们援黔干部进行有理有节的沟通。比如项目建设中，要严格按照立项、招投标、施工建设、竣工验收、审计等程序，不能遗漏。这一点是非常重要的，每年我们都要经受国家考核、省级交叉考核、专项审计，而且要求越来越高，越来越细，目的就是保证资金、资产的安全。比如 2019 年的国家东西部扶贫协作考核，明确80%的报账率是底线，不达标就一票否决。

寻求突破——卖得出更要卖得好

好山好水出好品。到了遵义以后，我们发现遵义有许多优质农产品：遵义有超过20个的国家地理标志农产品，位居贵州省第一位。遵义的白酒、辣椒、茶叶、竹笋、牛羊、蔬菜等的品质都非常好，黔北麻羊等10个产品入选上海首批“百县百品”名录。

这么多宝贝为什么没有变成老百姓口袋里的真金白银，经过调研我们发现，这也是一直困扰着当地的老大难问题，而导致这个问题的原因是多方面的：比如农产品普遍不成规模，双方对上眼了，但我们供不上货；价格不具优势，这一方面是由于品质好，另一方面是由于规模化程度低、运输成本高。加工能力比较欠缺，往往卖的是初级农产品，附加值低。

勤劳的遵义百姓往往是守着金疙瘩，过着穷日子，这既让我们感到十分不安，也令我们觉得自己可以在这些方面有所作为。如何通过努力将遵义好的农产品转化成好商品，继而卖出好价钱，我们一直在边思考边实践。

转变观念——不听市长听市场

到了遵义以后，我经常和当地的机关干部、企业合作社、农民群众交流。他们大多和我说自己的好东西“靓女不愁嫁”，希望能打开销路，也有部分同志提出希望政府能指导该发展什么产业。这里就有一个观念上的碰撞：我一直讲，地里长的好东西并不天然是好商品，自给自足不进入流通领域，不拿出来到市场上比试比试，就成不了好商品，农民也无法受益。两者转化的过程就是市场化的过程，要解决诸如标准化、匹配度、性价比等多方面的问题。同时，该种什么，也要由市场说了算，市场需要什么我们就种什么，不能盲目跟风，一窝蜂地上规模最后可能连本都收不回，所以要打开市场，首先要转变观念，一定要逐步形成市场化的意识，用市场化的眼光来看待碰到的问题。

模式探索——打好三张牌，抢占三市场

持续做大消费扶贫，是我们到遵义来的工作重点。2019年，沪遵消费扶贫销售额达5.6亿元，遵义的菜园子与上海的菜篮子实现了紧密型对接。我们的做

法是：按照“人无我有、人有我优、人优我特”的思路，根据遵义的产品特点，瞄准上海不同消费市场。一是用遵义有、上海无的产品抢先占领申城空白市场，打出“人无我有”的先手牌，比如遵义的鲜方竹笋：它是奇特的雨后秋笋，正好能填补上海市场秋季无鲜笋这一空白。我们克服了保鲜难题，打通产销两端，2019年全年实现鲜笋销售额200多万元，同时当地的鲜方竹笋收购价从过去的每斤2—2.5元上涨到了4—5元，提高了近一倍，笋农实实在在增收得实惠；二是用遵义产量供得上、质量有优势的产品在竞争市场中积极打拼，打出“人有我优”的实力牌，比如遵义的赤水冬笋：过去缺乏稳定销售渠道，部分被福建的企业低价收购，再贴牌卖到上海。笋农的收益低，不愿意去采笋，大量的冬笋都留着出土成竹。2019年通过我们的努力，采用“上海企业＋终端市场＋合作社＋农户”模式，赤水冬笋在上海的销售量达1500吨以上，销售额4500余万元。过去的笋留在地里无人问津，如今成了致富香饽饽，当地群众都争相上山采笋，冬笋的收购价比原来涨了两倍以上，成了名副其实的“扶贫笋”；三是用遵义特优产品主攻中高端市场，打出“人优我特”的金招牌，比如遵义的林下“半亩鸡”：遵义的林下鸡（100元左右一只）已经飞入上海市场，累计已销售10万羽。普通的林下鸡虽然品质也不错，但是对中西部地区而言，没有独特的竞争优势，也没形成地方特有的品牌。所以我们充分发挥当地的生态优势，推出林下鸡中的“战斗鸡”——“半亩鸡”(顾名思义鸡的活动空间大，“半亩地”养一只鸡，卖300元左右一只)，用定制化概念与可追溯技术，走中高端路线。

补齐短板——唱好“三出戏”

遵义农产品走出大山，要唱好“产得出、运得出、卖得出”三出戏。我们发现，当地在这“三出戏”上，出出有堵点，处处有短板，我们的工作就要在围绕补齐“三出戏”的短板上持续用力。在产得出方面，我们将70%的项目资金投入到产业类项目，结合当地的资源禀赋支持特色产业发展；引进龙头企业建立面向上海市场的遵义直供基地。比如林下生态养殖的现代化农业龙头企业上海圣华集团就在正安县注册成立了公司，带资金、供鸡苗、教技术、保收购。在运得出方面，我们帮助当地建立冷链物流产业园区、保鲜冷链仓储基地，补上过去预处理、低温仓储、冷链运输等方面的薄弱环节，保证品质，降

部分第三批援黔干部参加2019年10·17全国扶贫日展销活动

低损耗，扩大流通半径，延长产业链条；我们与德邦物流等第三方物流公司达成战略合作意向，为遵义农产品入沪提供定制化的高效物流服务；我们支持圣华集团拿到贵州省第一张活禽进沪许可证，打通了谢坝乡特色林下鸡直供上海市场的“绿色通道”。在卖得出方面，我们设立了遵义农产品菜市场专柜直通车，开展进“菜场、商超、社区、学校、电商、餐饮”六进活动。同时抓住直播电商这个风口，采用直播带货的方式在线销售农产品：挂职赤水市副市长的陶兴国同志通过抖音平台助力赤水农产品销售，一场直播实现相关特产总销量22万斤，总销售额196万元；遵义市商务局副局长徐剑锋同志直播销售遵义林下鸡，也交出了销售量2000多只、销售额20多万的业绩。各位援黔干部也都不遗余力地为自己所在县市的特色农产品代言。

新的转折——向着乡村振兴出发

2020年，脱贫攻坚战将全面收官，转入乡村振兴衔接的阶段。对遵义而言，我们已经在全省率先实现了整市脱贫、全员脱贫。不少同志问我，这是不是意味着东西部扶贫协作已经完成了历史性使命，可以刀枪入库、马放南山了？在我看来，我们只是完成了阶段性任务，肩上的责任不是卸下了，而是更

遵义乡村振兴农村新貌

重了。随着扶贫工作的重心转向消除相对贫困，脱贫攻坚逐步向乡村振兴过渡，我们的工作思路、任务也会发生转变，不能一直走老路、吃老本。

如果说过去遵义考虑更多的是如何让上海这个老大哥帮一把，扶一程，如何用足用好上海的优势，那么转向乡村振兴后，东西部扶贫协作将从单向帮扶转向携手共进，“遵义所需、上海所能”与“上海所需、遵义所能”将成为两地拓展空间、互利共赢、共同发展的应有之义。沪遵两地逐步从扶贫协作转向振兴协作，在优势互补上做文章。一方面要借助好上海大市场、大平台、大码头的优势，另一方面要发挥好遵义大后方、大资源、大生态的优势，守正创新，全方位深化协作领域，真正实现产业互补、人员互动、技术互学、观念互通、作风互鉴、共同发展。

到遵义一年不到的时间，我有幸参与并见证了遵义取得脱贫攻坚决定性胜利的历史性时刻。三年间，我们还将亲历决战脱贫攻坚、决胜全面小康的全面胜利与第一个百年奋斗目标的全面实现，实在是人生之大幸。时代是出卷人，百姓是阅卷人，而我们有幸参与到答卷之中。当转折之城站在再次转折的历史方位上，我们将与遵义人民一道，携手跨越新的“娄山关”，努力交出令人民和组织满意的答卷。

牢记使命　用心用情
做好尽锐出战组织保障

程绣明，1965年6月生，2019年3月起担任杨浦区委常委、组织部部长，杨浦区委党校校长，一级巡视员。牵头推进了三年一轮的杨浦第九批援藏、第十一批援滇、第三批援黔干部人才大选派等工作。

口述：程绣明
采访：董凌云 王琪龙
整理：董凌云
时间：2020 年 2 月 5 日

习近平总书记强调，东西部扶贫协作和对口支援，是推动区域协调发展、协同发展、共同发展的大战略，是加强区域合作、优化产业布局、拓展对内对外开放新空间的大布局，是实现先富帮后富、最终实现共同富裕的大举措。做好干部人才对口支援工作是深化对口支援工作的重要内容，是党委组织部门义不容辞的重要政治任务和职责使命。自 1979 年中央提出并实施对口支援以来，特别是 1994 年中央召开第三次西藏座谈会以来，按照中央、上海市委部署要求，我们杨浦先后承担起对口支援帮扶西藏日喀则、新疆阿克苏和喀什、云南思茅（2007 年 1 月 21 日，国务院同意云南省思茅市更名为云南省普洱市）和丽江、贵州遵义等地区的任务。目前，我们主要对口支援西藏日喀则市、云南丽江市、贵州遵义市三地七县，具体对口支援帮扶拉孜县、玉龙县、宁蒗县、永胜县、湄潭县、正安县、道真县。

自 20 世纪 90 年代以来，历届杨浦区委、区政府坚决服从中央、市委决策部署，先后选派了九批援藏、四批援疆、十一批援滇、三批援黔干部，共计派出 27 批干部参加对口支援工作。我在担任杨浦区委常委、组织部部长期间，参与了第九批援藏、第十一批援滇、第三批援黔干部人才选派工作，深刻领会到开展对口支援帮扶是杨浦义不容辞的重大政治任务，开展干部人才对口支援工作对于助力打赢脱贫攻坚战、决胜全面建成小康社会，对于杨浦更好地服务全国改革发展大局，更好锻造一支充满激情、富于创造、勇于担当的高素质专业化干部队伍意义重大。

选派干部须“尽锐出战”

回顾我们开展对口支援工作这段历程，特别是回顾我们组织选派工作历程，我深切感受到选派干部人才参加对口支援，讲的是政治，体现的是忠诚，最终折射出的是干部大局为上、实干担当的品质。特别是选派干部人才的过程，真真切切是一次生动有效识别干部人才的过程。应该说在这个过程中，干部是被放在显微镜下观察的。是不是主动接受挑选，是不是前后反复动摇，是不是流露畏难情绪，是不是挑肥拣瘦、讨价还价，像一面三棱镜一样折射出一个干部的政治品质、道德品行、思想作风的情况。实践证明，通过我们层层遴选出的杨浦区援建干部，综合素质都是过硬的，他们奔赴治边稳疆、脱贫攻坚第一线，扛起了对口支援工作重任，在受援地发挥了开路先锋、示范引领、突破攻坚作用，无论是工作业绩还是精神风貌，都得到了当地党委、政府的肯定，受到各族干部群众的赞誉，为上海和杨浦干部队伍赢得了美誉。

当然，选派高素质干部人才参加对口支援工作，不仅是考察干部的过程，也是对组织部门“瞻山识璞、临川知珠”识人能力，以及“铁肩担道义”的忠诚公道之心的一次检验。特别是接近2020年的这几年，选派出高素质干部人才到对口地区，助力打赢脱贫攻坚战，直接关系到全面建成小康社会，实现第一个百年奋斗目标，意义重大、责任重大不言而喻。2019年干部人才选派工作更是如此。这一年是三年一轮的援建干部人才选派大年。我们杨浦区级层面一共选派出了22名援建干部参与对口支援帮扶，这里还不包括第十批转第十一批留任的援黔干部李国文、孟焱两位同志。纵向比较，这在杨浦历史上是选派人数最多的一年、最多的一批，是过去25年杨浦选派援建干部人才总数的29%。同时，也是标准最高的一年。说到标准之高，我的印象非常深刻。2019年3月，我转任杨浦区委常委、组织部部长，来到组织部后学习的第一

援黔干部联络小组组长李国文在援建项目林下鸡养殖场蹲点

个内容，就是当年 3 月习近平总书记在参加十三届全国人大二次会议甘肃代表团审议时作的重要讲话。总书记强调："脱贫攻坚越到紧要关头，越要坚定必胜的信心，越要有一鼓作气的决心，尽锐出战、迎难而上，真抓实干、精准施策，确保脱贫攻坚任务如期完成。"当时，我就感到"尽锐出战"这四个字分量很重。什么叫"尽锐出战"？就是把所有的精锐部队都派出来作战，这传递的是党中央面对脱贫攻坚的坚定信心、必胜信念。所以在谋划落实 2019 年组织部重点工作中，我和班子成员都感到要凸显"尽锐出战"这四个字来筹划做好新一轮援建干部人才选派工作。

2019 年 5 月，根据中央组织部文件要求，上海市委组织部下达了具体选派任务。先是明确杨浦要选派 21 名干部参加援藏、援滇、援黔工作，后来因为市委组织部选派杨浦区副区长尼冰同志担任上海第三批援黔干部联络组组长，挂职担任遵义市委常委、副市长，根据工作需要和以往惯例，杨浦再要增派一名干部到遵义市政府办公室协助尼冰同志开展工作，所以我们选派人数增加到了 22 人。接到任务后，感到很有压力，杨浦区有好几年没有一次性派出这么多干部参加对口支援工作，并且既要保证数量，也要保证质量，还要保证时间，5 月启动选派工作，7 月初就要把干部人才送到对口支援地区，其间还有大量的工作要做。

虽然时间紧、任务重，但我们干部人才选派工作还是做到有条不紊、扎实推进。从召开选派援外干部人才工作动员会，到人岗匹配初选、面谈差额遴选、家访体检慰问，每一个环节都体现了精准、精细、精心。在动员报名过程中，我们要求各单位党组织把选派工作作为必须要完成好的政治任务，广泛动员符合条件的干部人才报名。在全面深入动员下，有近百名干部报名参加援建，其中第一志愿参加援藏的就有 50 多名，远远超过上海市委组织部规定的“1:3”差额遴选比例要求。更让我们感动的是，有的同志是多次报名援派，有的父母年事已高，有的刚刚新婚不久，总之都是在家人的支持下，克服了诸多困难，主动接受组织挑选，充分体现了政治上“靠得住”。当然，我们遴选人选不仅要政治上“靠得住”，还要确保对口地区“用得上”。为此，在遴选过程中，我们还严格按照对口支援地区具体挂职岗位职责要求，坚持“好中选优、挑好内行”来面谈遴选，共遴选出 66 人参加上海市委组织部、市合作交流办以及市教卫工作党委联合组织的面试。由于人选都很优秀、很难取舍，市委组织部曾多次征求我们的意见。在市里综合考虑、充分酝酿下，最终确定了我们杨浦区参加新一批援建工作的 22 名干部人才人选。

这 22 人中，参加第九批援藏的干部有 6 人，“组团式”援藏教师 6 人，第十一批援滇干部 5 人，第三批援黔干部 5 人；“70 后”10 人，“80 后”8 人，“90 后”2 人，平均年龄 39 岁，最小的援建干部是 1992 年出生的援藏教师李翔；具有研究生学历的有 6 人，本科学历 16 人；有中级以上专业技术职称的 10 人。同时，我们还针对当地的实际情况，在县委副书记、常务副县长等领导岗位，以及建设、教育、卫生等专业性较强的岗位上，选配了具有基层领导经验或相应专业背景的干部。应该说，我们杨浦新一批援建干部人才总体质量是高的，也得到了上海市委组织部的肯定。

关心关爱总在一枝一叶

参加对口支援帮扶工作，既是干部人才的个人选择，更是组织行为。组织部是“干部之家”“党员之家”“人才之家”。杨浦援建干部远离上海、远离家

援滇干部联络小组组长蒋勤（右一）带队在田间地头调研

庭，到千里之外工作，不仅有家人的思念，同时也是我们组织部最牵挂的人。尽最大可能回应援建干部人才关心关切，是组织部义不容辞的责任。为了进一步加强对杨浦援建干部人才的管理服务，充分发挥全体成员的积极性、创造性，全面完成对口支援帮扶任务，上海市委组织部在援建各个方向都建立了干部联络组，协助当地党组织对援建干部人才进行管理。按照市委组织部要求，我们在西藏、云南、贵州也建立了杨浦援建干部联络小组，协助当地党委以及上海干部联络组做好对援建干部管理。这三个组分别是援藏干部联络组拉孜联络小组、援滇干部联络组丽江联络小组以及援黔干部联络组第一小组。

考虑到我们援建干部，除了日喀则市拉孜县是六人一县，其他都是“两人一县”或“一人一县”。相比在杨浦，干部的工作幅度和广度都有很大的拓展，工作也相对比较独立，对干部队伍管理和服务提出更大挑战。在以往的基础上，2019 年我们杨浦区委组织部还探索建立了微信群联系沟通、季度工作情况汇报、每年实地走访慰问、年度召开全体援建干部座谈会工作机制。从而强化杨浦区委组织部与干部联络小组的联系，干部联络小组之间的联系，以及干部联络小组与援建干部的联系。实践证明，建立这样的机制是务实管用的，有效克服了援建干部工作地分散、联系管理服务难等问题，充分调动了前后方积极性和主动性，强化对每一名援建干部的日常管理、教育和监督，确保了前方情况后方及时掌握，各个方向经验做法有效交流，个人困惑困难组织第一时间知晓。比如，2019 年的年底，我们一位援滇干部为了尽快掌握援滇项目建设情况，连续奔走各个援建项目点，身体出现严重不适，同时，他家中老人过世又加重了家庭负担。虽然这位同志努力克服困难、认真履职，没有向组织提出半点要求，但我们还是通过干部联络小组以及与这位同志相熟的援滇干部，及时掌握了情况。之后通过多次与这位同志沟通并走访他的家庭后，经综合分析研究，并征得上级部门等同意，决定再选派一名干部赴滇顶替这位同志履职。这样做既确保了对口支援力度不减、工作不断，同时又让援建干部们深切体会到了组织真心真情、无微不至的关心关爱，营造了激励干部担当作为的良好氛围。

当然，不仅仅是杨浦的援建干部，全市各个系统、各兄弟区的援建干部，只要生活在杨浦的，都是我们关心关爱和服务的对象。比如，2019 年 7 月 30 日，第九批援藏干部、上海市儿童医院心内科主治医师赵坚同志因公殉职后，在上海市委组织部牵头下，我们第一时间跟进做好善后工作。善后工作的第一步是非常关键的，就是如何做好赵坚家属工作。赵坚爱人在杨浦区长白新村街道工作，随岳父母、子女居住在控江路街道辖区内。由于事发突然，我们做足了各种预案，努力把安抚家属情绪的工作做到细之又细。比如在落实好医护措施的基础上告知家属赵坚同志因公殉职消息，再比如安排专人随赵坚爱人入藏护送遗体回沪，等等。组织选派赵坚同志援藏后，长白新村街道的同志们认真落实组织部关于做好选派干部家属照顾工作的各项要求，抓得很细很实，及时安排专人与赵坚家庭结对，对赵坚家庭情况摸得很清楚，各项帮扶措施也很到位，这也为后事处理、后续抚恤筑牢了基础。同时也要感谢赵坚的亲人，他们非常通情达理。在处理善后各项事务中，我们除了落实上海市委组织部、市民政局明确的帮扶任务外，还建立长期的帮扶慰问赵坚家庭的工作机制，确保让孩子健康成长、让老人安度晚年。

虽然赵坚不是杨浦选派的干部，但这件事依然对我们有很大触动。我们深切感受到，干部人才在外地工作，无论是工作、生活还是家庭，遇到的困难会比想象的更多。一定要充分理解援外干部的甘苦，做好应对各种意外的准备，把一点一滴、一枝一叶的事情做细做好，让他们没有后顾之忧，投入对口支援帮扶工作。我想这也是对口支援帮扶工作持续推进、良性循环的关键所在。

在区委组织部、派出单位以及干部的共同努力下，杨浦新一批援建干部奔赴对口支援地区顺利开展工作。2019 年底，他们履职已满半年，对他们的年度考核情况也反映出了受援地党委对他们评价非常好。

对口支援是干部成长的最好课堂

杨浦对口支援帮扶地区都是边疆、民族地区，自然地理、经济社会、民族宗教、国防安全和扶贫攻坚等问题交织，正是广大干部接受党性锻炼、政治历练和实践磨练的“实战练兵场”。从 1995 年至今，我们选派的干部在援派期间都接受了最深刻的党性教育、最直观的国情教育、最严峻的反分裂教育、最生动的民族团结教育，为当地的社会经济发展和长治久安做出了积极贡献，为杨浦赢得了荣誉，受到中央、上海市委以及兄弟省区的充分肯定。我感到，这种历练磨炼主要体现在三个方面。

首先，我感到援建是加强干部人才党性锻炼的“大课堂”。援藏如此，援黔援滇也是如此。自然环境条件、援派使命任务带来的各种挑战，是对人的意志品质的极大考验。这些年，为了做好对口支援工作，他们舍弃了许多床前尽孝、育儿教子、阖家团聚的温暖。有的干部为了打赢脱贫攻坚战，节假日依然留守受援地，2020 年春节，援滇干部王晨就是在受援地办公室里度过的。所以说对口支援就是对干部党性最直接、最现实、最有力的考验，考验着我们每一名援建干部是否时刻以大局为重、事业为重。同时，援建既能检验党性，更能锤炼党性。心中有大爱的人，党性才会特别坚强坚定。实践证明，援建最能涵养干部那种“天下没有远方，人间都是故乡”的大爱情怀。这份爱不是嘴上说说的，是落在实实在在行动上的，体现在不做过客、不当看客，与受援地的群众同呼吸、共命运的具体行动中。我记得第二批援黔干部周灵说过，他去贵州扶贫，被问到最多的就是“啷个办”，自己想得最多的也是“啷个办”。“啷个办”是贵州方言，是“怎么办”的意思。不仅仅是周灵，其他援建干部也有同感，就是援派期间时时处处要面对“怎么办”，要急群众所急，忧群众所忧，想群众所想，带领群众去化解、去克服。在这方面，我们杨浦援建干部在当地留下了许多生动的故事：有的曾为了帮助一户贫困家庭脱贫致富反复走访劝说，有的为了不增加菜农负担自己当押车工护送蔬菜进城，有的曾三天三夜不眠不休寻找失学少年重返课堂，等等。许多干部把对口支援地区称为“第二故乡”？就是因为他们爱得深沉、爱得实在。

其次，我感到对口支援工作就是练就过硬群众工作本领的“速成班”。过去几年，我曾几次随杨浦区委、区政府主要领导到对口支援帮扶的贵州省遵义市下辖的湄潭县、正安县、道真仡佬族苗族自治县走访慰问援黔干部，了解对口支援帮扶工作进展情况。应该说我们援黔工作做得很出色。我想这首先要归功于我们援建干部过硬的“腿功”。在当地我们了解到，几乎所有的杨浦援黔干部都跑遍了十里八乡、深入一线开展工作。由于上海市委组织部明确要求，援建干部在当地不能自行驾车出行，所以我们不少援黔干部自己买了电瓶车下乡了解情况。他们在田间地头“摸爬滚打”，不少干部还会说当地方言，和群众打成了一片，真正摸清贫困户贫困的原因，也找到了带领群众致富的路子。他们的成长是非常明显的。这些大多从家门到校门再到机关门的“三门干部”，不缺乏理论知识，但普遍缺乏与群众打成一片的经历和能力。参加援建工作，帮助他们补上了这一课，也补好了这一课。2020 年春节前，我和我们杨浦区委组织部自己派出的援黔干部，也是我们最年轻的援建干部 90 后的辛立谈了一次心，我明显感到短短半年，他的“书卷气”里多了一份“泥土味”，就是看问题更客观，谈想法更能联系实际。我想这份成长就是走乡间小道、蹲田间地头获得的，是金不换的。

第三，我感到对口支援是提升推动发展能力的“试炼场”。眼界决定格局，格局决定成就。李强书记一直强调上海的援建干部要坚决按照以习近平同志为核心的党中央决策部署，立足当地所需、上海所能，助力打赢脱贫攻坚战，深化交流合作，携手在落实国家战略中实现更大发展。落实好中央、上海市委的要求，需要我们援建干部增强合作意识和共赢思维，胸怀全局大局，站在东西部协调发展的战略高度，来审视思考和推进对口支援帮扶工作。通过援建干部

援藏干部联络小组组长谭铭（左二）组团考察援建项目基地

工作汇报，结合我到对口支援地区的所见所闻，感到我们的干部在这方面的眼界和才能提升是明显的。这两年，杨浦援建干部在对口支援地区打造出了一批优质产业扶贫项目，形成了许多可复制可推广的扶贫造血模式，从拉孜县的藏鸡孵化基地项目建成，到云南丽江的“上海帮扶＋行业龙头公司引领＋合作社经营＋建档立卡贫困户参与”的发展模式成形，再到正安林下鸡、湄潭蜜桃、道真果蔬品牌化，背后是援建干部付出的大量心血。他们一方面要努力挖掘当地资源条件，做到宜农则农、宜商则商、宜游则游；另一方面要积极把握市场需求特别是上海市场需求，积极寻求“产销对接”的路子；另外，他们还要做到以销促产，推动产品项目升级、经营流程再造，为当地留下带不走的脱贫致富“法宝”。所以我说，对口支援既是引导干部瞄准目标主动作为，也是任务倒逼促进干部能力提升的试炼场。2020 年是脱贫攻坚决胜年。项目要立得起来，效益要经得起实践和历史检验，这份压力倒逼着我们干部解决眼界不宽、办法不多等本领恐慌问题，在扶真贫、真扶贫过程中，切实练好推动经济发展的“十八般武艺”。在 2020 年初杨浦对口支援驻外干部人才迎新春座谈会上，我们这一批干部交流的工作很实，务实创新举措很多。我感到这就是参加对口支援带给他们的宝贵财富。

做好对口支援工作既是推动东西部协调发展、打赢脱贫攻坚战，锤炼具有“充满激情、富于创造、勇于担当”高素质专业化干部队伍的迫切需要，更是我们杨浦区上下贯彻落实习近平总书记考察上海重要讲话精神的生动实践。做好这项工作，功在当下、利在长远。我相信，只要我们不忘初心使命，持之以恒把工作做细做实，就一定能不负总书记嘱托、人民期待，在未来书写好更有“厚度”“深度”“温度”的新时代杨浦对口支援工作精彩答卷！

慎终如始　初心不移
坚决打赢脱贫攻坚战

李家林，1963 年 3 月生。现任上海市杨浦区人民政府办公室二级调研员。负责杨浦区东西部扶贫协作与对口支援协调推进工作。

口述：李家林
采访：全敏洁　张宇航
整理：全敏洁　张宇航
时间：2020 年 3 月 24 日

自 1995 年以来，根据中央和上海市委关于开展东西部扶贫协作和对口支援工作的统一部署与安排，杨浦区先后与 6 个省区的 17 个县开展对口帮扶工作，分别为：西藏自治区日喀则市（地区）亚东县、拉孜县；云南省普洱市西盟县、墨江县；新疆维吾尔自治区阿克苏地区阿瓦提县、喀什地区泽普县；江西省鹰潭市余江县；四川省都江堰市胥家镇；贵州省遵义市道真县、正安县和湄潭县；云南省楚雄州南华县、姚安县和大姚县，丽江市玉龙县、永胜县和宁蒗县。先后选派援藏干部 9 批 22 人、援滇干部 11 批 17 人、援疆干部 5 批 10 人、援黔干部 3 批 14 人。目前，按照各地脱贫攻坚计划节点，杨浦区对口帮扶的丽江市玉龙县、永胜县，遵义市道真县、正安县和湄潭县，日喀则市拉孜县均已顺利脱贫出列，宁蒗县也将于今年正式完成脱贫摘帽。

精准聚焦，注重实效

打赢脱贫攻坚战是我们党在全国乃至全世界人民面前立下的军令状，杨浦区在此期间承担的脱贫攻坚任务不但艰巨，而且非常紧迫。在近些年开展的对口帮扶工作中，我们始终把握“中央要求，当地所需，杨浦所能”原则，重点围绕“两不愁三保障”，助力“精准扶贫、精准脱贫”，全区上下以习近平总书记扶贫开发重要战略思想为统领，在区委、区政府的坚强领导下，不断提高政治站位，强化责任担当，以“不获全胜，决不收兵”的拼劲和韧劲，下足“绣花”功夫，铆足“钉钉子”的干劲，始终围绕对口帮扶地区如期打赢脱贫攻坚战，巩固脱贫成果，共奔小康道路为最终目标。习近平总书记强调，扶贫必须解决好“怎么扶”的问题，开对了“药方子”，才能拔掉“穷根子”。我们要打赢脱贫攻坚战，成败就在于精准，精准施策、找准出路才是做好对口帮扶工作的主攻方向。一是资金投入要精准。扶贫是雪中送炭，不是锦上添花，不能去做脱离实际的事情。要把扶贫资金用在刀刃上、用在民生保障项目上，才能让当地贫困群众得到最直接的实惠。我们的帮扶项目都是通过前后方反复研讨论证确定的。比如，修路是否可以成为一个扶贫项目呢？应该可以。但是，如果随随便便修个路，能有效地帮老百姓脱贫吗？要实事求是解贫中之贫，要接地气，要带贫。失去了精准，扶贫就像没头的苍蝇。比如丽江市宁蒗县易地扶贫搬迁点的少儿活动中心和教育配套设施建设，遵义市正安县瑞濠易地扶贫搬迁安置点的幼儿园建设，湄潭县易地扶贫安置点的配套功能提升建设等。我们相信，在解决好易地扶贫搬迁后，当地老百姓的基本需求就能得到保障，好日子就有了盼头。二是智力帮扶要精准。我们发挥区内智力资源优势，助力对口地区脱能力之贫、思想之贫、眼界之贫。我们按照市里的要求，每年选派一批教师和医生赴当地开展 1 个月到 1 年不等帮扶工作，这些人才在当地发挥了很好的传帮带作用，为当地留下了一批“带不走”的人才队伍。同时，我们还与当地的学校、医院建立结对共建关系，开展远程教学、病例研讨、两地互访交流等活动。据我所知，这些结对学校、医院在当地都有很高的赞誉，我们也希望通过这些结对关系，以点带面，逐步提升当地专业领域的整体水平。按照上海市委统一部署，我们每年还选派去一批批优秀的党政干部挂职 3 年，这些干部都是好中选优、优中挑强，尤其是去西藏的干部，不光思想政治上觉悟高，身体更是要扛得住。西藏那边海拔高，呈缺氧状态，我们常年在内地生活的人很不适应。每次我和西藏那边的干部打电话，有的同志可能正在吸氧中，平时开会开 20 分钟就要停一下，不然身体吃不消，条件确实很艰苦，不过他们都坚

正安县林下鸡出山进上海

持了下来，也看到了成果。三是劳务协作要精准。一人就业可以带动全家脱贫，我们始终保持每年超额完成全市下达的来沪就业指标，通过开展就业指导、专场招聘会、政策补贴等方式帮助对口地区实现就地就近就业。我们杨浦对口遵义的来沪人员中，有个小伙子在沪东中华造船厂工作，我们和市里领导一起去看他，他说一个月能给遵义家里寄回去4000元，听到这个，我们真是打心眼里感到开心，要知道一个月4000元在当地可是大大地超出脱贫标准了。四是产销对接要精准。我们走“组团式”产业扶贫的路子，坚持产业和产品两手抓，发挥杨浦区内菜市场、区属社区商业中心的渠道作用和平台效应，搭建“丽品入沪”展示展销平台，打通农特产品进商超、进卖场、进学校的销售渠道。统筹区内“两微一端”媒体力量，提升对口地区农特产品的知名度。鼓励区机关、企事业单位食堂和社会组织优先采购，发动杨浦区各级工会单位纳入职工福利发放范围。帮助对口地区编制农特产品目录，提升品牌建设。目前，我们已经帮助玉龙县的雪桃，永胜县的沃柑、软籽石榴，宁蒗县的苹果、红软米，道真县的蔬菜，正安县的林下鸡、方竹笋，湄潭县的茶叶打通了进沪渠道，通过“10·17国家扶贫日”系列活动、“百县百品”、国和1000商业中心的“丽江农特产品体验专柜”，32家杨浦菜市场、遵义茶上海旗舰店等平台有效帮助对口地区农特产品走进杨浦、走进上海，为对口地区贫困群众实现增收脱贫。五是村企结对要精准。杨浦区为了做到精准，发动了6家区机关部门，5个街道，219家企业和75家社会组织参与结对帮扶工作，实现了324个贫困村（其中117个深度贫困村）的全覆盖，每年结对单位会到当地村子里实地考察调研，了解贫困户的情况，为他们提供财力物力帮助。

多措并举，巩固成果

我们都说“小康不小康，关键看老乡”，扶贫工作其实就是保障老乡们最基本利益诉求的一个渠道。杨浦区的对口帮扶任务是分阶段性的，我们已经帮助对口地区初步实现脱贫的基本目标，接下来，我们要侧重于帮助对口地区巩固脱贫成果，防止返贫现象的发生。为保障全区脱贫攻坚工作稳步推进，我们制定了多方面的工作措施，概括来说主要有几个方面：一是领导重视。每年要召开多次专题研究会议，区委书记专题会、区委常委会、区政府常务会、区对口支援与合作交流工作领导小组会议、工作通报会，等等，各部门上下一根绳，密切协同，压实责任，主动认领对口帮扶任务，全面落实脱贫攻坚“一把手”负责制，为脱贫攻坚工作提供坚强保障。二是建立沟通机制。建立两地党

杨浦区对口支援与合作交流工作领导小组会议

政领导联席会议机制，按照“当地所需，杨浦所能”，共商共议解决脱贫攻坚工作难题。召开电视电话会议，认真贯彻落实中央和上海市委关于脱贫攻坚工作精神和指示，切实加强前后方沟通对接，及时掌握援建干部工作动态，项目实施、资金进展情况等。建立信息报送月度报送制度，及时向市区两级相关部门上报脱贫攻坚工作动态。三是强化督促落实。我们把考核整改工作放在首位，针对2019年东西部扶贫协作成效考核反馈的问题，做到即知即改，建立长效机制，防止问题反弹回潮。在工作台账方面，我们与前方保持紧密沟通，共同把这本账做实做细，这也是为我们杨浦的工作做好归档，更是为上海圆满完成脱贫攻坚总任务提供数据支撑。同时，我们认真梳理优秀的对口帮扶工作经验和做法，做好宣传扶贫“影集”，展现对口帮扶成果，讲好上海杨浦帮扶故事，为打赢脱贫攻坚战营造良好的社会氛围。

攻坚克难，补齐短板

回顾二十多年的对口帮扶工作，我们发现要为当地实现“输血”和“造血”完全是两个不同的概念，前者只是治标，后者才是治本，只有将扶贫工作同“扶智”“扶志”相结合，才能最直接地改善好当地贫困群众的生活现状，才能从根本上帮助当地最终打赢脱贫攻坚这场硬仗！在开展两地帮扶工作的过程中，特别是到了最后的冲刺期，我们面临着诸多的挑战。一是尚未脱贫地区任务紧迫。宁蒗县是目前上海市对口帮扶地区5个尚未脱贫出列的贫困县之一，也是杨浦区对口帮扶的7个县中唯一尚未摘帽的贫困县。今年1月份，宁蒗县被国务院扶贫开发领导小组列为脱贫攻坚挂牌督战县，我们反复与前方援滇干部沟通，了解到当地在开展脱贫攻坚工作的难点主要体现在几个方面，一方面是消除绝对贫困人口和巩固脱贫成效的任务重。据了解，宁蒗县还有1214户4673人未脱贫人口需要稳定实现“两不愁三保障”要求；还有538户2184人是脱贫监测户和1658户6662人是边缘贫困户，需要防止出现“返贫”。另一方面是多领域的脱贫攻坚短板难以补齐。劳动力转移方面，就业工作压力大。今年受新冠肺炎疫情的影响，宁蒗县农民工外出务工受阻，发展劳务经济压力较大。易地搬迁方面，后续扶持任务重。特别是进城安置的2808

户 12177 人建档立卡贫困人口的产业支撑不足，实现稳定增收、长期致富还有许多工作要做。宁蒗县建档立卡贫困户 2808 户 12177 人（有适龄儿童 2463 人），实现易地扶贫搬迁进城集中安置后，现有的学校设施、医疗设施均无法满足搬迁入住人口的现实需要，化解安置地学前教育、高中教育资源不足的问题尚需时日。城乡基础设施和人居环境方面，还存在薄弱环节。目前，宁蒗县公路以等外公路（未达到任何公路等级的公路）为主，境内仅有上等级公路 1744 公里、二级公路 4 条 164 公里，高速公路里程为零；全县农村卫生厕所普及率 24.79%，其中，无害化卫生户厕普及率仅为 3.29%，无厕户多达 21119 户，占比高达 32.15%。滞后的交通设施和较差的人居环境严重制约人民群众生产生活的改善和社会经济的发展。杨浦区分管领导对宁蒗县的脱贫工作高度重视，并多次要求我们做专题工作汇报，明确指出助力宁蒗县如期完成脱贫攻坚任务的紧迫性和重要性。经反复商议，我们有针对性地制定出《杨浦区助力云南省丽江市宁蒗彝族自治县打赢脱贫攻坚战的实施方案》，明确总攻目标、重点任务和保障措施。以重点任务来说，主要明确了资金支持力度上有加码，重点聚焦易地扶贫搬迁等民生问题；智力帮扶上继续做优做强，逐步提升宁蒗县专项领域的整体水平；劳务协作实现精准对接，引导宁蒗县就地就近就业和有序来沪就业；产销对接体现脱贫效益，精准带动宁蒗县贫困户增收脱贫；村企结对实现贫困县全覆盖，落实落细帮扶措施，着力解决宁蒗县贫困群众所急所盼问题。二是提升巩固脱贫成效的困境依然存在。比如产销对接机制还不够明显，开展结对帮扶的参与度和受众面还不够高，引导社会力量参与对口帮扶工作的力度还较弱，等等。今年疫情期间，我们又遇到了劳务输出难、产品销售难、复工复产难等问题。如何及时解决这些问题？我们想了一些对策，比如产销对接中如何建立长效稳定的对接机制才能为当地贫困群众实现增收脱贫？我们通过邀请农业专家、杨浦区属国有企业集团公司组团赴当地考察调研，提出符合市场需求的营销意见，帮助当地选取符合市场需求的农特产品，建立产品可追溯二维码，编写产品目录，设计产品包装，冷链运输，策划出一套产销对路的营销方案等。最终通过两地政府的努力，我们在补齐产销对接这块短板方面开辟了一条卓有成效的道路，更是涌现出了一批优秀的援建干

丽江三县 115 名贫困劳动力搭乘专机返岗复工

部和可复制可推广的工作经验。比如在引导社会力量参与对口帮扶工作方面，我们通过司法条线的律师协会、民政条线的社会组织、国资委条线的国企单位、妇联条线的女企业家、红十字会条线的社会捐助、投促条线的企业联合会等建立帮扶关系，认领帮扶任务，通过签订帮扶协议、捐资捐智、贫困助学等向深度贫困县、深度贫困村精准施策发力，打好帮扶组合拳，不断深化帮扶协作成效。在解决疫情期间劳务输出难的问题上，杨浦区人力资源和社会保障局主动牵头援建小组、春秋航空、协作地区人力资源和社会保障部门、就业部门及当地卫生健康部门，按照“输出有组织、健康有检测、承运有防护、到达有交接、全程可追溯”的工作要求，在上海市合作交流办及市人社局的支持下，通过春秋航空包机的形式，组织对口协作的遵义、丽江地区共计 149 名建档立卡贫困户返沪返岗、就业。

走在前列，做出亮点

杨浦区历年对口帮扶工作成绩的取得，是上海市委、市政府坚强领导，上海市合作交流办统筹指导，杨浦区委、区政府周密部署的结果，是杨浦区对口支援与合作交流工作领导小组成员单位通力协作的成果，更是杨浦广大援建干部、专业人才辛勤付出的硕果，杨浦区对口帮扶工作多次得到了市领导和市合作交流办的肯定，也在前两年的东西部扶贫协作与对口支援工作考核中取得了好的成绩。主要是在干部人才支持和人力培训方面力度大，教育卫生智力帮扶、组团式帮扶质量高，注重向基层一线和专业技术人才倾斜。抓项目管理完工率、资金拨付使用率效果明显，消费扶贫发动有效，市场主体作用发挥、带动脱贫机制效果好，就业扶贫注重做实做优居全市前列。这几项工作都是很有杨浦特点的，也是杨浦的优势所在。我们的援藏、援滇、援黔联络小组和援派干部都能对照考核要求，深化职能，聚焦精准，全力助推脱贫攻坚。具体来说，主要是我们重点做好几方面的工作：一是以高度的政治自觉、思想自觉和行动自觉开展脱贫攻坚工作。不断提高政治站位，准确把握中央和上海市委关于脱贫攻坚工作的目标要求，确保我们对口地区打赢打好脱贫攻坚战，同全国人民一道迈入小康社会。坚持全市“一盘棋”，进一步增强各方的责任感和紧迫感，压实工作责任，保持工作力度。二是建立健全工作机制，根据工作需要，建立完善对口地区沟通对接机制、项目资金管理机制、信息报送动态机制等，发挥杨浦区领导小组牵头抓总的作用，确保年度项目计划落实到位。三是发挥区域资源优势，深化“组团式”智力帮扶成果，广泛引导各类智力资源，通过结对共建，开展来沪培训、跟岗实习，组织“智囊团”赴当地讲学，扩大智力帮扶的覆盖面。以结对学校为例，因帮扶成效显著，杨浦区结对的学校在当地都是一块响当当的牌子，双方互访交流，互补互鉴，共同发展，有效提升了当地教师队伍的专业水平和教学管理能力。四是提升重点领域带贫效果。在产销对接方面，杨浦区依据李强书记“依托上海大市场、大流通优势，让对口地区的特色优质产品走进千家万户、走向更大市场”的指示，搭建并完善对口地区特色产品在杨浦销售的网络平台。在做好现有永胜乌骨鸡、湄潭茶叶、道真蔬菜的基础上，进一步培育打造正安林下鸡、宁蒗高脚鸡等适销对路、价格适中、符合上海市场口味的龙头产品，加大宣传推广力度，大力推进对口地区适销对路的农特产品进上海、进杨浦，从而帮助对口地区贫困户实现脱贫增收。在做精村企结对方面，我们聚焦“三带两转”（带人、带物、带产业和转观念、转村貌），确保贫困村结对帮扶全覆盖，突出深度贫困村聚力帮扶“多对一”，引导结对工作由普遍撒网转向精准发力。完善易地扶贫安置点配套建设，做好扶贫后半篇文章，巩固脱贫成果。四是加强工作总结宣传，我们通过举办“10・17国家扶贫日”系列活动、消费扶贫进社区、扶贫干部回忆录、脱贫攻坚评选展播等活动，进一步扩大扶贫工作的影响力，宣传表彰脱贫攻坚领域先进集体和个人，注重体现杨浦区帮扶工作取得成果，讲好杨浦对口帮扶的故事。为此，我要真诚地向工作在对口帮扶战线上的同志表示最崇高的敬意！

2020年是全面建成小康社会之年，是脱贫攻坚的收官之年，我们要咬定目标，精准聚焦，发扬敢打胜仗、持续攻坚的精神，把使命扛在肩上，把责任刻在心上，慎终如始，初心不移，以更加昂扬的斗志、更加坚定的决心、更加饱满的干劲，全力以赴、只争朝夕，全面完成东西部扶贫协作和对口支援工作任务，助力宁蒗县挂牌督战脱贫，高质量打赢打好脱贫攻坚战，为全面建成小康社会做出新的更大贡献！坚决完成这项对中华民族、对人类都具有重大意义的伟业！

倾情帮扶激斗志
同心共筑山海情

路斌，1967 年 2 月生。现任中共贵州省遵义市道真仡佬族苗族自治县县委书记。

口述：路　斌
采访：程　克　黄红蓝　刘　琰　邓　斌
整理：邓　斌
时间：2020 年 3 月 20 日

位于贵州省最北端的道真县，属高原山区，因纪念汉儒尹珍（字道真）先生而得名，1987 年撤县成立仡佬族苗族自治县，是全国仅有的两个仡佬族苗族自治县之一。总面积 2157 平方公里，辖 15 个乡（镇、街道）、85 个村（社区），总人口 35 万，其中仡佬族 17 万人、苗族 9 万余人。道真民族文化底蕴深厚、古朴神秘，仡佬族傩戏、“三幺台”被列为国家级非物质文化遗产；交通便捷、区位优越，是黔北地区通往重庆、成都的交通要道，有“黔蜀门屏”之称；风光秀美、生态优良，被评为“中国最佳生态环境宜居县”之一；物产富饶、资源优质，是贵州最具发展潜力的县之一。虽远隔千里，但多年来，遵义道真与上海杨浦情义相牵，山海相连，共同谱写了奔向小康的篇章。

按照党中央、国务院东西部扶贫协作战略部署，上海市对口帮扶遵义市、杨浦区对口帮扶道真县。自 2013 年东西部扶贫协作对口帮扶工作开展以来，杨浦区坚决贯彻落实习近平总书记关于扶贫工作的重要论述和东西部扶贫协作的重要指示精神，按照“中央要求、杨浦所能、道真所需”的基本原则和“民生为本、教育为先、产业为重、人才为要”的基本方针，始终坚持以贫困地区为主战场，以精准脱贫为主攻目标，从人才、资金、物资、技术等方面给予了

杨浦、道真两地领导观摩援建项目

道真县大力支持和无私援助，扶贫协作工作思路好、力度大、领域广、成效显著，有力助推了道真县决战脱贫攻坚、决胜全面小康进程。2019 年 4 月 25 日，经贵州省政府批准，道真县退出贫困县序列，道真与杨浦携手奔小康取得重要成果。

抢抓帮扶机遇 决胜全面小康

我在 2019 年 3 月担任了道真县委书记，此前较长时间都是在遵义市任职。2020 年，是我在道真履职的第一个完整年头，也是在道真发展史和中华民族发展史上具有特殊意义的一个年份。这一年是脱贫攻坚决战决胜之年，是全面建成小康社会和“十三五”规划收官之年，也是全面实施乡村振兴战略之年。可以说是道真大有可为、大有作为的重要机遇期和关键冲刺期。年初以来，面对新冠肺炎对于社会经济发展的冲击，我作为县委主要领导，必须带领全县干部群众，坚决打赢疫情防控和脱贫攻坚“两场战役”。

为此，我们将持续依托杨浦区对口帮扶带来的成效，推动县域发展，围绕组织领导、人才交流、资金使用、产业合作、劳务协作和携手奔小康“六大板块”，健全完善东西部扶贫协作机制，扎实推进东西部扶贫协作工作，着力在产业发展、人才交流、消费扶贫、劳务协作等领域持续发力，努力与上海、与杨浦同频共振、密切协作，实现互利共赢、共同发展。聚焦产业互补精准发力。持续强化产业扶贫，进一步找准上海及杨浦与道真产业合作的结合点，以道真特色优势资源为基础，以消费扶贫为契机，借助上海这个大平台、大市场的优势，搭建招商引资平台、优化投资环境、建立直供直销渠道，推动产业转型升级，着力提升产品的附加值。同时，在园区共建、企业入驻、“遵品”入沪、旅游互动等方面，寻求转型发展新空间，以产业发展助推群众稳定脱贫、持续增收。聚焦人员互动精准发力。充分依托上海及杨浦人才、教育、信息、管理等优势资源和平台，强化人才技术培训，不断提升道真县干部的管理水平、市场意识和技术能力。加强两地干部挂职交流和锻炼培养力度，切实解决道真县党员、领导干部在推进工业化、城镇化、农业产业化等工作中本领恐慌的问题，为道真经济社会发展提供智力支持。聚焦技术互学精准发力。充分借助杨浦区高校资源集中、技术经验先进、产能培育成熟、社会资本富集的优势，持续加强与杨浦区在产业发展、教育教学、医疗卫生、电子商务等领域的合作交流，推进引资、引技、引智有机结合，实现取长补短、优势互补。聚焦观念互通精准发力。持续深化东西部扶贫协作，对口帮扶工作机制，坚持把推广运用挂职干部的先进理念、思路、方法作为提升全县干部队伍能力建设、助推县域经济发展的重要方法，注重发挥挂职干部的“传帮带”作用，示范引领本地党员干部在脱贫一线精心谋事、成长成才，努力让挂职干部在干事创业中找到成就感、荣誉感。聚焦作风互鉴精准发力。挂职干部来自东部发达地区，在工作理念、思维、方法和个人品质、素养、作风等方面确有可资借鉴之处，我们将因势利导、深度挖潜，用好用活其个人资源。同时，发挥好挂职干部的示范带动作用，引领道真县党员干部在能力作风上对标看齐。

架起山海之桥　勇担脱贫重任

自开展东西部扶贫协作以来，杨浦区按照习近平总书记指出“派人要精准”的要求，先后分三批选派了高云翔、周灵、刘冰、沈迪、彭旻 5 名同志赴道真县挂职。他们始终把道真当故乡、视群众如亲人，在工作中兢兢业业、无

上海外延蔬菜基地

私奉献，给道真县带来了杨浦的好思想、好作风、好观念，成为推动东西部扶贫协作的主力军，发挥了重要的桥梁作用，给当地干部群众树立了榜样，深受全县上下的一致好评。比如，第一批对口帮扶干部高云翔同志，虽然我没有与他一起共事，但他的事迹却众口皆碑，作为一名援黔干部，始终把自己当作一名道真人，说道真话、做道真事。刚到道真，正值几十年不遇的特大干旱，全县大面积缺水，群众饮水十分困难，他主动承担抗旱救灾的重任，身先士卒、率先垂范、冲锋在前，以实际行动在群众心中树起了良好的援黔干部形象。有群众说："从大上海来的干部，能和我们一起劳动、一起吃苦，真是不容易。"基层工作，千头万绪。除了抓好东西部扶贫协作对口帮扶工作外，还主抓"全国卫生县城"创建工作，并于 2014 年成功创建达标，极大提升了道真的城市品位和对外形象，也为道真对外开放奠定了坚实基础。他心里始终想着贫困百姓、惦记着困难学生，通过积极协调和不懈努力，为道真的贫困学生带来了上海市杨浦区各界的关心帮助，这一桩桩、一件件看似平凡的事，却印证了他心系少数民族贫困地区群众的款款真情。又如，第二批对口帮扶干部周灵同志，到道真工作后，通过深入调研，能够把沿海地区的先进经验和道真的基本县情结合起来，坚持以脱贫攻坚为统揽，担任三桥战区脱贫攻坚指挥长，主抓三桥战区脱贫攻坚工作，以贫困镇村为战场，以贫困群众脱贫致富为己任，创造性地开展工作。特别是在产业扶贫方面，他围绕全县打造“菜县菇乡”“黔北药库”的农业产业战略定位，探索并建立了县统筹、镇对接、村生产的“1+14+83”（即在县级层面成立1个国有公司负责牵头抓总，14个乡镇成立分公司组织销售并向村集体下订单，83个行政村组建“村社合一”的专业合作社负责生产）的农业产业生产模式和组织架构；通过建立“村社合一”的专业合作社试点，把贫困户纳入合作社范畴，依靠合作社带动发展生产脱贫，在村级集体经济发展、贫困户利益联结上成功探索出了有效模式，有效解决了产业发展过程中“富了老板不富老乡”的问题，并在全县所有行政村推广这一模式。同时，为了拓宽市场渠道，成功探索出“产销对接、以销促产”的产业扶贫模式，打通了销路、接通了市场，成功拓展了群众增收渠道，当地老百姓亲切地称他为“卖菜书记”，他同时获得了2018年全国脱贫攻坚贡献奖提名、上海市2016—2018民族团结进步先进个人、2018年度上海市社会主义精神文明好人好事、上海市2018年五一劳动奖章及遵义市2018年脱贫攻坚贡献奖。再如，第三批对口帮扶干部沈迪同志，一到道真就迅速融入，马不停蹄开展工作，深入走访调研、主动思考、积极作为，立足全县现有产业发展现状和规模，积极推动农业产业提档升级和品牌打造。他推动引入上海蔬菜龙头企业在道真县建设农产品加工中心，通过示范引领、技术指导、保价收购、统一销售的模式，提升群众种植信心，保障“道真果蔬”品质品牌；同时，探索食用菌全产业链建设，在三江、平模、忠信等乡（镇）建设食用菌产业园区，提高食用菌产量，努力推进道真县发展壮大主导产业，并成功开通食用菌入沪专线，为道真县优质食用菌在上海的推广和品牌形成打下了基础。在产销对接方面，他积极对接上海市场，在阳普生鲜超市、灵杨菜市场等平台开设道真农产品展销专柜，在食行生鲜、叮咚买菜等平台开通农产品线上销售渠道，多渠道扩大“遵品入沪”规模。2019年，道真县农产品入沪金额达2118万元，比上年增长了30%；2020年，在他的努力下，上海相关企业已与道真县签订了农产品采购合同4330万元。通过这种“以需促产、以销促产”的方式，推动道真县农产品提质增价，农业产业全面升级。他还积极推动农旅一体化项目建设，依托凌霄河流域秀丽风光和超高人气，投入东西部扶贫协作资金建设精品农业果蔬采摘园、综合超市展示馆、非遗手工艺品体验展示馆、互道真情休闲餐饮馆，为推进凌霄河文旅扶贫打下了坚实基础。同时，还积极引入苏州国旅投、驴妈妈等文旅投资、运营企业与道真县交旅投公司、宝慷公司合作，携手推动道真县农文旅产业融合发展，努力打造农旅一体化项目示范。如今在道真，一提起上海干部，人人都会竖起大拇指："工作精细，作风务实"。

加强机制建设　实现互利共赢

近年来，道真县借东西部扶贫协作的"东风"和杨浦帮扶的"力道"，始终本着"道真所需、杨浦所能"的原则，加强沟通，密切配合，深远谋划，以按时高质量打赢脱贫攻坚战为主攻目标，借杨浦之力、用杨浦之势，积极对接上海大市场、引进上海大企业、学习上海大智慧，通过建立挂职干部管理机制、使用机制、监督机制、保障机制"四项机制"，发挥东部扶贫项目实施推动、桥梁纽带联结、干部"传帮带""三大作用"，实现群众得实惠、干部受教育"两个效果"，使道真逐步从市场经济的末梢走向改革开放的前沿，极大地助推了道真决战决胜脱贫攻坚、同步全面小康进程。

建立"四项机制"。我们这里所说的即是对杨浦区选派的挂职干部，建立管理机制。坚持把挂职干部纳入市管、县管干部体系进行管理，始终与本地干部同教育、同管理、同监督、同考核，严格落实挂职干部重大事项报告、去向通报和请销假等日常管理制度，既让他们放开手脚干工作，也在出勤管理、作风建设、督查考核、重大事项申报等日常监督管理上丝毫不打折扣，努力让挂职干部始终从严自我要求，时时处处事事做到言正行端、踏实干事，做到真管理。建立使用机制。坚持把挂职干部工作分工纳入县委常委班子、县政府班子、县部门班子工作体系，紧扣县情实际，结合挂职干部的知识结构、自身优势等情况，合理确定工作分工，明确岗位职责，使挂职干部分管工作与其他班子成员分工不交叉、不重叠，赋予其相对独立和自主的决策空间，坚持大胆放权，大胆使用，使他们权责一致、有位有为，对挂职干部提出的意见建议及时研究采纳，让他们各尽其才、才尽其用，做到真使用。建立监督体系。坚持把挂职干部廉政建设纳入县纪委监委体系进行监管，实行“一人一档”，对每名挂职干部的培训考勤、日常表现、工作业绩、群众评议、年度奖惩等记录在案，实行期满考核制度，采取定性分析研判与定量考核评价相结合的方式，进行量化考核，并将考核结果记入个人档案，作为挂职干部考核鉴定、评先评优的重要参考，并及时提醒纠正挂职干部的倾向性、苗头性问题，努力让挂职干部健康成长、成熟成才，做到真监督。建立保障体系，始终关心关怀挂职干部的生活和工作，在纪律规定范围内，予以厚爱、予以保障，全面落实吃、住、行相关待遇，给予“家庭式”关怀，为挂职干部创造温馨舒适的工作生活环境，努力让挂职干部安心工作、静心谋事。同时，定期或不定期与挂职干部交流工作经验和挂职体会，及时了解挂职干部工作状况和思想动态，帮助解决工作、生活中的困难，增强了挂职干部的归属感。

发挥“三大作用”。发挥东部扶贫项目实施推动作用。坚持严把项目的申报和管理，做到项目申报始终与贫困村、贫困人口挂钩，修订完善了《上海市对口支援道真自治县扶贫协作项目及资金管理办法》，抓实项目申报和计划编制，抓紧项目实施和全过程管理，抓严项目验收和考核评估，抓细资金拨付和财务管理，推进东西部扶贫资金使用管理制度化、规范化。自东西部扶贫协作开展以来，实施援建项目 95 个、援助帮扶资金 1.4819 亿元，覆盖了全县 14 个乡（镇）、4 个深度贫困村，建成了一批惠民生、促发展的好项目、大项目。发挥桥梁纽带联结作用。我们始终积极主动对接、协调推动杨浦区和道真县经济、社会、文化等层面交往交流交融，引导社会各界人士广泛参与，助力道真县脱贫攻坚，推动携手奔小康向贫困乡（镇）、贫困村（社区）延伸；上海杨浦职校、杨浦鞍山实验中学等教育机构和杨浦控江医院、杨浦区中心医院等医疗机构纷纷与道真县开展结对共建；其他上海各界社会组织和爱心人士还通过劳务协作、爱心捐赠、志愿者服务等方式开展合作共建、社会帮扶活动，形成了多层次、多形式、全方位的扶贫协作格局，有效撬动了社会资本助力道真脱贫攻坚。发挥干部“传帮带”作用。我们始终注重挖掘利用挂职干部在知识、理念、行业等方面的优势，最大限度发挥其专业特长，努力让他们的先进理念、工作方法、资源禀赋转变为助力道真发展的“金点子”、好路子。坚持

道真至上海食用菌专线

把推广运用挂职干部的先进理念、思路、方法作为全县党员干部队伍解放思想和提升能力的突破口，充分发挥挂职干部的示范带动作用，教育引导本地党员干部时刻与挂职干部的先进理念、工作方法对标看齐，不断激发内生动力。同时，通过选派干部到杨浦区考察学习、跟岗锻炼、短期培训，真正让干部拓宽视野、增长知识、提升水平。

实现“两个效果”。群众得了实惠。自东西部扶贫协作开展以来，我们围绕组织领导、人才交流、资金使用、产业合作、劳务协作和携手奔小康“六大板块”开展合作，在产业扶贫、文化教育、医疗卫生等多个领域精准实施了一批优质项目，兴办了一批民生实事；同时，借助上海市杨浦区对口帮扶平台，把上海市杨浦区的先进理念和好的企业“引进来”，让道真县的绿色、高原、有机“仡山生态菜”“走出去”，并依托上海市杨浦区的资源，大力培育观念新、懂技术、会经营的新型职业农民和农村致富带头人，帮助城镇失业人员、农村富余劳动力、建档立卡贫困户劳动力实现了稳定就业，让道真县贫困群众真正得到了实惠，助力了脱贫攻坚的步伐。干部受了教育。我们十分珍惜上海市杨浦区对口帮扶的重大机遇，充分认识挂职干部是助力道真县发展难得的财富和宝贵的资源，对挂职干部始终高看一眼、厚爱一层，始终在思想上高度重视，政治上充分信任，工作上全力支持、优势上深度挖掘，积极为挂职干部施展自身才华、经受实践锻炼、助力道真县发展创造条件、搭建平台，并把挂职干部作为县域经济社会发展的领军人才和补齐领导班子瓶颈短板的骨干人才，充分信任、加压鼓劲，一视同仁、放心使用，使挂职干部在工作中找到获得感和成就感。

同心同向发力　破除发展瓶颈

在脱贫攻坚的进程中，从取得决定性进展到实现全面胜利，我们曾面临不少困难和挑战。农业产业等级不高。道真县是典型的山区农业县，“八山一水一分田”就是这里的真实写照，脱贫攻坚的关键还在于农业产业，由于受地理条件、生产技术制约，农业产业一直处于粗放型、传统型，产业发展还存在集约程度低、产业规模小、附加值不高、市场意识不强、品牌优势不突出、综合效益不明显等问题；虽然我们与一些终端市场开展了对接，但产品竞争力还不强，销售渠道还不够广，而且市场波动影响因素多，销售通道稳定性差，产品依然存在难销、滞销的问题，让群众特别是贫困群众增收缺乏路径支撑。针对这种情况，我们把实施产业扶贫与推进产业革命进行深度融合，充分利用杨浦挂职干部的先进理念，加快产业结构调整，持续调减传统低效农作物，大力发展以食用菌、中药材（花椒）为主的现代高效农作物；探索建立“产销对接、以销促产”的产业扶贫模式，推动了“遵品入沪”。利用上海市场高准入标准，倒逼道真县农产品品质的提升；同时，借力上海跨国企业宽创公司免费完成了“道真果蔬”品牌 Logo 设计、产品认证、质量追溯等体系建设，转变了传统的种植模式、组织方式和销售模式，提升了农产品的品质品相和市场准入率及占有率，建立了直供直销渠道，形成了“产供销”一体化发展格局，走出了一条农业产业带动贫困群众脱贫致富的精准扶贫之路。目前，道真县的农产品已远销上海、广州、重庆等城市。群众劳动技能不强。广大群众思想观念较为保守和落后，“等靠要”思想依然比较突出，内生动力激发不够，在脱贫攻坚中的主体作用发挥不明显，加之普遍存在文化水平不高，劳动技能不强，主动参与发展、依靠自身劳动脱贫的意识薄弱，闯市场、冒风险的劲头不足，即使输送出去的贫困群众，也因为劳动技能不强而难以胜任其工作岗位，所以就业形式单一，就业渠道狭窄。针对这种情况，我们充分借助东西部劳务协作的机遇，通过“请进来”和“走出去”培训等方式，加大培训力度，转变贫困群众的思想观念，提升他们的就业技能；设立“沪遵劳务直通车·道真站”，与上海等城市建立就业岗位信息库，适时向道真县推送就业岗位，进行专场招聘，畅通就业信息，拓宽就业渠道；同时，对培训后输出就业和在本地就业的贫困群众，给予劳务补贴，增强就业信心。

上海杨浦用心、用情、用力践行帮扶使命，真金白银，真帮实扶，广泛动员社会各界力量，全面参与道真脱贫攻坚。对道真人民的关心关爱遍布了每一个村落、每一户农家、每一寸土地。让道真这个黔北极地、国家新阶段扶贫开发重点县，能够直接对接全国经济发展的排头兵，让我们在对接上海的大市场、引进上海的大企业、学习上海的大智慧中快速成长，极大地促进了道真县干部群众观念的转变，极大地推动了道真县产业转型升级，极大地助推了道真县决战脱贫攻坚、决胜全面小康进程，道真人民感恩于怀、感恩于心。我们将始终强化扶贫协作不懈怠、从严监督管理不松劲、关心挂职干部不打折，主动对接，精心谋划，真正把上海杨浦的帮扶资源落到实处、惠及群众，并转化为决战脱贫攻坚、决胜全面小康的强劲动力，以实际成效回报党中央的英明决策和上海市、杨浦区的亲切关怀以及杨浦人民的真情相助！

对口支援暖人心 山海情深助发展

向川，1977 年 8 月生。现任贵州省遵义市道真仡佬族苗族自治县宝慷农业发展有限公司董事长。

口述：向　川
采访：程　克　夏　菲　胡　丹　蹇丽军
整理：蹇丽军
时间：2020 年 3 月 24 日

道真地处黔北极地，就是贵州省的最北端。素有“黔蜀门屏、银杉之乡、仡佬故土、傩戏王国”的美誉，是贵州融入长江经济带的“桥头堡”和黔渝开放合作的“前沿阵地”。这里经济还比较落后，但是资源非常丰富，未来经济发展空间巨大。自 2013 年对口帮扶以来，杨浦区从资金、技术、人才等方面给予道真很大支持，有效助推道真脱贫攻坚进程，深入推动道真经济社会全面发展。我们宝慷公司所在的河口镇位于道真县西北面，距县城 22 公里，总面积 138.16 平方公里，辖 7 个村 166 个村民组 2.2 万人。河口镇土壤肥沃，水利资源丰富，有凌霄河穿境而过，平均水流量达每秒 15.5 立方米；森林覆盖率 52.78%，气候为北亚热带、温带气候，年降雨量 1100 毫米，年积温 4400℃，无霜期 220 天，平均海拔 760 米。

对口支援实现“创业梦”

1998 年，我高中毕业后便外出务工，于 2008 年返乡，2011 年至 2018 年，担任幸民村村民委员会主任。近年来，随着杨浦对口帮扶的开展，我得以有机会接触到上海的企业家和农业专家，他们所展现出的先进发展观念和经营理念是我从未了解到的。在他们的影响下，我便开始思考，河口镇有青山、有绿水、有沃土，为什么老百姓的腰包却一直鼓不起来？如何才能让老乡们富起来？我想，河口镇通过发展工业，带动群众致富的可能性不大，但也正因为没有大的工厂，所以无论是空气还是水质都是干净健康的，发展蔬菜、食用菌等农业产业的生态优势是得天独厚的。我暗暗下了决心，要通过发展蔬菜产业，带动周边老乡增收致富。

2013年杨浦区和道真县两地间的对口帮扶工作启动以来，杨浦投入大量人力、物力、财力帮扶我们道真，杨浦干部紧紧围绕道真“菜县菇乡”产业发展定位，积极对接上海企业、市场，推动以蔬菜和食用菌为主要产品的“遵品入沪”，推行“公司＋合作社＋农户”的产业发展新模式。我体会，既然赶上了好时代，便要乘势而为、顺势而上，如果能抓住对口帮扶这个机遇，借助东西部扶贫协作“东风”，发展壮大蔬菜产业，就能把全镇群众都带动起来，河口镇勤劳致富的向阳花就能早结硕果，世世代代渴求摆脱贫困和幸福生活的父老乡亲就有了希望。

于是，我做出了一个艰难而又坚决的抉择，离开村委会，组建道真自治县宝慷农业发展有限公司，并担任公司董事长职务。公司注册资金由公司和村合作社集体经济、老百姓入股的方式组成，老百姓投入的资金让我感到压力很大、责任很大，下定决心只能成功不能失败，要把宝慷公司做大做强，让老乡们享受到更多的入股分红，提供更多家门口的就业岗位。

公司发展之初首先要解决种植技术和市场销售两个难题，但我却没有任何农业产业发展和市场销售经验，对于这两方面，杨浦区和杨浦干部不断给予公司关心支持。在种植技术上，杨浦区援建了薄膜连栋温室及物联网示范大田项目以及实训基地。同时，上海农科院的专家亲自进行技术指导，通过技术培训和下地实践相结合的方式，传授我们种植方法和经验，让多数群众掌握到真正的种植方法。在市场销售上，杨浦干部鼓励我们运用好所学技术，在河口镇发展蔬菜产业，提高产品的品质和产值，并积极帮助我们对接上海超市、企业、高校，可以说“只要我们种得出、就销得了”。有杨浦区和杨浦干部的关心支持，有上海农科院专家的指导，有畅通的销售渠道，我信心倍增。我坚信，只要公司蔬菜品质好，就一定能成功。

上海农科院专家来公司开展技术指导

然而，创业过程并不是一帆风顺，杨浦干部在困境中对我的帮助，令我记忆犹新。由于公司忽略了各大市场、不同时段对蔬菜品种的不同需求，同一品种在不同气候环境下生长状况也不一样，导致在品种的选择和对接市场茬口上都有过失败经历。比如，紫花菜在城市里受欢迎、销量好，我们公司选择引进种植，但是却与本地气候环境不适应，致使紫花菜产量偏低；再如，我们种的西兰花在城里也是销量大的健康蔬菜，但我们没有把握好市场需求时段，也引起了严重滞销；还比如，我们种的茄子没有针对市场需求选种，导致无人收购。所有这些，都曾挫伤了我的积极性。我觉得，如果因此造成村集体和老乡们的亏损，我会感到愧疚不安，甚至对发展蔬菜产业变得顾虑重重。当杨浦干部了解到这些情况后，很快找到了我，为我出点子、谋路子，解答了我的困惑，鼓励我继续发展下去，并竭尽全力帮助公司寻找市场，最终解决了问题。有了他们的关心帮助、村集体和老乡们的亏损减少，让我得以重新振作，通过杨浦干部帮助销售获得的运转资金，令我可以重整旗鼓再出发。

倾力帮扶助力我成长

河口镇土壤肥沃，日照充足，产出的蔬菜品质优良。而且，随着城市市民生活水平的提升和对自身健康生活的需求，优质蔬菜是城市餐桌上必不可少的食物，人民群众的“菜篮子”也成为政府所关注的重点民生问题之一，公司的前景应当会越来越好。然而，随着公司的逐步成长，我越来越发现，市场销售是公司发展壮大的关键。

过去，河口镇村民种菜基本都是在本地自产自销，重重大山不仅挡住了村民们的眼界，也挡住了道真蔬菜的“去路”。“这道‘山门’必须打开”，杨浦干部对我说。

为了使村民们心里更加有底，杨浦干部提议让村民将自己的菜地一分为二来耕种，一半种自己吃的菜，另一半种商品蔬菜，如果卖得好，再把菜地都种上商品蔬菜。村民们觉得有道理，实在亏了，自家吃的还有保障。许多人把家里的土地作了分工，一半甚至一大半种上了商品蔬菜。很快，村民种出的蔬菜开始上市。凭借杨浦干部帮助打开的市场销路，蔬菜的优良品质，让我们公司种植的蔬菜“出山”了。河口蔬菜得到了上海、重庆、广东等地市民的肯定。

针对市场销路这一问题，我自己也在不断总结经验。公司发展好不好，主要看销售渠道。我从创业至今，经历的几次挫折，大都是和找不到销售渠道有关。联想到我身边返乡创业的一些朋友，起初公司经营得有声有色，带动了不少群众致富，但因为发展理念未能与时俱进，当其他公司搭上“产销对接”的快车，大幅降低生产成本，其公司蔬菜质量和价格优势便迅速消失，蔬菜滞销严重，有的甚至导致最终破产倒闭。创业初期的失败经历和朋友的鲜活例子让我坚定要做好“产销对接”，破解农产品滞销难题。我对市场需求和种植环境进行了广泛调查和深入研究，在品种选择和对接市场茬口进行合理规划布局，先对品种进行试栽，再选取成功品种推广种植，按照市场需求优化产能。同时，多次邀请上海农科院教授到基地现场指导培训，通过网络密切同专家的联系，及时解决产业发展过程中遇到的难题，确保蔬菜良性生长，保障产品品质。

在杨浦干部的指导下，我很快学到了“请进来”“走出去”和“产销对接、以销促产、以需定产”的方法。在公司发展过程中，我定期向杨浦干部和河口镇政府汇报公司发展情况，争取到他们的支持，帮助推介公司农产品，让更多的企业、市场了解道真蔬菜、河口蔬菜，争取引进更多企业同公司合作。

同时，由杨浦干部推介引进的一批批龙头企业也来到蔬菜基地考察调研，并同公司签订了供销合同。部分龙头企业还根据市场需求，与公司合作经营直供基地，采取订单式种植反季节蔬菜，实现群众收入提升、公司发展不断档的双保障。目前，公司生产和订单种植的品种有花菜类、瓜类、豆类和辣椒系列等十多个品种，产品主要销往上海几家大型超市和复旦大学、同济大学、华东政法大学等 9 所高等院校。抓住了东西部扶贫协作的机遇，搭乘上“遵品入沪”的专列，公司发展进入快车道，日益规模化、正规化、标准化。

公司的蔬菜品质优质，绿色健康，群众的种植技术也得到过农科院专家技术指导。我坚信，只要能把龙头农业企业“引进来”，优良的蔬菜品质和河口镇垂直高差大，适宜多品种、多时段蔬菜生长的优势就一定能把他们“留下来”。

在订单量不断增长后，杨浦干部又针对公司长远发展，给我们找问题、出点子、谋路子，指出长时间、长距离运输，成本会随之上涨，蔬菜品质也无法得到有效保障，甚至会影响到道真蔬菜的口碑，建议公司整合现有蔬菜品种和不同客户需求，采用冷链运输和打包销售的方式，降低蔬菜成本，保障产品品质。看到问题就要想办法尽快解决，杨浦干部“立说立行”的作风深深地影响了我，也成就了公司的日益发展壮大。

今后我们将进一步加强同上海的长期合作，优化生产、运输、销售等各个环节，不断提升产品品质、拓展种植品种，适应不同消费者需求，争取链接上海市民菜篮子。一方面在降低运输成本上下功夫。长距离运输，成本高是急需解决的问题。我便开始思考，随着银百（银川—百色）高速开通，公司产出的蔬菜可以通过高速公路运输，从而缩短运输时间、确保蔬菜品质。同时，将公司产出的蔬菜由之前的小型车辆转为大型车辆运输，大大减少运输成本。另一方面在增加销售体量上下功夫。结合市场需求，依托道真生态优势发展绿色山地农业，选取道真热销土特产产品进行综合销售，把现有热销蔬菜、土特产按照消费者需求包装。既方便消费者一次性购买所需菜品，拓宽消费选择面、提高农产品销量，又减少了运输次数，降低了运输成本。在杨浦干部的对接协调

在杨浦干部帮助下发展的订单式蔬菜产业

下，公司成功与淘菜猫、食行生鲜等公司合作，通过线上销售，进一步扩大市场，提高产品需求；同时，与上海企业合作销售，进一步降低了运输成本，拓宽了销售渠道，使公司得以持续发展、做大做强。

带领乡亲共同奔小康

公司作为市级龙头企业，我作为公司负责人，所要做的不只是把公司做大做强，还要担负起社会责任，带领全镇老百姓脱贫致富。这句话说起来容易做起很难，短时间内要从思想上转变从种植传统经济作物转换为种植高经济价值作物，首先便是要让乡亲们看到实实在在的收益。靠公司员工去宣传发动是根本不可能的，最重要的便是壮大队伍。

每年春节期间，我都到各村（社区）走访返乡农民工，了解他们在外生活情况和自身长远规划，很多老乡都表示外出务工是生活所迫，想在家创业但又担心创业失败，影响今后生活，常年在外对家乡发展情况不了解，不知道围绕哪个方面创业。了解到大家真实想法后，我便向他们耐心讲述河口农业产业发展趋势、政府对返乡创业者的支持政策和公司的发展模式，提升老乡对返乡发展产业的信心。结合河口镇实际情况，我对返乡人员参与产业发展做了详细规

蔬菜种植带动当地群众增收致富

划，通过在各村（社区）规划一个不低于200亩的蔬菜基地，在每个基地安排专人进行技术指导，在返乡人员中挑选出发展意愿强烈的人员，参观公司蔬菜基地、冷链物流中心和办公场所，全面了解公司发展现状。按照规划及订单协议，分品种同他们签订了保价收购协议（市场价高于保底收购价时按市场价收购，市场价低于保底价时按保底价收购），并通过分区域轮种的方式让他们了解不同蔬菜生长特点和掌握种植技术，体会种植经济作物与传统作物的优劣，带动群众发展高经济价值作物，提升群众产业发展收入，通过示范引领、以点带面的方式，推动产业提档升级、发展提质增效。

目前公司带动群众种植订单商品蔬菜2万余亩，每年在生产、收购、销售中可解决群众就近就业20000人次（其中贫困户12000人次）。2019年，公司带领返乡农民工种植大户7户，基地面积均在100亩以上；带领种植农户3500户（其中贫困户1100户），种植面积5000亩，大户年均盈利20万元以上，群众人均增收600元以上。2020年，新增种植大户5户，单季种植面积已达10000亩，力争全年农户产业人均增收1500元以上。

通过不断壮大公司规模，采取公司+合作社+农户的模式，壮大集体经济，提高群众收入。由公司统一安排，统一时间，统一品种，统一育苗，统一采购农资，按成本价销售给农户，对村合作社按照入股的比例进行年底分红，对农户主要以入股分红、流转土地提高收益。全年务工 20000 人次以上，农户务工收入达 140 多万元，其中贫困户收入 80 多万元。针对贫困户，由公司垫付前期种苗款，在收购蔬菜时扣除垫付款，减少农户前期投入资金，实现“零成本起步”。在生产过程中，公司专职技术员适时进行现场指导，并时时进行检测，发现问题立即同农户沟通交流、处理解决，确保农户所种蔬菜品质和种植大户、公司一致，规避产业发展风险。公司销售车辆直接到农户家中进行收购，并按照不同市场需求对农户产出蔬菜分等级收购，给予不同等级、不同价格，保障群众生产利益最大化。

对上海援建项目，按照每年度不低于项目建设资金的百分之六的标准（项目建设资金的百分之一作为村集体经济分红）进行保底分红。同时，公司每年按纯利润的百分之二作为全镇贫困户分红。各村（社区）合作社分红的百分之五十作为本村贫困户分红，百分之四十作为村集体经济，百分之十作为流转土地群众分红。在务工方面公司按照优先考虑贫困户就近务工的原则，主要为贫困群众提供就业岗位。今后公司还要进一步细化利益联结，加大分红力度，确保带动群众增收致富。

如今，宝慷公司已经成了带领全镇致富向前的“主心骨”，发挥了龙头企业的带动作用。近年来，河口镇紧扣道真县“菜县菇乡”的战略定位，围绕打造“县城后花园、都市菜篮子、旅游景观带、脱贫示范镇”的战略目标，创新建立“宝慷 + 村级合作社 + 大户和贫困户 + 党员”的农业产业“共享”发展模式。即以宝慷农业发展有限公司为经营主体，负责技术、收购和市场营销等，并与抓生产的 7 个村级合作社签订订单合同，带动大户和贫困户种植商品蔬菜、培养党员成为经济致富能人，实现产业发展、村级增收、群众致富，改变以往完全依靠客商才能发展产业的格局。“小康不小康，关键看老乡”，这一过程中，宝慷公司始终坚持要帮助群众真脱贫、脱真贫，采取相互激励、树立典型等方式，激发群众特别是贫困群众的内生动力，努力实现从“要我脱贫”到“我要脱贫”的转变，进一步倡导和树立了艰苦奋斗、自力更生、勤劳致富的优良传统，引发了大家强烈的共鸣，广大群众特别是贫困群众发展产业脱贫致富的愿望更加强烈。全镇通过“共享”宝慷公司这一“出口”平台，对 7 个合作社生产的产品提前做了市场对接、订单签订、价格保障，实现了从培育单一新型主体向多元化主体转变、从“单打独斗”向“抱团”发展转变。通过公司技术人员的专业指导，实现了科学种植，生产效率得以大幅提升。通过多元化增加种植品种、实行土地多季轮作，改变了以往常规农业产品单一的缺陷，提高了土地利用效率。目前种植有青梗花菜、紫色花菜、甘蓝等近 20 个品种的商品蔬菜，建立辣椒种植订单基地 1 个，面积约 1500 亩、上海市外延蔬菜供应基地 1 个，面积约 2000 亩。通过公司示范效应，“共富”产业初步形成、“共富”效应较为明显，全镇培养了党员经济能人 25 人。宝慷公司这一整合全镇资源、建强本土企业、培养本土致富能手、带动培育本土产业大户、党员能人的发展路径，发展壮大了本土优势产业，走出了可持续发展之路，更为决战决胜脱贫攻坚同步小康注入了新的活力，激发了新的动力。

我们坚信，有道真县县委、县政府的坚强领导，有杨浦区的真帮实扶、关心支持，有公司全体员工和广大河口群众的勠力同心，我们一定能把公司做大做强，带动更多群众增收致富，为道真打赢打好脱贫攻坚“收官战”贡献更多力量，与全国人民一道同步小康，共同富裕。

后 记

2020年是全面建成小康社会之年，根据习近平总书记关于“脱贫攻坚不仅要做得好，而且要讲得好”和中央关于党史工作“一突出，两跟进”的要求，经中共上海市委同意，市委党史研究室组织全市各区党史部门，在各级党委领导下，编写的“上海助力打赢脱贫攻坚战口述系列丛书”，经过各方的通力合作，与大家见面了。

本书是“上海助力打赢脱贫攻坚战口述系列丛书”中的一本。本书的编撰得到了上海市委党史研究室领导、杨浦区委领导的高度重视和全力支持。区委组织部、区委宣传部、区合作交流办在策划、编辑、出版中给予了大力的帮助。采访及成稿的过程也得到了杨浦区委办及区府办、区政协办、区纪委监委、区委政法委、区商务委、区科委、区卫生健康委、区体育局、区应急局、定海路街道、大桥街道、江浦路街道、长白新村街道、五角场街道、长海路街道、新江湾城街道、团区委、区工商联、区社院、城投集团、科创集团、商贸集团、区高层次人才中心、上理工附中等援建干部派出单位的鼎力协助，为本书的顺利完成付出了诸多努力。在此表示衷心的感谢！

由于本次编撰工作时间紧、任务重，难免有疏漏和不足，敬请广大读者朋友谅解并指正。

编者

2020年7月

图书在版编目(CIP)数据

杨浦的责任/中共上海市杨浦区委党史研究室编
. —上海:学林出版社,2020
ISBN 978-7-5486-1675-7

Ⅰ. ①杨… Ⅱ. ①中… Ⅲ. ①扶贫-杨浦区-文集
Ⅳ. ①F127.513-53

中国版本图书馆 CIP 数据核字(2020)第 156826 号

责任编辑 许钧伟
封面设计 范昊如

上海助力打赢脱贫攻坚战口述系列丛书
杨浦的责任
中共上海市杨浦区委党史研究室 编

出　　版 学林出版社
　　　　(200001 上海福建中路 193 号)
发　　行 上海人民出版社发行中心
　　　　(200001 上海福建中路 193 号)
印　　刷 商务印书馆上海印刷有限公司
开　　本 720×1000 1/16
印　　张 22
字　　数 34 万
版　　次 2020 年 9 月第 1 版
印　　次 2020 年 9 月第 1 次印刷
ISBN 978-7-5486-1675-7/K・183
定　　价 108.00 元